CERTIFIED PRIVATE BANKER

부동산 투자설계

집필_ 이재국

한국금융연수원
KOREA BANKING INSTITUTE

발간사

글로벌 금융위기 이후 저성장, 저금리를 특징으로 하는 뉴노멀(New Normal)이 등장한 지 5년 후인 2014년에 세계최대 채권운용회사인 핌코는 "이제 뉴노멀도 가고 뉴뉴트럴(New Neutral) 시대가 왔다."라고 진단한 적이 있습니다. 여기서 뉴뉴트럴은 회복되지도 침체되지도 않은 새로운 경제상황을 표현한 말로 뉴노멀보다 더 부정적인 의미를 갖고 있습니다.

그만큼 어려운 경제상황이 지속되면서 금융회사 간의 경쟁이 더욱 치열해지고 금융회사의 수익확보도 녹록치 않게 되었습니다. 이러한 상황 하에서 자산관리 시장은 은행산업에 있어서 커다란 잠재력을 가진 새로운 성장 동력으로 부상하고 있으며 이에 따라 금융회사들은 자산관리와 관련한 전문역량을 강화하는 데 많은 노력을 쏟고 있습니다.

이러한 추세에 부응하여 한국금융연수원에서는 금융회사 자산관리 담당인력의 전문성 향상 및 실무역량 강화를 견인하기 위해 2018년 9월 금융위원회의 승인을 얻어 국가공인 자산관리사(FP: Financial Planner)의 상위 자격인 '프라이빗뱅커(CPB: Certified Private Banker)' 자격을 신설하였으며, 이번에 동 자격시험에 대비한 참고도서들을 발간하게 되었습니다.

본 도서는 전체 총 7권으로 「금융상품 및 투자분석」, 「포트폴리오 설계」, 「보험설계 및 컴플라이언스」, 「은퇴설계」, 「부동산 투자설계」, 「세금설계 및 상속설계」, 「자산관리 실무사례」로 구성되어 있으며, 프라이빗뱅커(CPB)가 갖추어야 할 고급이론 및 실무지식을 보다 깊고 보다 체계적으로 담고자 하였습니다.

또한 자기주도형 학습이 용이하도록 수록내용을 최대한 이해하기 쉽게 기술하는 한편, 「자산관리 실무사례」 도서를 제외한 모든 책자에서 각 장별로 서두에 [학습개요]와 [학습목표]를 명시하여 해당 장에서 도달하여야 할 학습목표를 제시하였고, 각 장 말미에는 [주요내용 종합정리]와 [연습문제와 해설]을 수록하여 학습내용을 복습하고 학습결과를 측정 · 확인해 볼 수 있도록 구성하였습니다.

아울러 자산관리사(FP) 자격 참고도서와 달리 각 도서별 내용들을 복합적으로 심화학습할 수 있도록 「자산관리 실무사례」라는 사례형 문제집을 추가로 제작했습니다. 현장에서 자주 집하게 되는 상황을 부문별 단일사례 및 복합사례로 구성하였습니다.

끝으로 이 책이 나오기까지 많은 노고를 아끼지 않은 집필자들, 자문위원들, 그리고 우리 원 직원 여러분께 깊이 감사드리며, 앞으로 본 도서가 최고 수준의 금융자산 설계전문가를 지향하는 금융인들에게 나침반 역할을 하고, 더 나아가 우리나라 금융산업의 발전에도 공헌할 수 있기를 바랍니다.

한국금융연수원 원장 문재우

머리말

최근 저금리 지속 등 금융환경 변화에 대응하여 각 금융기관은 이자 수익 중심의 전통적 영업방식에서 벗어나 자산관리 부문을 강화함으로써 수익원을 다변화하고자 노력하고 있다. 그중 하나로 자산설계에 대한 상담과 실행을 지원하는 금융전문가 양성이 중요시되고 있다. 이에 현행 자산관리사(FP) 자격시험을 통한 전문성 향상을 지속적으로 견인하기 위해서 좀 더 폭넓고 심화된 실무사례를 바탕으로 하여 상위 자격인 CPB 자격시험에 대한 필요성이 대두되었다.

CPB 자격시험은 '금융자산 운용설계'와 '생애설계'의 2개 모듈로 구성된다. 세부 과목은 6개이며 그 가운데 본 교재는 '부동산 투자설계'를 다루고 있다. 부동산컨설팅에 필요한 공적장부 활용, 컨설팅에 활용되는 부동산시장에 대한 내용을 부동산 유형별 투자설계 실무 사례 위주로 구성하였다. 장별 구체적인 내용은 다음과 같다.

1장에서는 부동산컨설팅 실무에 필요한 기본 개념을 익힌다. 부동산컨설팅의 의미와 프로세스를 바탕으로 부동산컨설팅 상담에 필요한 상담기준, 부동산컨설팅에 활용되는 부동산 시장현황과 부동산시장의 경기변동 및 부동산정책을 이해할 수 있도록 하였다. 또한 부동산 공적장부를 파악하고 활용하는 방법도 수록하였다.

2장에서는 부동산컨설팅에서 부동산 제도를 활용한 부동산 투자의사결정을 지원할 수 있도록 내용을 구성하였다. 우선 공법적 규제를 파악하고 분석하여 고객의 성공적인 부동산투자를 도울 수 있게 하였다. 청약규정에서는 청약제도와 재건축 · 재개발사업에 대한 내용을 다루었으며, 부동산임대차 부분에서는 주택임대차 및 상가건물임대차보호법을 통해서 효율적인 부동산관리를 지원할 수 있게 하였다.

3장에서는 부동산의 투자분석을 중점적으로 다루었다. 수익률과 위험의 관계를 학습하고, 가치평가를 위해서 화폐의 시간가치와 가치평가방법 등을 살펴본다. 부동산에 투자할 때는 레버리지를 활용하는 것이 일반적이므로, 레버리지의 개념 및 레버리지효과의 활용방법에 대해서도 상세히 설명하였다. 마지막으로, 직접환원법과 DCF법을 통해 부동산가치를 산정하는 방법을 소개하였다.

4장에서는 부동산 유형별 투자설계 내용을 정리하였다. 앞서 살펴본 시장 및 투자분석에 대한 내용을 부동산의 유형에 적용하는 방법을 사례로써 확인할 수 있다. 각각의 사례는 '고객정보, 정보수집, 시장환경분석, 투자대안도출, 투자대안분석, 투자제시'의 단계를 기본으로 하면서 부동산시장분석 및 투자분석방법을 학습하도록 구성되어 있다.

본 교재는 FP과정과 연계하여 CPB 자격자가 고객의 부동산컨설팅 상담에 깊이 임할 수 있도록 실무에 필요한 사례를 다루고자 최선을 다하였다. 미진한 부분은 계속 수정·보완하여 더 나은 교재를 만들고자 노력할 것을 약속한다. 끝으로 교재가 출판되기까지 많은 도움을 주신 분들과 여러 번의 수정작업을 거치는 어려움을 기꺼이 함께 해주신 출판미디어사업부 직원들께 깊은 감사의 마음을 전한다.

2019년 4월
저자 이재국

목 차

제1장 부동산컨설팅 실무

제1절 · 부동산컨설팅의 이해 ········ 03
1. 부동산컨설팅의 특징 03
2. 부동산컨설팅 실무 11

제2절 · 부동산시장의 이해 ········ 17
1. 부동산시장과 부동산경기변동 17
2. 부동산정책의 이해 24

제3절 · 공적장부의 활용 ········ 41
1. 공적장부의 분석 41
2. 토지이용계획확인서의 활용 42
3. 지적공부의 활용 53
4. 등기사항증명서의 활용 58
5. 건축물대장의 활용 61

- 주요내용 종합정리 / 66
- 연습문제 / 67
- 정답 및 해설 / 69

제2장 부동산제도를 활용한 부동산관리

제1절 · 부동산거래 규정의 이해 ········ 73
1. 주택청약제도 73
2. 주택전매제한 등 91
3. 토지거래제한 95

Contents

제2절 · 정비사업 규정의 이해 ········ 99

1. 재건축 · 재개발사업의 개요 99
2. 재건축 · 재개발사업의 규제 104

제3절 · 임대차 규정의 이해 ········ 110

1. 주택임대차 110
2. 상가건물임대차 117

- 주요내용 종합정리 / 126
- 연습문제 / 127
- 정답 및 해설 / 129

제3장 가치평가를 활용한 부동산투자분석

제1절 · 부동산 투자결정요소 ········ 133

1. 부동산투자의 수익률과 위험 133
2. 시장가치와 투자가치 139

제2절 · 부동산가치를 산정하는 주요방법 ········ 141

1. 부동산가격의 결정과정과 감정평가 3방식 141
2. 거래사례비교법과 원가법의 활용 145
3. 환원방법에 따른 수익환원법 활용 153

제3절 · 투자효과를 극대화하는 레버리지 활용 ········ 155

1. 레버리지의 분석 155
2. 레버리지효과의 활용 164

목 차

제4절 · 부동산투자가치의 측정 ········ 170

1. 부동산투자수익의 산정 170
2. 직접환원법 활용 177
3. 할인현금흐름분석법을 통한 가치산정 180

- 주요내용 종합정리 / 199
- 연습문제 / 200
- 정답 및 해설 / 202

제4장 부동산 유형별 투자설계

제1절 · 부동산 유형별 시장환경 ········ 205

1. 주거형부동산 205
2. 수익형부동산 207
3. 토지 210

제2절 · 레버리지를 활용한 주거용부동산 투자 ········ 212

1. 아파트 투자사례(대출가능금액 산정) 212
2. 도시형 생활주택 투자사례(금융적 투자결합법 적용) 218
3. 재건축아파트 투자사례 222
4. 주택담보대출의 대환 의사결정 228
5. 아파트 청약전략 분석 231

제3절 · 수익환원법을 활용한 수익형부동산 투자 ········ 238

1. 종합환원율을 활용한 가치평가(엘우드법 적용) 238
2. NPV법을 활용한 오피스텔 투자사례 242
3. NPV법을 활용한 상가 투자사례(리모델링 의사결정) 250

Contents

제4절 · 거래사례에 의한 토지 투자 ········ 259

1. 거래사례를 활용한 토지 투자사례 259
2. 공시지가를 활용한 토지 투자사례 262

- 주요내용 종합정리 / 265
- 연습문제 / 266
- 정답 및 해설 / 268

참고문헌 269

Korea Banking Institute

제1장

부동산컨설팅 실무

제1절 · 부동산컨설팅의 이해

제2절 · 부동산시장의 이해

제3절 · 공적장부의 활용

제1장 부동산컨설팅 실무

학습개요

본 장에서는 부동산컨설팅 실무의 이해를 위해서 부동산컨설팅의 의미와 프로세스, 부동산컨설팅 상담에 필요한 상담기준을 살펴본다. 그리고 부동산컨설팅에 활용되는 부동산 시장현황과 부동산 시장의 경기변동 및 부동산정책을 이해하고, 부동산 공적장부의 파악 및 활용방법에 대해서 학습한다.

학습목표

- 부동산컨설팅에 대해서 이해할 수 있다.
- 부동산시장의 현황 및 부동산경기변동을 이해할 수 있다.
- 부동산정책을 이해하고 활용할 수 있다.
- 부동산 관련 공적장부인 토지이용계획확인서, 지적공부, 등기사항증명서 및 건축물관리대장의 내용을 활용할 수 있다.

제1절 | 부동산컨설팅의 이해

1 부동산컨설팅의 특징

1-1 부동산컨설팅의 개념

가. 컨설팅의 정의

컨설팅이란 어떠한 분야에 해당하는 전문 지식을 가진 사람이 그 분야와 관련하여 도움이 필요한 상대방에게 일정한 대가를 받고 상담이나 자문을 해주는 것을 말한다. 컨설턴트는 기업의 창설, 경영, 관리 등에 관하여 조언이나 진단 등을 제공하는 전문가를 뜻한다. 오늘날 기업 간의 경쟁이 치열해지고 기업경영기법이 다양해짐에 따라 특수한 능력이나 지식을 갖춘 전문가로 하여금 이를 관리하도록 하고 그 대가를 지급하는 계약이 많아지고 있다. 이러한 계약을 컨설턴트 업무계약 또는 컨설팅계약이라 한다.

나. 부동산컨설팅

부동산 전문가인 컨설턴트(consultant)가 부동산 의사결정자에게 의사결정(意思決定)에 관련된 제반 문제에 대한 조언과 지도 및 자문을 제공하는 것을 말한다.

부동산컨설팅은 소정의 자격을 갖춘 전문가가 직업윤리를 준수하여 부동산문제에 대한 조언, 지도, 자문 등의 용역을 의뢰인에게 제공하는 행위다. 부동산컨설팅이란 부동산 규제로 투자 환경이 급변하는 상황에 대처하고 투자자가 자신의 자산운용목적을 실현하기 위하여 자산의 전부 또는 일부를 부동산에 투자하고 그 부동산을 운영하는 자산관리활동으로 부동산의 취득(acquisition), 운영관리(operation and management) 그리고 처분(disposition)을 말한다. 부동산투자자들은 수익창출, 절세, 위험분산 등 금전적 이득을 얻기 위하여, 또는 주거안정 및 부동산보유에 따른 심리적인 만족 등과 같이 비금전적인 이득을 얻기 위하여 부동산운용을 하게 된다.

1-2 부동산컨설팅의 프로세스

가. 부동산컨설팅 프로세스의 의의

고객의 부동산컨설팅은 매우 중요한 의사결정을 지원하는 과정이며 또한 다양한 형태의 의사결정에 적용된다. 부동산투자를 하는 데에는 부동산이 가지고 있는 특성으로 말미암아 많은 사항을 조사·분석·검토해야 할 뿐만 아니라 거액의 자금을 필요로 하며, 유동성이 낮기 때문에 의사결정이 잘못되면 예상하지 못한 상황에 직면하거나 오히려 금전적 손실을 입을 수도 있다.

부동산컨설팅 과정과 관련해서는 우선 부동산투자를 선택할 것인지 기각할 것인지에서부터 시작하여, 부동산투자를 한다면 언제 할 것인가, 어느 지역을 대상으로 할 것인가, 어떤 종류의 부동산에 할 것인가, 차입금을 활용할 것인가, 임대차를 할 것인가 아니면 직접 운영할 것인가 등 많은 종류의 의사결정을 하여야 한다.

나. 부동산컨설팅의 프로세스

부동산컨설팅 과정을 효율적이고 성공적으로 행하기 위해서는 일정한 과정이나 절차를 거쳐서 체계적인 의사결정을 하도록 하여야 한다. 합리적이고 체계적인 부동산투자운용에 관한 의사결정을 위해서는 부동산컨설팅의 전 과정을 단계별로 구분하여 각 단계와 관련된 제반사항을 검토하는 것이 바람직하다. 부동산컨설팅 프로세스는 〈표 1-1〉과 같은 단계별 과정으로 이루어진다.

〈표 1-1〉 부동산컨설팅 프로세스

과정	과정별 내용 및 검토사항
1단계: 계획(planning)	- 투자계획 수립 - 투자조건 설정 - 투자자금 조달계획
2단계: 분석(analysis)	- 시장분석 - 대상부동산 탐색 - 부동산 분석(현황분석, 권리분석, 규제분석, 가격분석) - 투자분석 - 금융분석
3단계: 취득(acquisition)	- 계약 - 등기
4단계: 개발(development)	- 개발하기 - 건축시공
5단계: 운용(operation)	- 운용전략 수립 - 임대차 - 관리
6단계: 처분(sale)	- 처분전략 수립 - 처분가격 결정 - 계약

1) 투자계획의 수립

부동산컨설팅은 투자계획을 수립하는 데에서 출발한다. 구체적인 투자계획을 수립하여 부동산투자에 접근하느냐, 아니면 아무런 계획 없이 즉흥적으로 부동산투자에 접근하느냐, 또는 어떠한 투자계획을 가지고 접근하느냐에 따라 그 성과가 크게 달라진다. 또한 부동산투자계획의 수립결과에 따라 투자의 접근방법이 결정된다. 부동산투자계획을 수립할 때는 우선 투자자 자신에 대한 명확한 진단부터 하여야 한다. 아무리 좋은 투자계획을 수립한다고 하더라도 자신에게 맞지 않는 계획은 그야말로 계획에 그칠 뿐 실행될 수 없기 때문이다.

부동산투자는 투자자와 부동산을 연결하는 것이다. 투자자의 연령, 가용자금 규모, 소득수준, 투자성향, 투자니즈 등을 구체적으로 분석한다. 아울러 투자자 자신에 대한 분석을 토대로 투자자의 조건에 적합한 투자방침을 구체적으로 설정하여야 한다. 투자목적은 무엇인가, 투자기간은 어느 정도로 할 것인가, 투자할 대상물건의 종류는 무엇인가, 투자대상지역은 어디로 할 것인가, 투자자금은 자기자본으로만 할 것인가 아니면 차입금을 활용할 것인가, 구입 후 어떻게 운용할 것인가, 투자대상물건은 어떤 방법으로 찾을 것인가 등을 결정한다.

2) 부동산투자를 위한 분석

① 부동산은 다른 자산에 비하여 유동성이 떨어지는 자산이다. 유동성이 낮기 때문에 현금으로 전환하기가 쉽지 않으며, 부동산을 급히 전환하고자 할 경우에는 상당한 손실을 볼 수도 있다. 따라서 유동성 결여에 대한 충분한 고려가 있어야 한다.

② 부동산(건물)은 감가상각이 된다. 예금과 같은 금융자산은 감가상각이 필요 없기 때문에 투자원금을 기간 말에 그대로 되돌려받을 수 있으나, 건물 등 부동산은 감가상각이 되기 때문에 건물에 투자한 자본은 일정기간이 지나면 가치가 감소한다. 부동산은 자연적인 마모와 훼손에 의한 물리적 감가상각 외에도, 기능적 감가상각이나 경제적 감가상각의 대상이 된다.

③ 부동산은 비대체성의 성격을 띠므로 다른 부동산과 가격, 소득, 비용 등을 직접적으로 비교하기가 어렵다. 따라서 투자대상으로서의 부동산은 반드시 개별부동산 그 자체를 대상으로 해서 분석되어야 한다. 독특한 상품으로서의 부동산을 분석하기 위해서는 특별한 훈련과 지식이 필요하다.

④ 부동산시장은 불완전하다. 부동산에 대한 수요와 공급, 비용 그리고 가격 등에 관한 정보는 불확실하고 유용하지 못한 경우가 많다. 부동산시장이 여러 가지 측면에서 불완전하다는 것은 투자자들이 이상적인 투자부동산을 선택하는 것을 현실적으로 매우 어렵게 만든다. 따라서 부동산투자에는 철저한 투자분석이 필수적으로 요구된다.

⑤ 부동산에는 여러 가지 법적 제약이 있다는 사실도 투자분석을 필요로 하는 이유 중의 하나이다. 토지이용규제, 건축규제, 환경규제와 같은 각종 규제 등은 전문적인 지식 없이는 이해하기 어렵다. 그 외에도 부동산은 계약, 소유권이전, 임대차, 부동산의 운영관리, 세금 등 여러 가지 복잡한 법규와 많이 결부되어 있다. 이와 같은 각종 규제는 부동산의 운영에 대한 위험을 증대시키는 요인이 되기 때문에 부동산투자분석을 필요로 한다.

⑥ 부동산은 수명이 오래가는 내구재라는 특징도 투자분석을 필요로 하는 요인이다. 부동산은 내구재이기 때문에 한번 잘못된 투자는 쉽게 교정되지 않는다. 위치를 잘못 선택하거나 지역이나 시장특성에 맞지 않는 부동산에 투자할 경우, 나중에 잘못된 점이 발견된다고 하더라도 시정하기가 매우 어렵다.

⑦ 부동산에 대한 수요와 공급은 시장에서 쉽게 조절되지 않는다. 부동산 공급(건물)에는 착공에서 완공까지 상당한 시간이 소요된다. 따라서 수요초과나 공급초과가 있을 경우 시장이 오랜 기간 왜곡되기도 한다. 수요와 공급이 부동산시장에서 제대로 조정되지 않는다는 것은 투자자들이 그만큼 더 많은 위험을 부담하게 된다는 뜻이다. 부동산투자자들은 부동산시장의 이 같은 속성을 잘 파악하고, 수요와 공급에 대한 철저한 시장분석을 행할 필요가 있다.

1-3 부동산컨설팅에서 CPB의 역할

가. 부동산컨설팅에서 CPB의 필요성

부동산투자는 예금 · 주식 · 채권 등 다른 자산에 대한 투자와는 구별되는 여러 가지 독특한 특성을 가지고 있다. 이는 부동산이 여타 자산과 다른 고유한 특성을 가지고 있기 때문이다. 부동산은 거래정보가 불투명하고, 유동성이 낮을 뿐만 아니라, 각종 법적 제약을 받는다. 또한 부동산시장은 합리적이지 못하고 불완전하며, 부동산정보도 불확실하고 객관성이 결여된 것이 많다. 따라서 부동산 및 부동산투자의 특성을 제대로 이해하지 못하고 부동산에 투자할 경우 원하는 투자효과를 달성하지 못할 수 있다. 그러므로 부동산투자운용을 하고자 할 경우에는 투자자가 부동산투자에 관한 전반적인 지식을 갖추고 있거나, 아니면 CPB 등 전문가의 조언이나 상담 등 도움을 받아야 한다. 특히, 부동산투자에 관한 전문지식을 가지고 있는 CPB라면 고객으로부터 부동산컨설팅에 관한 많은 상담을 요청받게 될 것이다.

나. 부동산컨설팅과 CPB의 역할

CPB는 부동산컨설팅과 관련하여 고객 또는 상담의뢰인이 가지고 있는 다양한 문제에 대하여 축적된 지식과 경험을 바탕으로 적절한 조언과 해결책을 제공하는 전문가를 말한다. CPB는 고객의 니즈를 분석하고 그에 기초하여 각 부동산투자의 장·단점을 분석함으로써 고객이 최선의 대안을 선택할 수 있도록 지원한다. 부동산운용에서 CPB가 의뢰인에게 제시하는 상담은 매우 중요한 서비스다.

1-4 부동산컨설팅에서 상담을 위한 CPB의 요건

가. 부동산컨설팅에서 상담을 위한 CPB의 자세

CPB로서 고객에 대하여 부동산컨설팅을 제대로 수행하기 위해서는 부동산투자에 관한 전문적 지식과 노하우를 축적하고 있어야 한다. 부동산컨설팅상담업무는 부동산투자에 관한 종합적인 분석능력을 요구하기 때문이다. 부동산상담사가 고객의 요구에 대해서 자문과 상담을 한다는 것은, 단순히 전문가로서의 주관적인 견해를 피력한다는 것을 의미하는 것이 결코 아니다. 부동산 자문과 상담업무는 어디까지나 객관적인 자료에 근거해야 한다. CPB는 부동산투자에 관한 자료를 여러 가지 방법으로 분석하고, 객관화된 경험적인 사실을 토대로 자문과 상담을 해야 한다.

1) 청취력

의뢰인의 진정한 요구사항과 이유, 문제의 시급성 정도, 의뢰인의 환경과 주변상황, 일과 관련한 의뢰인의 심리상태 및 태도, 그리고 요망사항 등을 알아내기 위하여 CPB는 의뢰인의 의도를 주의 깊게 관찰하고 경청하여야 한다.

2) 지식습득력

객관적인 사실을 편견 없이 받아들여야 하며, 다양한 정보 등에 대하여 폭넓은 이해와 해석을 추구하고 적용하여야 한다. 또한 이러한 정보를 이미 인식하고 있는 정보와 자료에 결합하거나 적용하는 방법을 습득할 필요가 있다.

3) 조사능력

필요한 정보를 어디서, 어떻게 찾아낼 수 있는지를 파악하고 있어야 한다. 또한 조사대상자를 통해 유용한 정보를 얻을 수 있도록 대화하는 방식도 습득할 필요가 있다. 사려 깊은 대화술은 다양하고 긴요한 응답을 끌어낼 수 있다.

4) 분석력

중요한 사실을 확인하는 방법과 그 사실을 문제와 연관시키는 방법을 알고 있지 못하면 어렵게 얻어낸 정보를 이용할 수 없을 것이다. 컴퓨터가 아무리 필수불가결한 것일지라도 모든 해답을 제시하지는 못한다. 그러므로 단순한 자료와 정보를 분별하고 통계처리를 통한 각종 자료를 분석할 수 있는 능력을 습득하여야 한다.

5) 체계화 및 종합화 능력

의뢰인에게 해답을 제안하기 전에 사실, 분석내용과 해석내용 등을 체계화하고 종합화할 필요가 있다. 부동산의 이용, 가치 및 잠재력에 관하여 의뢰인의 요구뿐만 아니라 실물경기동향, 증권시장 및 금융시장의 위험성 등 우발적인 경제상황까지 연관지어 검토할 수 있어야 한다.

6) 표현력 및 전달력

CPB가 말하고 있는 내용을 의뢰인이 이해하지 못한다면 부동산상담서비스의 가치는 거의 없거나 반감될 수밖에 없다. 관념이나 의도를 효과적으로 표현하는 능력은 태어날 때부터 가지고 있는 재능이 아니라 오히려 경험, 교육, 훈련 그리고 독서를 통하여 개발될 수 있으므로 꾸준히 노력을 기울여야 한다.

7) 유연성

CPB는 예측에서 비롯되는 다양한 문제에 대처하는 데 충분한 유연성과 융통성을 갖추고 있어야 한다. 어떤 경우에는 수학적이고 논리적인 능력에 의존해야 할 때가 있으며, 또 어떤 경우에는 인간의 본성에 대한 이해력에 의존해야 할 때도 있다. 여러 가지 능력과 기능을 갖춘 CPB는 다양한 시장기회에 잘 적응할 수 있으며 광범위한 문제에 능숙하게 대처할 수 있다.

8) 정보수집력

CPB는 다양한 정보를 끊임없이 수집하고 정리해나가야 한다. 의뢰인들은 다양한 분야에 종사하고 있을 뿐만 아니라 여러 측면에서 수준이 다양하기 때문에 CPB는 새로운 정보들에 대하여 정통해야 한다. 부동산 관련 분야에 대한 정보는 물론 경제, 금융시장, 증권시장 등 부동산 및 투자자의 행동에 영향을 미칠 수 있는 분야에 대한 정보도 수집하여야 한다. 특히 부동산 관련 정책이나 제도는 수시로 변하기 때문에 관보나 관련 인터넷 사이트 등을 매일매일 확인하여 바뀐 정책이나 제도를 파악하여야 한다.

나. 부동산컨설팅에 필요한 부동산지식

CPB라면 누구나 부동산컨설팅을 할 수 있을 것이다. 그러나 고객으로부터 인정을 받을 만큼 만족스러운 상담을 하는 것은 누구나 할 수 있는 것이 아니다. 인정받는 CPB가 되려면 다양한 분야에 대해서 상당한 수준의 전문지식을 습득하고 있어야 한다.

〈표 1-2〉 부동산컨설팅 상담을 위한 부동산 관련 지식

구분	내용
부동산 이론	부동산의 개념, 부동산특성 등
부동산 법률	부동산사법(민법총칙, 물권법, 채권법 등), 부동산공법(국토의계획및이용에관한법률, 건축법 등)
부동산 경제	경기이론, 수요공급의 분석, 화폐이론 등
부동산 경영	부동산업의 경영, 부동산관리
부동산 금융	부동산을 매개로 한 금융기법, 자금조달방법 등
부동산 조세	부동산의 취득, 보유, 활용, 처분 관련 각종 조세
감정평가	감정평가방법, 감정평가실무, 부동산가격 형성요인 등
부동산 개발	부동산개발타당분석, 부동산개발 실무 등
부동산 마케팅	부동산마케팅이론 및 실무
부동산투자분석	최유효이용분석, 현금수지분석, 비용편익분석, 타당성분석, 부동산투자위험분석 등
부동산시장분석	입지 · 상권분석, 시장동향분석, 지역분석, 패러다임의 변화에 대한 이해
부동산 관련 제도, 정책	각종 부동산 관련 제도, 정책
부동산 관련 정보	부동산에 관련된 각종 정보의 수집 · 분석
금융상품과의 비교분석	금융상품 투자와 부동산투자와의 비교분석

다. 부동산정보의 취득방법

부동산투자에서는 정보의 중요성이 더욱 강조된다. 그 이유는 부동산이 그 밖의 투자안들과는 다른 독특한 특징을 가지고 있기 때문이다. 부동산투자는 수집된 정보의 양과 질, 정보의 획득시기, 정보의 분석능력 등에 따라 성패가 좌우된다. 따라서 부동산정보의 중요성을 인식하고 부동산 관련 정보를 꾸준히 수집하여야 할 뿐만 아니라 수집된 정보를 분석하고 활용할 수 있도록 능력을 배양하여야 한다.

부동산정보를 신속·정확하고 효율적으로 수집하기 위해서는 정보의 종류별로 정보수집원을 알고 있어야 한다. 예를 들면 국토개발계획, 신도시개발 등과 같은 부동산정책 관련 정보는 국토교통부를 통하여 수집해야 하며, 각 지방자치단체 내에 있는 도로개설 등과 같은 정보는 해당 지방자치단체에서 정보를 수집하는 것이 가장 정확하고 확실하다. 또한 매매대상물건을 탐색하기 위해서는 신문, 인터넷 또는 중개업소 등을 통해서 찾아야 할 것이다.

2 부동산컨설팅 실무

2-1 부동산투자의 상담기준

가. 부동산컨설팅 상담 시 확인 및 분석

CPB로서 부동산컨설팅과 관련하여 고객에 대하여 상담을 하게 될 경우, 가장 기본적이고 중요한 사항은 반드시 먼저 고객에 대하여 충분히 분석을 하고 난 후에 고객의 조건에 맞는 부동산운용에 관한 대안을 제시하여야 한다는 것이다. 고객의 일정 기간 재무상태 및 재무환경의 변화를 반영하여야 한다. 이를 위해서 물가상승률, 금리, 급여상승률 등 미래의 일정한 요소들과 관련한 전제에 대해 고객의 동의를 얻어야 한다. 이는 다른 자산운용의 상담에서도 중요하다고 할 수 있지만 부동산컨설팅상담에서는 더욱 중요하다. 부동산투자는 예금, 주식 등의 투자와 달리 동일한 부동산의 종류에서도 투자자가 누구냐에 따라 각기 다른 투자 안이 성립될 수 있다. 따라서 부동산컨설팅을 하고자 하는 고객이 누구인가를 먼저 철저히 분석하고, 그 자료에 기초하여 고객에게 적합한 부동산투자안을 설정하여 제시하여야 한다. 다시 말해, 고객의 니즈에 따라 투자자금과 연령을 분석하여 부동산컨설팅상담이 진행되어야 한다. 고객을 철저히 분석하기 위해서는 고객이 가지고 있는 생각이나 자산운용, 그리고 관련 조건 등을 고객에게 구체적으로 묻고 확인할 필요가 있다.

〈표 1-3〉 부동산컨설팅 상담 시 확인하고 분석할 내용

구분	내용
고객에 관한 분석	고객의 연령, 재산, 투자성향, 투자니즈, 투자조건 등
상담내용의 분석	고객이 제시한 내용 분석
부동산운용 관련 분석	상담내용을 기초로 다양한 부동산운용 관련 사항을 비교 분석하여 고객에게 알맞은 투자안을 도출
투자대안의 제시	상담내용을 토대로 고객에게 적합 투자안을 제시

나. 부동산컨설팅의 과정

CPB로서 효율적이고 합리적인 부동산컨설팅상담을 하기 위해서는 체계적인 절차를 가지고 상담에 접근할 필요가 있다. 체계적인 상담과정은 논리정연하게 상담을 진행하고 상담내용을 종합화할 수 있기 때문에 CPB로서 대안을 도출하거나 고객이 의사결정을 하는 데 많은 도움을 줄 수 있다. 상담과정은 획일적으로 활용해서는 안 되며, 충분한 유연성을 가지고 고객이나 상담과제의 특성에 맞게 변형해서 활용하는 것이 바람직하다.

〈그림 1-1〉 부동산컨설팅과정

문제 정의

상담목적 | 의뢰인 | 대상부동산 | 시간계획 | 필요자원 | 보고서 형태

⇩

상담관계 정립

문제에 대한 합의 | 수수료 협정 | 예산수립 | 계약체결

⇩

실행계획 수립

마감일 설정 | 업무파일 검토 | 인원 및 업무할당 | 중점사항 설정

⇩

상담과제 수행

자료정리 | 자료분석 | 결론과 추천안 구성

⇩

상담보고서 작성

문제 정의 | 계약상의 의무 | 분석된 자료 | 합의된 보고서 형태

⇩

상담보고서 검토

계산의 정확성 검토 | 결론과 추천안의 논리성과 합리성

⇩

상담보고서 제출

구두보고 | 서면보고

⇩

상담 사후관리

계속적인 대하 | 수정 및 보완

출처: 안정근, 「현대부동산학」, 법문사, 1999.8, 495쪽

2-2 부동산컨설팅에 필요한 자료조사

가. 부동산 투자환경에 대한 자료 수집

1) 부동산 수요와 공급에 관한 자료

부동산 수요와 관련한 지표로는 인구의 증감 및 이동, 소득의 증감, 자본조달비용의

증감, 물가의 등락, 경기선행지수, 경기에 대한 심리적 변동 등이 있다. 그리고 부동산의 공급에 관한 지표로는 건축허가 통계, 주택보급률, 주택건설실적, 부동산 공실률 등이 있다. 경기선행지수는 부동산가격추세와도 어느 정도 연관성을 갖는 것으로 나타난다. 일반적으로 실물경기가 부동산경기보다 일정 시점 선행하는 것으로 알려져 있어 경기동행지수의 순환변동치와 부동산가격을 연관지어볼 수도 있으나, 경기선행지수가 경기동행지수보다 더욱 선행하므로 선행지수와 연관지어보면 더욱 확실하다.

2) 부동산의 가격 및 거래량에 관한 자료

부동산 전체 시장의 가격흐름에 관한 자료로는 지가변동률, 부동산시가총액추이, 전국 매매가 및 전세가 변동추이, 부동산 종류별 거래량 등이 있다. 지가변동률은 한국부동산원(www.reb.or.kr)에서 자료를 구할 수 있는데, 기타 전산화되는 부동산 자료들을 많이 다루고 있다. 아파트 가격의 상승(하락)은 아파트거래량을 증가(감소)시키는 요인으로 작용하며 아파트 전세가격은 매매가격의 선행지표로 보는 것이 일반적인 견해이다. 전세수요는 실수요이고, 매매수요는 실수요에 투자수요인 가수요가 가산되기 때문에 실수요가 밑받침된다면 매매수요가 살아날 수 있다는 것이 증명되기 때문이다.

3) 거시경제지표에 관한 자료

부동산과 간접적으로 연관성을 갖는 지표로는 GNP, 금리, 통화량, 주가지수, 물가지수 등이 있다. 금리와 부동산경기의 관계는 상반된 관련성을 맺는다. 따라서 금리가 낮아지는 시기에 부동산가격은 상승하게 된다. 금리변동은 부동산경기에 대하여 대략 1분기 정도 선행하는 것으로 보고 있다.

2006년 이후 17년 동안 통화량은 3.63배, 가계대출은 3.33배로 증가했고 이것은 전국의 부동산(아파트) 가격에 영향을 미쳤다.

부동산 투자에 있어 통화량의 증가는 단순한 숫자의 변화가 아니다. 이는 경제 전반에 걸쳐 광범위한 영향을 미치며, 특히 자산 가격에 직접적인 영향을 미친다. 통화량이 증가하면, 시장에 유통되는 돈의 양이 늘어나게 되고, 이는 소비자들의 구매력을 높인다. 결과적으로, 통화량은 2006년 이후 17년 동안 통화량은 3.63배, 가계대출은 3.33배로 증가했고 이것은 전국의 부동산(아파트) 가격에 영향을 미쳤다.

참고 **칸티온 효과(Cantillion Effect)**

칸티온 효과(Cantillion Effect)는 이런 부의 양극화를 일으키는 통화제도에 대한 경제이론으로 지속적인 통화량의 증가는 풀린 돈을 먼저 확보한 사람은 물가가 오르기 전에 재화를 구매하지만 풀린 돈을 나중에 확보하거나 그렇지 못한 사람은 물가가 오른 이후에 재화를 구매하기 때문에 부의 양극화 현상이 발생한다는 이론이다.

나. 부동산 종류별 투자환경의 분석

1) 주택에 대한 투자환경의 분석

주택에 대한 투자환경 자료로는 국민은행이 발표하는 주택매매가격 시계열자료가 가장 대표적이다. 아파트 거래신고통계, 주택가격지수, 주택거래지수 등의 상호 연관성을 찾아내어 주택에 대한 투자환경을 분석한다. 주택의 매수세가 증가하는 것은 주택의 수요가 증가함을 나타낸다. 매수세의 증가는 부동산경기변동의 선행지수로서 활용될 수 있다. 반면 매수세의 하락이 일시적으로 있다고 하여도 우리나라 부동산시장의 하방경직성으로 인하여 단기간에 하락하는 것으로 보기는 힘들고 매수세 하락의 빈도와 추이를 지켜보고 판단하는 것이 더욱 좋을 것으로 보인다.

2) 수익형부동산에 대한 투자환경의 분석

수익형부동산 수익률 및 임대가 추이, 수익형부동산 공실률 추이, 건축물의 거래량 등의 통계자료가 필요하다. 수익형부동산은 주택보다 개별성이 심하고 거래사례가 공개되지 않는 것이 일반적이어서 부동산 자체에 대한 통계자료는 거의 없다. 수익형부동산은 경기변동에 민감하게 반응할 수밖에 없기 때문에 경기변동에 대한 지표들을 활용하여 고객의 투자시점을 가늠하여야 할 것이다. 한국부동산원(www.reb.or.kr) 사이트의 부동산조사·통계 영역의 상업용부동산 임대동향조사 항목에서 전국·시도별·상권별 투자수익률, 공실률, 임대료, 임대가격지수를 제공받을 수 있다.

3) 토지에 대한 투자환경의 분석

토지 역시 개별성이 심하여 지수화하여 투자환경을 분석하는 것은 부적절하다. 특히 토지는 정책과의 연관성이 강하고 개별적인 변동성이 너무 커서, 오히려 정책과의 연관성을 분석하는 편이 고객에게 더욱 도움을 줄 수도 있다.

〈표 1-4〉 부동산 정보 활용에 도움을 주는 부동산 앱(application)

분류	앱 명
아파트	다방, 직방, 네이버부동산(매물 정보), 호갱노노(부동산 실거래가), KB부동산, 한국부동산원, 집토스부동산, 주비서(청약정보)
수익형 부동산	밸류맵, 디스코(우리동네 부동산), 네모, 마이프차
재건축 · 재개발	정비사업 정보 몽땅, 부동산 플래닛
토지	한국부동산원, 디스코, 토지이음

제2절 | 부동산시장의 이해

1 부동산시장과 부동산경기변동

1-1 부동산시장의 분석범위

부동산컨설팅운용을 위한 분석은 먼저 부동산시장의 분석으로부터 시작된다. 최근 부동산시장의 환경변화와 새로운 경향을 검토하고 분석하는 것이야말로 부동산운용을 위하여 우선적으로 해야 할 중요한 사항이기 때문이다. 부동산시장분석이란 부동산시장을 구성하는 제 요소의 현상과 그 변화흐름을 분석하는 것을 말한다. 부동산시장환경의 분석은 간단히 말해서 부동산투자환경을 분석하는 것이라고 할 수 있다. 부동산시장환경의 분석범위는 분석의 주체 및 분석의 목적 등에 따라 달라지겠지만 일반적으로 다음과 같다.

〈표 1-5〉 부동산시장분석의 범위

구분	분석내용	분석목적
부동산시장특성의 분석	부동산시장의 유형 및 특성에 대한 분석	부동산시장의 고유한 특성을 파악
부동산경기의 분석	부동산경기의 동향과 진망에 대한 분석 부동산종류별 경기상태의 분석	부동산투자운용여부의 결정 부동산투자의 시점선택 투자운용자세의 설정
부동산시장 수급의 분석	부동산시장 수급의 동향 및 전망의 분석 지역별, 종류별 수급상황의 분석	투자대상지역 및 물건종류의 선정 투자운용기간의 설정
부동산가격변동의 분석	부동산가격변동의 동향과 전망의 분석	시장별, 지역별, 종류별 가격 변동흐름을 파악
부동산정책의 분석	부동산 관련 각종 제도 및 정책 기조의 분석	부동산시장의 영향 파악 및 부동산운용방향의 설정

1-2 부동산시장의 분석방법

부동산시장을 분석할 때는 거시적인 측면에서부터 접근하여 미시적으로 좁혀가는 방법을 활용하는 것이 바람직하다. 먼저 포괄적인 투자환경으로서 전반적인 경제상황을 분석하고 부동산시장으로서 지역시장을 분석한다. 지역시장의 범위도 일반시장, 하부시장, 부지의 주변시장 등으로 범위를 좁혀갈 수 있다. 시장의 범위가 좁혀지면 좁혀질수록 분석이 구체화될 수 있다.

〈그림 1-2〉 부동산투자환경 분석방법

거시적 측면	일반시장(일반경제)분석 (경제성장, 수출입, 통화, 물가, 금리 등)
↓	부동산시장 (부동산가격, 거래량, 건축활동, 수급현황 등)
↓	지역시장분석 (지역인구, 지역수급상황, 지역경제기반 등)
미시적 측면	개별시장분석 (가격, 거래량, 수급동향 등)

부동산시장을 분석할 때는 부동산시장의 정보나 데이터가 매우 중요하다. 즉, 부동산시장분석을 행할 경우 의미 있는 데이터를 획득하는 것이 매우 중요한 선결과제이다. 부동산시장분석에 필요한 정보나 데이터에는 두 가지 유형이 있다. 하나는 부동산시장데이터(인구통계, 경제, 라이프스타일 등)이며, 또 다른 하나는 부동산데이터(특정부동산에 관한 데이터)이다. 부동산데이터가 특정부지와 관련된 정보를 제공하는 것이라면 시장 데이터는 부동산수요가 추정될 수 있는 인구특성, 경제동향 등에 관련된 값진 정보를 제공하여 준다. 부동산시장분석에는 부동산시장데이터가 더 중요한 의미를 가진다.

1-3 부동산경기변동

가. 변동국면별 특징

부동산경기변동도 일반경기변동과 같이 그 순환현상의 기본틀은 상승 · 정점 · 하향 · 저점 등 변곡의 국면을 가진다. 따라서 부동산경기의 순환국면은 일반경기의 통설적인 순환국면에 따른 4개 국면(회복 · 상향 · 후퇴 · 하향)으로 설명하기도 하고, 부동산시장 고유의 안정시장을 합하여 전부 5개 국면으로 설명하기도 한다.

1) 회복시장

경기의 하강이 저점(trough)에 이르러 하강을 멈추고 상향하는 변동을 보이는 국면이다. 이 회복국면에서 계속 상향하면 호황국면으로 접어들게 되지만 아직 불황에 속하는 시황이며, 새로운 호황국면으로 옮겨 갈 수 있는 단계라는 점에서 부동산투자운용에서 관심의 대상이 될 수 있다. 이 국면에서는 다음과 같은 현상들이 발견된다.

① 부동산거래시장에서 고객 수의 감소세가 둔화되고 고객의 출입이 약간씩 늘어나게 된다.
② 택지거래시장은 아직 활발하지는 않지만 경기 하향 시에 계속 침체 상태가 깊어지던 현상이 사라지고 소폭이나마 거래될 기미가 서서히 나타난다.
③ 공실률(공가율)의 증가세가 둔화되고 서서히 감소할 기미가 나타난다.
④ 건축허가신청건수가 서서히 증가한다.
⑤ 부동산유통시장에서 매수자 우위태도에서 매도자 우위태도로 변화하기 시작한다.
⑥ 후퇴국면이나 하향국면에서의 과거 거래가격이 상한자료가 되는 현상이 사라지고, 과거의 거래가격이 새로운 거래에서 하한자료가 되기도 한다.
⑦ 부동산담보대출 조건이 호의적으로 변화한다.

2) 상향시장

회복국면의 상황이 지속됨으로써 불황을 벗어나 호황에 이르러 경기상승국면을 지속해 가는 국면을 말한다. 이 국면에서는 다음과 같은 현상이 나타난다.

① 부동산거래가 활기를 띤다.
② 건축허가신청이 크게 증가한다.
③ 과거의 거래가격이 새로운 거래의 하한선이 된다.
④ 매도자는 가격상승 기대로 매도를 미루려는 반면, 매수자는 거래성립을 당기려 한다.
⑤ 부동산유통시장에서 매물 확보를 위하여 매도자 관리에 주안점을 두게 된다.
⑥ 공실률이 급감하여 임대료와 가격이 상승한다.

3) 후퇴시장

경기의 상승국면이 정점(peack)을 지나면서 하향세로 반전하지만 아직 불황의 시황에까지 하강하지 아니한 국면을 말한다. 이 국면에서는 다음과 같은 현상이 나타난다.

① 하강이 계속되면 종전의 거래가격이 새로운 거래에서 상한선이 된다.
② 부동산거래 건수가 점차 줄어들고 매수세도 둔화된다.
③ 건축허가신청건수가 서서히 줄어든다.
④ 임대료나 가격상승세가 꺽이고 하향세로 돌아선다.
⑤ 부동산유통시장에서 매수자 우위로 변화한다.
⑥ 공실률이 서서히 증가한다.
⑦ 특히 경기에 민감한 부동산에서는 단기간 내에 시장이 크게 위축된다.
⑧ 부동산담보대출 조건이 까다로워진다.

4) 하향시장

불황 하에서 지속적인 경기하강이 진행되는 국면으로서 일반경기의 수축국면에 해당한다. 이 국면에서는 경기후퇴의 원인에 따라 다양한 차이를 나타내고, 부동산의 종류・규모・위치・용도 등에 따라서 개별적인 차이를 나타낸다. 전반적으로 지속적인 부동산가격상승률 저하 또는 가격의 하락이 있고, 일반경기의 불황과 병행할 경우 건축활동이 위축되고 공실률이 증가한다. 또한 이 국면이 장기화되면 규모가 큰 주택, 신개발지역의 택지, 교외의 전원주택 등 이른바 불황에 약한 부동산일수록 다른 부동산에 비하여 상대적으로 큰 타격을 받는다. 이러한 부동산은 보유 자체가 큰 부담이 되기도 한다. 이 국면에서는 다음과 같은 현상들이 함께 나타난다.

① 하향국면의 전 단계인 후퇴국면의 기간이 짧고 지역에 따라서 과열경기를 경험해 온 곳일수록 그 경기는 훨씬 깊은 불황을 맞게 된다. 그러나 안정된 지역조건을 갖춘 지역은 상대적으로 불황의 정도가 적다.
② 종전의 거래가격은 새로운 거래의 상한선이 된다.
③ 부동산유통시장에서 매수자 중시의 현상이 더욱 강해진다.
④ 건축허가신청건수가 크게 줄어든다.
⑤ 공실률이 크게 증가하고 임대료나 가격이 하락한다.
⑥ 분양이나 임대부진으로 무리한 개발사업을 벌이는 공급자는 자금난 등 심각한 상황을

겪게 된다.

⑦ 과열 후에 이 국면으로 곧바로 이어질 경우에는 소위 경기흐름을 잘 탄 자와 못 탄 자의 상대적 불평등이 사회문제화되기도 한다.

5) 안정시장

일반경기의 변동국면에서는 없으나 부동산시장에서 고려의 대상이 되는 시장으로서 일반 부동산과는 달리 안정적 경기변동을 하는 시장이 존재하는데, 이를 안정시장이라 한다. 이 시장은 '불황에 강한 유형의 시장'이라고도 하며, 위치가 좋은 곳에 있는 적당한 규모의 주택들을 비교적 안정시장의 유형에 속한다고 한다. 이러한 곳의 부동산은 경기 호·불황의 영향에 관계없이 수급이 안정되어 있어, 경기 호·불황의 진폭의 크기가 다른 부동산에 비하여 비교적 작다. 따라서 투자와 관련하여 위험성을 상정할 경우에는 위험성이 낮은 안정시장의 형태라 할 수 있다.

나. 경기변동국면과 부동산투자운용

부동산투자의사결정을 하기 전에 부동산경기의 상황과 단계가 어느 국면에 있는지를 고려하는 것은 매우 중요하다. 따라서 부동산경기변동국면의 단계와 그 단계별 특징을 잘 숙지하여 부동산투자운용에 적극 활용할 필요가 있다. 부동산경기변동국면별 부동산투자운용 전략을 정리하면 다음과 같다.

〈표 1-6〉 부동산경기변동국면

<table>
<tr><th>구분</th><th>회복기</th><th>상향기</th><th>후퇴기</th><th>하향기</th><th>안정시장</th></tr>
<tr><td>일반경기</td><td>회복기</td><td>확장기</td><td>후퇴기</td><td>수축기</td><td rowspan="10">일반경기에
없는 국면
일반부동산과 달리
안정국면을 유지하는
시장으로
위치가 좋고 수요가
왕성한 부동산부문에
나타남</td></tr>
<tr><td>부동산가격</td><td>하락 중단,
상승 기미</td><td>본격 상승,
정점 도달</td><td>상승 중단,
하락 기미</td><td>본격 하락</td></tr>
<tr><td>부동산투자</td><td>투자심리 생성</td><td>투자활동 전개</td><td>신중한 국지적
투자</td><td>투자심리 위축</td></tr>
<tr><td>부동산공급</td><td>공급계획수립</td><td>공급 증가</td><td>과잉 공급</td><td>공급 감소</td></tr>
<tr><td>부동산 수요</td><td>수요심리 생성</td><td>수요 확대</td><td>선별적 실수요</td><td>수요 위축</td></tr>
<tr><td>부동산거래</td><td>거래 타진</td><td>거래 활발</td><td>신중한 거래</td><td>거래 위축</td></tr>
<tr><td>공실률</td><td>감소로 반전</td><td>최저치</td><td>증가로 반전</td><td>증가</td></tr>
<tr><td>건축활동</td><td>증가 기미</td><td>본격 증가</td><td>정점 도달</td><td>감소세 반전</td></tr>
<tr><td>거래형태</td><td>매수자 우위 →
매도자 우위</td><td>매도자 우위</td><td>매도자 우위 →
매수자 우위</td><td>매수자 우위</td></tr>
</table>

1-4 부동산경기의 측정방법

부동산경기를 측정할 때는 단순지표에만 의존할 것이 아니라 다양한 지표를 종합적으로 고찰하고, 또한 제 지표가 지니고 있는 여러 가지 측면을 고찰해야 한다. 부동산경기를 측정하는 지표로 주로 활용되는 것은 다음과 같다.

가. 건축허가량과 미분양 재고량

1) 건축허가량

건축허가량의 증감은 부동산경기현상을 파악하는 주요 지표가 된다. 우리나라에서는 건축허가연면적을 주로 활용하고 있다. 건축량을 건축경기의 주요 지표로 삼을 때는 특히 민간부문의 건축량이 중심 대상이 된다. 건축허가면적을 지표로 활용할 경우 착공을 지연시키는 경우가 있음을 고려하여야 한다. 부동산경기의 후퇴조짐, 정부 부동산정책의 변화 등에 따라 착공지연 현상이 자주 나타나기 때문이다.

2) 미분양 재고량

부동산시장에서 미분양 재고량이 증가하면 가격은 하락하고 공급은 감소하는 현상이 나타난다.

> **참고** **급증하는 전국 미분양주택**
>
> 국토교통부의 2024년 12월 주택통계 집계 결과에 따르면 전국 미분양 아파트가 총 7만 173가구이다. 2024년 11월(6만 5,146가구) 대비 7.7%(5,027가구) 늘어난 수치다. 수도권(1만 6,997가구)은 한 달 전보다 17.3%, 지방(5만 3,176가구)은 5.0% 늘었다.
> 부동산 시장 침체로 전국에 쌓인 '악성 미분양'(준공 후 미분양)이 11년 만에 최대치를 나타냈다. 한때 감소세를 보인 미분양 주택도 5개월 만에 다시 7만 가구대로 불어났다. 공사비 인상, 고금리 지속, 미분양 증가 등 '삼중고'가 심화하면서 건설업계에선 줄도산 공포가 번지고 있다.

나. 부동산가격변동지수

부동산의 가격변동지수를 부동산경기의 지표로 활용하기도 한다. 우리나라에서는 지가변동률, 주택가격지수(매매가격지수, 전세가격지수) 등을 주로 활용한다. 그러나 부동산가격변동지표로 부동산경기를 측정할 때는 주의해야 한다. 건축비 상승에 의한 분양가의 상승으로 주택(아파트)가격이 상승한 경우나 투기로 인한 부동산가격의 일시적인 상승은 부동산경기의 상승으로 볼 수 없기 때문이다. 따라서 부동산가격이 상승하면 부동산경기가 좋다고 말하는 경향이 있는데, 이는 잘못된 개념이다. 물론 부동산경기가 좋을 때는 부동산가격이 상승하는 경향이 있다. 그럼에도 부동산의 가격변동이 부동산시장의 수급현상 등 포괄적인 경기현상을 측정할 수 있는 주요지표임을 부인할 수는 없다.

다. 부동산거래량, 청약경쟁률 및 경매신청 등

주택 등 부동산거래량은 부동산경기를 측정하는 주요한 지표가 된다. 특히 공실률의 동향은 부동산경기의 선도지표가 된다. 부동산거래량은 소유권이전등기량 또는 취득세·등록세의 수입실적 등으로 파악한다. 그리고 경우에 따라서는 통계적 분석을 이용한 주거이동의 동향을 파악하기도 한다. 또한 아파트 분양 시 청약경쟁률 및 계약률, 경매부동산의 신청건수 및 낙찰률 등도 부동산경기를 가늠할 수 있는 지표로 활용할 수 있다.

참고 **아파트 거래동향**

1월 서울 아파트 거래 1,000건대…대출 규제 직전 5분의 1

2025년 1월 서울 아파트 매매가 반년째 하향곡선을 그리며 1월 거래량이 1,000건대에 머무르고 있다. 고강도 대출 규제가 시작되기 전과 비교하면 5분의 1 수준에도 못 미치는 모습이다.

서울부동산정보광장에 따르면 1월 서울 아파트 매매 거래량은 이날 기준 1,760건으로 집계됐다. 이는 2024년 가장 많은 거래량을 보였던 7월 9,219건과 비교하면 19.1%에 그치는 수준이다. 서울 아파트 매매는 스트레스 DSR(총부채원리금상환비율) 2단계가 시작된 8월 6,518건, 대출 규제가 본격화된 9월 3,171건으로 두 달 새 3분의 1 수준으로 급감한 뒤 작년 하반기 3,000건대를 유지해 왔다.

2024년 12월 거래량은 3,106건으로 하반기 들어 가장 낮았다. 1월 아파트 매매 신고가 아직 진행되고 있으나 이 추세대로면 지난달 거래량이 2,000건대로 내려앉을 것이란 관측이 지배적이다.

라. 택지의 분양실적

택지의 분양실적은 부동산경기의 선도현상의 하나가 된다. 즉, 택지분양은 건축활동이 전개되리라는 전조이므로 택지의 분양이 활발하면 부동산경기의 활황이 노래할 수 있음을 예측할 수 있다. 일반적으로 택지의 수요는 건축활동을 위한 수요가 많기 때문에 건축경기에 비하여 선행성을 지닌다고 볼 수 있다.

마. 기타의 요인

앞에서 설명한 지표들은 부동산부문에 한정된 것들이라 할 수 있다. 그러나 부동산경기는 부동산부문의 내적 요인 이외에도 외적요인으로서 일반경기 및 사회적 제 현상 등에도 영향을 받게 된다. 특히, 향후 부동산경기를 전망할 때는 부동산부문 이외의 일반경기 및 사회적 제 현상에 대한 고려가 매우 중요하다. 따라서 금리, 통화량, 경제성장률, 물가변동, 인구수 및 인구증가율, 인구구성, 주택보급률 등 사회 · 경제적 환경 등 제반요소를 종합적으로 분석하여야 한다. 아울러 주택구입자금 대출 등 부동산구입자금 대출의 증감도 부동산경기를 예측하는 지표가 될 수 있다.

2 부동산정책의 이해

2-1 주택정책의 개요

가. 주택문제와 주택정책의 목표

주택가격이나 주거비의 부담능력이 낮아 주택의 질적 수준이 저하되면 여러 가지 불만을 초래하는 문제가 발생한다. 이에 정부는 정책적으로 주택가격 안정화를 도모한다. 주택가격 안정화를 위한 정부의 정책대안에는 주택담보대출 강화와 주택구입자금의 대출금리상향조정, 분양권 전매 제한, 주택양도 및 보유 관련 중과 등이 있다. 주택정책의 궁극적인 목표는 국민주거생활의 안정에 있다. 목표를 달성하기 위한 정책과제로서 주택의 절대량 부족문제 해소를 위한 주택의 대량건설 · 공급, 무주택 서민의 주거안정을 위한 가격안정, 소형주택 우선공급을 설정하고 있다. 다만, 정부의 시장개입에 대한 시장참여자의 저항, 정부의 재정부담 및 대책의 일관성 결여 때문에 달성하기 쉽지 않다.

나. 주택공급확대정책

공급이 주택의 수요량에 미치지 못할 경우 계속해서 공급을 하지 않으면 부동산시장에는 주택가격상승에 대한 불안감이 발생한다. 그러므로 신규주택건설촉진을 위한 정책수단으로 저렴한 택지의 공급, 주택생산성의 증대, 건설 주체의 역할 증대, 재고주택의 보전과 개량 및 주택금융의 개선이 이루어져야 한다.

1) 신규주택건설촉진

신규주택건설촉진을 위해서는 첫째 저렴한 택지공급이 필요하다. 주택비 중 차지하는 택지비에 따라 주택가격은 비싸지기도 하고 싸지기도 하는데, 택지비가 저렴해야 많은 양의 공급이 가능한 것은 물론 공급에 참여하는 주택사업자도 이윤이 보장된다. 둘째 택지 생산성을 높여야 한다. 주택생산성은 기업의 경영합리화에 의존하며, 토지 이외에 건설 노동비 · 자재 · 기술 등의 공급에 좌우된다. 셋째 민간건설사업자의 역할을 증대해야 한다. 주택정책에서 주택건설을 정부가 주도하느냐 민간이 주도하느냐에 따라 정부의 역할이 증대하기도 하고 감소하기도 한다. 공급을 민간이 주도하면 정부의 재정은 압박을 덜 받을 것이고, 정부가 하면 그 반대가 될 것이다.

2) 재고주택의 보전과 개량

주택서비스의 제공은 대부분 기존재고주택(구축)에서 얻고 있다. 그러므로 신축도 중요하나 이의 보전과 개량이 공급 면에서 상당히 중요하다.

3) 주택금융의 개선

주택건설 자금이 지금까지는 주로 가계저축에 기대었으나 앞으로는 공공자금 외에 주택금융(MBS, ABS 등)의 재원을 다원화하여 확대해나가야 한다.

다. 구매력강화정책

주택금융과 밀접한 관련을 가지는 정책이다. 우리나라처럼 주택구입자금을 적금 등 가계 저축에서 조달하는 곳에서 구매력은 연구과제가 되는 동시에 공급을 측정하거나 결정하는 요인도 된다. 구매력을 강화하는 수단으로는 다음과 같은 내용이 있다.

1) 일반 소득분포의 개선

일반소득분포는 경제성장과 밀접한 관계가 있다. 저축능력, 투자능력은 소득분포의 영향을 받기 때문에 소득분포의 개선을 통하여 저소득층의 주택구입능력을 높일 수 있다.

2) 주택규모의 합리화

될 수 있는 대로 대규모 주택건설을 지양하고 중소규모의 주택을 대량 공급하는 것이 규모분포의 적정화를 위해 바람직하다.

3) 서민주택금융의 증대

주택공급을 위해 가장 바람직한 제도이기도 하며, 선진국에서는 이 제도가 잘 발달하여 구매력을 높여주고 있다.

4) 주택비지원 및 보조

주택을 구입할 자금이 부족한 가구에는 주택비를 지원한다.

5) 임대주택제도의 활성화

부동산에 대한 의식구조의 차이는 임대주택제도에 큰 영향을 미친다.

6) 임대 후 매각

정부가 미분양된 국민주택을 매입하여 임대주택으로 활용한 후 인근거래가격과 취득원가를 고려하여 적정한 가격에 분양한다.

7) 세제상의 혜택

주택 관련 세제의 경감, 면제 등은 주택의 공급을 증대시키고 수요를 유발하는 요인이 된다.

2-2 주택분양가 규제제도

가. 분양가규제제도의 의의

주택 등의 분양에서 분양가격의 상한성을 시장가격 이하로 정하고, 법정분양가 이하로만 분양하도록 강제하는 제도를 말한다. 우리나라의 경우 원가연동제방식의 분양가규제제도를 시행하고 있으며, 주택에 대하여 입주자모집승인을 얻은 때는 입주자모집공고 안에 택지비, 공사비 등 주요 항목을 공개하도록 주택법에서 정하고 있다. 원가연동제란 토지가격은 택지공급가격으로 하고, 주택가격의 상한가격은 정부에서 고시한 건축가격 이하로 정하는 방식을 말한다.

나. 분양가규제의 장점

1) 가격조절의 기능

공급가격을 낮추는 가격조절 기능이 있다.

2) 공급업자의 적정이윤 보장기능

과도한 개발이익의 유도 및 편중을 방지함으로써 궁극적으로 공급자에게는 적정이윤이 귀속되게 하는 효과발생을 유도할 수 있다.

3) 분양받는 자에게 주택구입비용 지원효과

분양가상한제의 실시로 시장가격보다 저가로 아파트를 분양함으로써 분양받는 자에게 주택구입에 따른 부담을 경감해주게 되어 주택구입지원효과를 향유하게 한다.

4) 저소득계층 내 집 마련 기회의 확대

신규주택의 공급가격을 상한제에 의해 인하하여 기존주택의 가격까지 하락시킬 수 있게 되면 수요자는 시가보다 낮은 가격으로 주택을 구입할 수 있기 때문에 특히 저소득층의 주택구입 기회가 확대된다.

5) 무분별한 주택건설의 억제

아파트분양가격상한제를 실시하여 분양가격을 안정시킴으로써 주택경기의 호·불황이 불안정하게 교차하는 경우에 과잉공급이나 과소공급을 완화하게 되어 무분별한 주택건설이 억제된다.

다. 분양가규제의 단점

1) 분양가격과 시장가격의 차이(프리미엄) 때문에 아파트 투기를 유인하기도 한다. 채권입찰제를 병행하더라도 규제가격과 시장가격의 차액은 실수요자의 몫이 되지 못하며, 아파트 투기는 소득의 불균형을 발생시킨다.

2) 분양가규제는 주택산업의 경쟁력을 약화시켜 주택산업의 생산성을 저하시킨다.

3) 민간에서의 신규주택공급을 위축시킴으로써 중고주택의 가격을 상승시킨다.

4) 도시화·인구집중 등의 상황에서는 신규주택의 공급이 위축되어, 기존주택의 가격 수준도 동반 상승한다.

5) 시장가격보다 낮은 가격으로 주택을 분양받은 수요자의 경우 주택을 과소비하게

되며, 주택공급의 축소를 초래하여 저소득층의 주택난 심화를 초래한다.

라. 분양가규제의 효과

무주택 서민에게 주택마련의 기회를 제공하기 위해서 주택시장에 개입하는 정부는 분양가를 규제하려고 한다. 정부의 분양가격 규제정책의 효과는 다음과 같다.

1) 신축주택의 분양가격이 기존주택의 분양가격보다 낮아지도록 규제를 하면 신규주택의 공급은 감소되고 수요는 초과되는 현상을 낳는다.
2) 지역적인 지가의 고려 없이 분양가격이 동일하게 규제되면 토지이용의 비효율성이 야기된다. 예컨대 외곽지역이 도심지역보다 고밀도로 이용되게 된다.
3) 시장가격 이하 신규주택의 공급은 시세차익을 노리는 투기적인 주택수요를 발생시킨다.
4) 신규주택의 프리미엄 때문에 주택소비자는 대규모의 주택만을 선호하여 주택의 과소비와 자원 낭비를 불러일으킨다.

참고 **분양가규제의 역설**

분상제는 규제지역 아파트 분양가에 상한을 정해 아파트값 급등을 막기 위한 취지로 도입됐다. 하지만 최근 서울 강남과 경기 화성 동탄 등에서 이른바 '로또아파트' 사례가 줄을 잇는 데서 보듯 분양가와 실제 시세 격차가 너무 커 기형적 시장 분위기를 조성하고 있다. 문제는 시공사들이 분상제로 인해 사업 참여에 매우 소극적이어서 상급지 아파트 공급이 위축되고 있다는 점이다. 공급이 줄면 수요를 맞추지 못해 결국 가격이 뛰게 되고 이는 양극화 심화로 이어질 수밖에 없다.

2-3 주택분양가 자율화제도

가. 분양가자율화의 장점

1) 가수요를 진정시키고 실수요자 중심의 시장이 형성된다.
2) 주택건설 수입이 안정되므로 주택건설업의 생산성이 향상된다.
3) 주택공급시장이 활성화되며 공급량이 증가한다.
4) 신규주택공급 확대에 따라 중고주택가격이 하락하여, 신규주택시장과 중고주택시장 사이의 균형이 형성된다.

나. 분양가자율화의 단점

1) 분양가격이 급격히 상승하고 대형주택 위주로 주택공급이 이루어짐으로써 저소득층의 부담을 가중시킨다.

2) 분양가격의 급격한 상승은 인근지역 주택가격이 동반 상승하는 원인이 되기도 한다.

2-4 선분양제도와 후분양제도

가. 선분양제도

선분양제도는 착공과 동시에 입주자를 모집하는 방식의 부동산분양제도이다. 선분양제도로 주택구입자는 주택을 할부로 구입할 수 있다. 입주시점까지의 주택가격 상승분은 입주자에게 귀속되며, 가격하락 위험도 입주자가 부담한다. 또한 주택건설사업의 중단으로 인한 위험도 입주자가 부담한다. 주택건설사업자는 부족한 건설자금을 확보할 수 있으며, 착공 후 완공 시점까지의 위험을 구입자에게 전가할 수 있고, 주택공급의 주도권을 갖게 된다.

나. 후분양제도

후분양제도는 주택을 완공하거나 완공 직전에 분양하는 부동산분양제도이다.

1) 후분양제도의 장점

공급자 중심의 주택시장을 수요자 중심으로 바꿀 수 있다. 분양권이나 주택에 대한 투기가 감소할 수 있다. 착공 후 완공 시점까지 발생할 수 있는 가격상승 이익이 주택건설업체에 귀속된다. 주택건설업체의 경쟁력 강화에도 도움을 줄 수 있다.

2) 후분양제도의 단점

주택건설자금 조달비용이 증가하여 주택분양가가 상승한다. 주택구입대금을 일시에 지불해야 하므로 저소득층이 분양받을 수 있는 기회가 원천적으로 봉쇄된다. 선분양제에서 발생했던 주택자금 저축효과가 감소된다. 주택건설업체에 이익이 큰 중대형 주택 위주로 주택이 공급될 수 있다. 시행초기에는 주택공급에 공백이 생겨 일시적으로 주택가격이 상승할 수 있다. 개발자금조달이 어려워져 주택건설업체의 연쇄도산 등 부작용이 속출하거나 공급량이 감소할 수 있다.

다. 후분양제도의 보완방법

주택건설업체가 건설자금을 쉽게 조달할 수 있도록 프로젝트 파이낸싱을 활성화하며, 주택구입자에 대한 장기저리의 주택구입자금 융자제도의 도입이 필요하고, 부동산투자회사를 통한 주택공급 활성화를 도모해야 한다.

2-5 최근 부동산정책의 현황

부동산 대책의 파급효과는 부동산시장에 긍정적으로 혹은 부정적으로 작용한다. 부동산 대책의 허와 실을 잘 파악하는 것이 부동산투자의 성패를 가른다.

가. 2017년 8·2 부동산 안정화 대책

최근 부동산정책을 살펴보자. 2017년 '8·2 부동산 안정화 대책' 이후 서울 아파트매매 시장은 거래절벽현상이 나타났다. 이어 8·27 대책으로 투기과열지구가 전국 29곳에서 광명시와 하남시가 추가되면서 31곳으로 확대 지정되었다. 투기과열지구에는 재건축·재개발 조합원 지위양도 금지, 정비사업 분양 재당첨 제한, 청약규제 강화, 분양권 전매 제한, 3억 원 이상 주택 거래 시 자금조달 계획신고 등의 강력한 규제를 적용한다. 특히 투기과열지구 내 재건축·재개발과 관련해서 조합원 지위전매 제한은 조합원 지위양수(매매, 증여) 시 조합원 지위승계를 금지하는 것이다. 즉, 재건축·재개발 조합원 지위를 사고팔지 말라는 의미다. 이로 인해 투기과열지구 내에 매물부족현상이 나타나면서 오히려 특정지역의 부동산가격이 오르는 경향이 나타났다.

〈표 1-7〉 조정대상지역 규제내용

구분	조정대상지역 규제내용
금융	· LTV 60%, DTI 50%
	· 중도금대출발급요건 강화(분양가격 10% 계약금 납부, 세대당 보증건수 1건 제한)
	· 2주택 이상 보유세대는 주택신규구입을 위한 주담대 금지(LTV 0%) · 1주택세대는 주택신규구입을 위한 주담대 원칙적 금지 - (예외) 기존주택 2년 내 처분 조건, 무주택 자녀 분가, 부모 별거봉양 등 · 고가주택(공시가격 9억 초과) 구입 시 실거주목적 제외 주담대 금지 - (예외) 무주택세대가 구입 후 2년 내 전입, 1주택세대가 기존주택 2년 내 처분 시
세세	· 다주택자 양도세 중과 · 장기보유특별공제 배제(2주택 +10%p, 3주택 +20%p)
	· 1세대1주택 양도세 비과세요건 강화(2년 이상 보유+거주, 9억 원 이하)(2021.12월부터 12억 이하)
	· 분양권전매 시 양도세율 50%
	· 2주택 이상 보유자 종부세 추가과세(+0.1~0.5%p 추가과세)
	· 일시적 2주택자의 종전주택 양도기간 3년 → 2년 이내로 강화
	· 1주택 이상자 신규 취 · 등록 임대주택 세제혜택 축소(양도세 중과, 종부세 합산과세)
전매 제한	· 주택 분양권 전매제한(1지역: 소유권이전등기 시, 2지역: 1년 6개월, 3지역: 6개월)
	· 오피스텔 분양권 전매제한(소유권이전등기 or 사용승인일로부터 1년 중 짧은 기간)
청약	· 1순위 자격요건 강화/일정분리 - 청약통장 가입 후 2년 경과 + 납입횟수 24회 이상 - 5년 내 당첨자가 세대에 속하지 않을 것, 세대주일 것 - 2주택 소유 세대가 아닐 것(민영)
	· 가점제 적용 확대
	· 민영주택 재당첨제한 - 85㎡ 이하: 과밀억제권역 5년, 그 외 3년 85㎡ 초과: 과밀억제권역 3년, 그 외 1년
	· 오피스텔 거주자 우선분양(분양 100실 이상: 20% 이하, 분양 100실 미만: 10% 이하)

〈표 1-8〉 규제지역 지정현황

2020.12.18.기준

구분	투기과열지구(49개)	조정대상지역(111개)
서울	전 지역('17.8.3)	전 지역('16.11.3)
경기	과천('17.8.3), 성남분당('17.9.6), 광명, 하남('18.8.28), 수원, 성남수정, 안양, 안산단원, 구리, 군포, 의왕, 용인수지 · 기흥, 동탄2('20.6.19)	과천, 성남, 하남, 동탄2('16.11.3), 광명('17.6.19), 구리, 안양동안, 광교지구('18.8.28), 수원팔달, 용인수지 · 기흥('18.12.31), 수원영통 · 권선 · 장안, 안양만안, 의왕('20.2.21) 고양, 남양주, 화성, 군포, 부천, 안산, 시흥, 용인처인, 오산, 안성, 평택, 광주, 양주, 의정부('20.6.19), 김포('20.11.20), 파주('20.12.18)
인천	연수, 남동, 서('20.6.19)	중, 동, 미추홀, 연수, 남동, 부평, 계양, 서('20.6.19)
부산	-	해운대, 수영, 동래, 남, 연제('20.11.20), 서구, 동구, 영도구, 부산진구, 금정구, 북구, 강서구, 사상구, 사하구('20.12.18)

나. 2018년 9·13 부동산 대책

9·13 부동산 대책의 주요골자를 보면 종합부동산세 강화, 주택담보 대출금지 및 다주택자 규제강화를 통해서 부동산 수요를 최대한 억제해 집값을 안정시키겠다는 정부의 의지가 보인다. 또한 주요내용 가운데 하나가 종부세 부담을 높이겠다는 것이다. 집값이 급등한 조정대상지역의 2주택 이상 보유자에 대해 주택분종부세 최고세율을 3.2%로 중과하고, 세부담 상한도 150%에서 300%로 올렸다. 또한 과표 3억~6억 원 구간을 신설해 세율을 0.7%로 0.2%p 인상하기로 했다. 주택담보대출도 매우 강화되었다. 청약조정 대상구역이나 투기과열지구 같은 규제지역에서 2주택자의 신규 주택담보대출이 금지되고, 1주택자도 원칙적으로 금지된다. 예외를 인정받거나 이사를 위해 추가 대출을 받으려면 2주택자는 한 채를 당장 처분해야 하고, 1주택자도 2년 안에 처분하겠다고 약정해야 한다.

다. 9·21 공급대책에 따른 3기 신도시 지정

9·21 공급 대책으로 그동안 부동산규제 강화로 일관하던 정부가 수도권 주택공급 확대방안이라는 '투트랙' 정책을 들고 나왔다. 2018년 12월 19일 남양주 왕숙, 하남 교산, 인천계양 테크노밸리, 과천이 3기 신도시로 지정됐다.

〈표 1-9〉 3기 신도시 공급규모 (단위: ㎡, 가구, %)

면적			
남양주 왕숙	1,134만	하남 교산	649만
인천 계양	335만	과천	155만
주택 수			
남양주 왕숙	6만 6,000	하남 교산	3만 2,000
인천 계양	1만 7,000	과천	7,000
자족용지			
남양주 왕숙	32	하남 교산	29
인천 계양	49	과천	47

라. '공공주도 3080 플러스, 대도시권 주택공급 획기적 확대방안'

정부는 주택시장 안정화를 위한 '공공주도 3080 플러스, 대도시권 주택공급 획기적 확대방안'을 2021년 2월 4일 발표했다. 확대방안을 보면, 2025년까지 서울, 경기 등 전국에 총 83만6000호의 신규주택을 공급한다.

또 속도감 있는 추진을 위해 한국토지주택공사(LH), 서울주택도시공사(SH) 등의 공공 역할을 강화한다. 용적률 상향, 재건축 초과이익 부담금 미부과 등 각종 규제도 완화해 민간의 적극적인 참여를 유도할 예정이다.

1) 공급 부지확보물량

지역별 전체 공급물량 83만6000호 중 서울은 32만3000호, 인천·경기 29만3000호, 5대 광역시 22만호를 각각 공급한다.

〈표 1-10〉 공급 부지확보 물량(21~25) 추계치 총괄 (단위 ; 만 호)

	총계	정비 시업	도심공공주택복합사업			소규모	도시 새생	공공 택지	비주택 리모델링	신축 매입
			역세권	준공업	저층 주거					
계	83.6	13.6	12.3	1.2	6.1	11	3	26.3	4.1	6
서울	32.3	9.3	7.8	0.6	3.3	6.2	0.8	-	1.8	2.5
인천 경기	29.3	2.1	1.4	0.3	1.3	1.6	1.1	18.0	1.4	2.1
5대 광역	22.0	2.2	3.1	0.3	1.5	3.2	1.1	(광역)5.6 (지방)2.7	0.9	1.4

① 입지 유형별 사업 규모로는 전체 공급 물량 중 공공택지가 26만3000호로 가장 많다. 그 다음으로는 도심공공주택복합사업 19만6000호(역세권 12만3000호, 준공업 1만2000호, 저층주거 6만1000호), 정비사업 13만6000호, 소규모 정비사업 11만호, 신축매입 6만호, 비주택 리모델링 4만1000호, 도시재생 3만호 등의 순이다.

② 도심 공공주택 복합사업과 소규모 재개발 사업을 통해 30만6000호의 신규 주택을 공급할 계획이다. 도심 공공주택 복합사업은 3년 간 한시적으로 신규 도입한다. 적정 개발수단이 없어 방치 중인 역세권 준공업지 저층주거지 등이 정비 대상이다.

③ 토지주 · 민간기업 · 지자체 등은 저개발된 도심 우수입지를 발굴한다. 발굴 후에는 LH · SH에 주택 · 거점 복합 조성을 제안한다. 이후 국토부 · 지자체가 검토를 거쳐 해당 지역을 예정지구로 지정하는 등 개발 사업을 추진한다. 또한 예정 지구 지정 1년 이내 토지주 등 3분의 2 이상이 동의하면 사업을 확정한다. 공기업의 부지확보 및 지자체의 신속 인허가(통합심의) 등을 거쳐 착공하는 공공주도 방식의 개발도 진행한다.

④ 토지소유자에게는 기존 자체 사업 추진방식 대비 10~30%p 높은 수익률을 제공하고, 아파트 상가 우선공급을 보장할 계획이다. 더불어 보장된 추가수익 외 개발 이익은 비용부담 능력이 없는 실거주자 거주수단 마련과 세입자 영세상인 이주 생계지원, 지역사회 생활 SOC확충 등 도시환경 개선의 공익 목적으로 활용한다.

⑤ 도심 공공주택 복합사업으로 추진되는 사업들은 역세권, 준공업지, 저층주거지 등 입지별 특성에 따라 맞춤형 규제혁신 및 개발 컨셉을 적용해 특화 개발한다. 역세권(5000㎡ 이상)은 용적률을 최대 700%까지 상향하고, 상업시설 비율 완화, 지하철 연결통로 설치 등 교통편의 극대화 등을 통해 주거상업 고밀지구로 복합고밀개발한다.

2) 지역별 정비사업 예상 공급물량

① 공공 직접시행 정비사업으로도 약 13만6000호를 공급한다. 이는 이해관계 조율, 공익확보 등 공공 기능을 정비사업에 적용한 공공 직접시행 정비사업 방식이다.

② LH · SH공사 등이 재개발 · 재건축을 직접 시행하고, 사업 · 분양계획 등을 주도해 신속히 사업을 추진한다는 게 최대 장점이다.

〈표 1-11〉 지역별 정비사업 예상 공급물량

		공급가용물량(세대)	기대참여율	공급물량(세대)
서울	기존구역	22.2만 세대	25%	9.3만
	신규구역	37.4만 세대	10%	
인천 · 경기	기존구역	7.5만 세대	12.5%	2.1만
	신규구역	24.1만 세대	5%	
광역	기존구역	16.7만 세대	12.5%	2.2만
	신규구역	3.1만 세대	5%	
계	-	111만 세대	-	13.6만

마. 2023년 1월 3일 부동산대책

윤석열 정부가 강남 3구와 용산을 제외한 부동산 규제를 대폭 완화한 '1.3 부동산대책'을 발표했다. '1.3대책'에 대해 비정상 규제의 정상화, 건설업체 연쇄부도를 막기 위한 대책, 둔촌 주공 재건축 구하기 등 다양한 평가가 나오고 있다. 집값을 잡기 위해 28차례의 규제를 발표했지만 집 값이 급등했던 문재인 정부와 달리, 윤석열 정부는 부동산침체기에 부동산 시장의 연착륙을 유도하기 위해 각종 규제를 과감하게 풀고 있다. '1.3 부동산대책의 주요 내용은 다음과 같다.

1) 규제지역해제인 투기과열지구와 조정대상지역 해제 확대

2022년 11월14일 투기과열지구 경기도 9곳과 조정대상지역 경기 22곳, 인천 8곳, 세종 등 31곳을 각각 규제지역에서 해제하여 규제지역(투기과열지구 및 조정대상지역)은 서울, 과천, 성남(분당, 수정), 하남, 광명만 남아있다가 2023년 1월5일부터 전국에서 강남구, 서초구, 송파구, 용산구 4곳만 남고 규제지역에서 모두 해제되어 대출, 세제, 청약, 정비사업 등 각종 규제에서 벗어나거나 완화됩니다. 그리고 민간택지 분양가 상한제로부터 자유로워졌다.

2) 민간택지 분양가 상한제 적용지역 실거주 의무기간 폐지

기존 수도권 분양가 상한제 주택 실거주 의무는 최대 5년, 공공재개발 2년 규정이 폐지됩니다. 주택법이 개정되면 법 개정 이전 실거주 의무가 있던 곳들도 소급되어 적용된다.

3) 전매제한 기한 완화

전매제한 규제도 대폭 완화되었다. 분양가 상한제 적용 아파트의 전매제한은 분양가

수준별 최장 10년이었지만 이 기간이 분양가 수준별 차등 없이 3년으로 줄어들게 됩니다. 수도권은 10년에서 3년으로 비수도권은 4년에서 1년으로 축소 적용됩니다. 주택법이 개정되면 법 개정 이전 실거주 의무가 있던 곳들도 소급되어 적용됩니다. 예컨대, 분양하여 계약단계에 있는 둔촌주공아파트의 전매제한 기간이 8년에서 1년으로 줄어들게 됩니다.

〈표 1-12〉 전매제한 기간

수도권	공공택지 또는 규제지역	과밀억제권역	기타
	3년*	1년	6개월
비수도권	공공택지 또는 규제지역	광역시(도시지역)	기타
	1년	6개월	없음

* 3년 : 소유권 이전 등기시 3년 충족으로 간주, 등기 기간이 3년을 초과할 경우 3년으로 한다.

4) 중도금대출 완화

분양가 12억 원 초과 아파트에 대한 중도금 대출 규제도 완화된다고 합니다. 종전 분양가 12억 원 이하에 대하여 중도금 대출, 인당 보증한도 5억 원에서 이번 대책에서는 분양가 제한규정이 없어졌고, 인당 보증한도 제한도 없어졌습니다.

5) 기존주택 처분폐지

기존에는 규제지역 등 추첨으로 당첨된 1주택자의 경우 기존주택을 반드시 처분하여야 하는 기존주택 처분의무가 폐지됩니다.

바. 2024년 1월 10일 부동산대책

국토교통부는 2024년 1월 10일 국민 주거안정을 위한 주택공급 확대 및 건설경기 보완방안을 발표했다. 주택공급을 확대해 주거안정 기반을 강화하고 건설산업 활력을 회복시킨다는 계획이다.

이번 방안은 도심공급확대(재건축·재개발, 1기 신도시 재정비), 다양한 유형의 주택공급 확대(공급여건 개선, 활용도 제고), 신도시 등 공공주택 공급 및 건설경기 활력 회복(자금조달 및 유동성지원, 건설투자활성화) 등의 내용을 담고 있다.

방안을 통해 민간에 대한 규제를 개선하고 주택건설 사업성 제고를 통해 신규사업 착수 및 정체사업 재개를 유도하기 위하여 대책이 발표되었다.

1) 재건축·재개발

정비사업의 3대 규제인 분양가상한제와 안전진단, 재건축부담금을 모두 합리적으로 개선한다. 또한, 준공 30년이 도래하면 안전진단 없이도 재건축 착수를 허용한다. 이를 통해 조합설립 시기를 조기화하며 사업기간이 최대 3년 단축된다.

안전진단은 사업시행인가 전까지만 통과하면 되도록 개선해 안전진단을 통과하지 않아도 정비사업 착수가 가능해진다. 아울러 사업주체 구성을 조기화한다. 준공 30년이 도래하면 추진위 구성이 가능하고 정비구역 지정(정비계획 수립)과 조합 설립 추진을 병행할 수 있다.

정비사업 추진 요건도 완화된다. 신축빌라 혼재 등 부지 특성상 재개발 추진이 불가능했던 지역도 사업에 착수할 수 있도록 정비사업 추진 요건이 완화된다.

재개발 노후도 요건을 현행 2/3에서 60%로 완화하고, 노후도 외 요건(접도율, 밀도 등)도 걸림돌이 되지 않게 개선한다.

참고 재건축 패스트트랙 절차

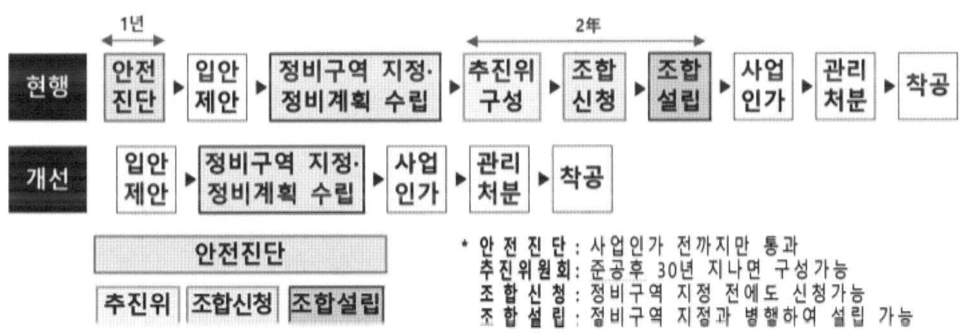

2) 1기 신도시 등 노후계획도시 재정비

국토교통부는 1기 신도시 착공을 목표로 2030년 첫 입주를 추진한다. 이를 위해 안전진단 면제, 용적률 상향, 금융지원, 이주단지 조성 등 사업 전 과정 패키지를 지원한다. 또한, 올 하반기 중 국가 차원의 시책과 지침을 제시하고 도시의 재구조화 방향, 단계별 정비계획을 담은 도시별 청사진을 제시한다. 이후 선도지구를 지정하고 정비 모범사례를 제시해 내년 중 본격적인 정비사업 절차인 특별정비계획을 수립한다.

정비 사업여건을 획기적으로 개선하기 위한 방안도 마련된다. 통합 재건축시 안전진단

면제, 용도지역 변경·용적률 상향(100%p) 등을 통해 사업기간을 단축하고, 사업성 개선(특별법 제정 완료)을 지원한다.

3) 소규모 정비 및 도심복합사업

① 일반 정비사업이 불가능한 지역도 소규모 정비사업의 신속 추진을 유도한다.

② 사업요건 개선을 위해 인접 도로 건너편까지 구역지정을 허용한다. 공공참여 확대를 위해서는 LH가 참여해 사업성을 보완하고 연내 신규사업지를 추가로 선정한다.

③ 사업절차 간소화를 위한 방안도 마련된다. 조합설립 주민 동의율 완화(80→75%) 및 통합심의 대상 확대(교통·경관심의 등) 등을 통해 사업기간을 단축한다.

④ 사업성 확보를 위한 인센티브 및 자금지원도 강화된다. 기반시설(공공분양, 공공시설 등) 설치 시 용적률 및 기금융자(現 50→70%)의 인센티브 제공하고, 기금융자 지원확대를 추진(융자한도 구역당 300억 원→500억 원)한다.

4) 다양한 유형의 주택공급 확대

① 도시형생활주택의 토지이용 효율성을 높일 수 있도록 세대수 제한을(現 300세대 미만) 폐지한다. 도심 내 다양한 주거 수요에 유연하게 대응할 수 있도록 도시형생활주택 방 설치 제한에 대한 규제도 없앤다.

② 주차장 기준도 완화해 공유차량 주차면수 설치 시 주차장 기준을 완화(공유차량 주차면수 1대당 일반 주차면수 3.5대 적용)한다.

③ 입지규제도 완화된다. 중심상업지역에 도시형생활주택을 건설하는 경우, 주상복합이 아닌 단일 공동주택(주택 100%)으로도 건축할 수 있다.

④ 발코니 설치가 허용되다. 그간 오피스텔에 금지되어 있던 발코니 설치를 전면 허용해 쾌적한 주거여건을 갖춘 주거용 오피스텔 공급 촉진한다.

5) 소형주택 활용도 제고

향후 2년간 준공된 소형 신축 주택(60㎡ 이하, 수도권 6억 원·지방 3억 원 이하, 아파트는 제외)은 취득세·양도세·종부세 산정 시 주택수에서 제외된다. 대상은 2024년 1월 ~ 2025년 12월 준공된 다가구 주택, 공동주택(아파트 제외), 도시형생활주택, 주거용 오피스텔이며 최초 구입 시에만 적용된다.

사. 2024년 8월 8일 주택공급확대방안

1) 도심 내 아파트 공급 획기적 확대

① 재건축, 재개발 촉진법을 제정하여 용적률을 비롯한 도시, 건축 규제를 완화하고 재건축 부담금은 폐지를 추진한다.

② 노후계획도시 정비를 위하여 1기 신도시를 비롯한 노후계획도시 정비도 27년 첫 착공을 위한 준비를 차질 없이 이행하려고 한다.

2) 비아파트 시장 정상화

① 공공에서 신축 비아파트를 최대한 매입하여 위축된 공급 정상화를 위하여 신축매입은 2년긴 수도권 중심으로 11만 호 이상 집중적으로 공급하고, 이중 5만 호는 분양전환이 가능한 주택으로 공급 수요가 많은 서울의 경우, 비아파트는 공급 상황이 정상화될 때까지 무제한으로 매입할 계획이다.

② 소규모 주택 건설사업자의 세제 혜택 요건 완화를 위하여 위축된 민간 비아파트시장 기반도 조속히 정상화 시키기 위해 소규모 주택 건설사업자의 세제 혜택 요건을 완화하는 한편 세제, 청약 등 주택 추가 구입에 따른 규제를 완화하여 1주택자도 비아파트를 추가로 구매할 수 있도록 시장 환경 조성을 추진한다.

3) 수도권 공공택지 신속공급 확신 부여

기존에 발표한 수도권 공공택지에서 주택공급이 신속하게 이루어지도록 LH가 22조 원 규모의 미분양 매입확약을 제공하여 3만 6천 호의 조기 착공을 유도한다.

4) 서울, 수도권 신규택지 발표 등

① 청년을 비롯한 미래세대를 위해 서울과 시울 인근의 그린벨트를 활용하여 올해 5만 호, 내년 3만 호의 신규택지 후보지를 발표했다.

② 3기 신도시 등 수도권 공공택지의 토지 이용 효율성 높여 2만 호 이상 추가 확보계획을 수립했다.

5) 주택공급 여건 개선

① PF대출 보증은 5조 원 늘림

정상사업장을 위한 PF대출 보증은 당초 대비 5조 원 늘린 총 35조 원을 공급하여, 착공 대기물량들이 하루 빨리 착공되도록 지원한다.

② 지방 미분양 해소 위한 CR리츠 출시

지방의 미분양 해소를 위해 CR리츠를 9월 중 본격 출시하고, 미분양 주택에 대한 세제 감면도 추진한다.

제3절 | 공적장부의 활용

1 공적장부의 분석

부동산에서 공부(公簿)란 부동산 관련 지적공부를 비롯하여 행정관청에서 관리하는 부동산 관련 각종 공적장부를 말한다. 특히, 「공간정보의 구축 및 관리에 관한 법률」에서 말하는 지적공부란 토지대장 · 지적도 · 임야대장 · 임야도 및 수치지적부로서 행정자치부령이 정하는 바에 의하여 작성된 대장 및 도면과 전산정보처리조직에 의하여 처리할 수 있는 형태로 작성된 파일을 말한다. 부동산은 부동성으로 말미암아 일반 재화와 같이 물리적 실체를 이동시키면서 거래할 수 없다. 따라서 부동산은 행정관청에서 장부에 기록하고 공시를 하고 관리할 수밖에 없다. 결국 부동산은 물리적 실체를 거래하는 것이 아니라 권리를 거래하는 것이며, 권리는 공적장부를 통해서 기록하고 관리된다. 소재지, 지목, 면적, 구조 등 물리적 현황은 대장(토지대장 · 임야대장 · 건축물대장)이 기준이 된다. 반면 권리는 등기기록이 기준이 된다. 따라서 등기사항증명서의 면적과 토지대장상의 면적이 서로 다를 경우에는 토지대장의 면적이 기준이 된다. 반면 토지대장과 등기사항증명서의 소유자가 다른 경우에는 등기사항증명서를 기준으로 소유자를 판단한다.

〈표 1-13〉 부동산컨설팅 상담 시 확인하는 공부의 종류 및 조사내용

공부종류	확인사항	발급처
토지대장 · 임야대장	소유자, 위치, 면적, 지번, 지목, 축척	시 · 군 · 구
건축물대장	소유자, 소재지, 면적(전용면적, 연면적, 건축면적),	시 · 군 · 구
지적도 · 임야도	소재지, 지번, 지목, 경계, 지적형태(지형)	시 · 군 · 구
토지등기사항증명서 건물등기사항증명서	· 표제부: 목적물의 표시 · 갑 구: 소유권 및 제한에 관한 사항 · 을 구: 소유권 외 각종권리 및 제한사항	법원등기소
토지이용계획확인서	공법상의 이용제한 및 거래규제사항	시 · 군 · 구
공시지가확인원	토지의 공시지가	주민자치센터
환지예정지증명원	환지예정지	사업시행청
가족관계증명서 및 성년후견등기부	제한능력자(미성년자, 피성년후견인), 상속관계, 법정대리인	주민자치센터

2 토지이용계획확인서의 활용

2-1 토지이용계획확인서로 조사

공법상 제한사항을 확인 · 조사하는 방법은 토지이용계획확인서를 활용하는 것이 통상적인 방법이다. 여기서 말하는 공법상의 제한사항이란 각각 관계되는 공법에 의하여 소유권에 대한 처분 · 사용 · 수익의 권능을 제한하는 것을 말하는데, 우리나라의 토지이용제한제도는 용도지역 · 지구제에 의한 행위제한이 가장 일반적인 방법이다. 특정 지역의 토지가 공법의 규정에 의해 결정 · 고시된 국토이용계획 또는 다른 법령에 의하여 결정 · 고시된 토지이용계획에 의하여 그 토지가 어떠한 용도지역이나 지구에 해당하는지와 그 용도지역 등에 대한 도시계획 또는 개발계획 등의 수립 여부 등을 확인하거나 열람하려면, 토지가 소재하고 있는 시장 · 군수 · 구청장에게 신청할 수 있다.

2-2 토지이용계획확인서의 내용

가. 신청인 기재사항

토지이용계획확인서를 통하여 신청인의 성명 · 주소 · 토지소재지 · 지번 · 지목 · 면적(㎡)을 파악할 수 있으며, 거래대상토지의 용도지역 · 용도지구 · 용도구역 · 도시계획시설 · 지구단위 계획구역 등의 포함 여부를 확인할 수 있다.

나. 확인내용

1) 국토이용 관련 사항으로 용도지역, 용도지구, 개발계획 등의 수립 여부
2) 도시계획 관련 사항으로 용도구역, 도시계획시설 관련내용과 지구단위계획구역의 지정현황을 확인
3) 군사기지 및 군사시설 보호구역(통제보호구역, 제한보호구역), 비행안전구역, 대공방어협조구역
4) 농지(농업진흥지역의 농업진흥구역, 농업보호구역 해당 여부)

5) 산지(보전산지 해당 여부): 산지는 보전산지와 준보전산지로 구분되며 보전산지는 지정 목적에 따라 공익용산지와 임업용산지로 구분된다. 보전산지에서는 국방 · 군사시설, 사방시설 등 국토보전시설의 설치, 도로 등 공용 · 공공용 시설설치 등의 특별한 경우를 제외하고는 산지전용이 금지된다. 보전산지로 지정 · 고시된 지역은 「국토의 계획 및 이용에 관한 법률」에 의한 농림지역 또는 자연환경보전지역으로 지정 · 고시된 것으로 본다.

6) 자연공원(공원구역 해당 여부)

7) 수도(상수원보호구역, 수질보전특별대책지역, 수변구역 해당 여부)

8) 하천(하천구역, 하천예정지, 연안구역, 댐건설예정지역 해당 여부)

9) 문화재(문화재, 문화재보호구역 해당 여부)

10) 전원개발(전원개발사업구역, 전원개발사업예정구역 해당 여부)

11) 토지거래(허가구역 해당 여부)

※ 토지이용계획확인서에는 조정대상지역·투기과열지구·분양가 상한제 적용지역 해당 여부는 파악할 수 없다.

2-3 토지이용계획확인서의 확인사항 사례

가. 토지이용계획확인서의 지목 확인사항

토지는 분류기준에 따라 다양한 종류로 구분되나 「공간정보의 구축 및 관리 등에 관한 법률의 규정」에 의하여 지목을 기준으로 분류하는 것이 일반적이다. 지목이라 함은 토지의 주된 사용목적 또는 용도에 따라 토지의 종류를 구분 · 표시하는 명칭을 말한다. 공간정보의 구축 및 관리 등에 관한 법률의 규정에 의하여 28가지의 지목을 설정할 때는 다음 하나에 의한다.

1) 1필지마다 하나의 지목을 설정한다. '필지'라 함은 하나의 지번이 붙는 토지의 등록단위를 말한다.

2) 1필지가 둘 이상의 용도로 활용되는 경우에는 주된 용도에 따라 지목을 설정한다.

〈표 1-14〉 토지이용계획확인서상 지목의 구분

지목 (부호)	의 의
전 (전)	물을 상시적으로 이용하지 아니하고 곡물·원예작물(과수류를 제외한다)·약초·뽕나무·닥나무·묘목·관상수 등의 식물을 주로 재배하는 토지와 식용을 위하여 죽순을 재배하는 토지는 '전'으로 한다.
답 (답)	물을 상시적으로 직접 이용하여 벼·연·미나리·왕골 등의 식물을 주로 재배하는 토지는 '답'으로 한다.
과수원 (과)	사과·배·밤·호도·귤나무 등 과수류를 집단적으로 재배하는 토지와 이에 접속된 저장고 등 부속시설물의 부지는 '과수원'으로 한다. 다만 주거용 건축물의 부지는 '대'로 한다.
목장용지 (목)	다음 각목의 토지는 '목장용지'로 한다. 다만 주거용 건축물의 부지는 '대'로 한다. 가. 축산업 및 낙농업을 하기 위하여 초지를 조성한 토지 나. 축산법 제2조 제1호의 규정에 의한 가축을 사육하는 축사 등의 부지 다. 가목 및 나목의 토지와 접속된 부속시설물의 부지
임야 (임)	산림 및 원야(原野)를 이루고 있는 수림지 · 죽림지 · 암석지 · 자갈땅 · 모래땅 · 습지 · 황무지 등의 토지는 '임야'로 한다.
대 (대)	다음 각목의 토지는 '대'로 한다. 가. 영구적 건축물 중 주거·사무실·점포와 박물관·극장·미술관 등 문화시설과 이에 접속된 정원 및 부속시설물의 부지 나. 국토의계획및이용에관한법률 등 관계법령에 의한 택지조성공사가 준공된 토지
공장용지 (장)	다음 각목의 토지는 '공장용지'로 한다. 가. 제조업을 하고 있는 공장시설물의 부지 나. 공장부지조성공사가 준공된 토지 다. 가목 및 나목의 토지와 같은 구역 안에 있는 의료시설 등 부속시설물의 부지
하천 (천)	자연의 유수(流水)가 있거나 있을 것으로 예상되는 토지는 '하천'으로 한다.
구거 (구)	용수 또는 배수를 위하여 일정한 형태를 갖춘 인공적인 수로·둑 및 그 부속시설물의 부지와 자연의 유수(流水)가 있거나 있을 것으로 예상되는 소규모 수로부지는 '구거'로 한다.
유지 (유)	물이 고이거나 상시적으로 물을 저장하고 있는 댐·저수지·소류지·호수·연못 등의 토지와 연·왕골 등이 자생하는 배수가 잘 되지 아니하는 토지는 '유지'로 한다.
잡종지 (잡)	다음 각목의 토지는 '잡종지'로 한다. 다만, 원상회복을 조건으로 돌을 캐내는 곳 또는 흙을 파내는 곳으로 허가된 토지를 제외한다. 가. 갈대밭, 실외에 물건을 쌓아 두는 곳, 돌을 캐내는 곳, 흙을 파내는 곳, 야외시장, 비행장, 공동우물 나. 영구적 건축물 중 변전소, 송신소, 수신소, 송유시설, 도축장, 자동차운전학원, 쓰레기 및 오물 처리장 등의 부지 다. 다른 지목에 속하지 않는 토지

나. 토지이용계획확인서의 용도지역, 지구, 구역 확인사항

1) 용도지역제

토지의 이용 및 건축물의 용도·건폐율·용적률·높이 등을 제한함으로써 토지를 경제적·효율적으로 이용하고 공공복리의 증진을 도모하기 위하여 서로 중복되지 아니하게 도시·군관리계획으로 결정하는 지역을 말한다.

참고 **용도지역제 건폐율 및 용적률 규정**

용도지역			건폐율	용적률
주거지역	전용주거지역	제1종 전용주거지역	50% 이하	50% 이상 ~ 100% 이하
		제2종 전용주거지역		100% 이상 ~ 150% 이하
	일반주거지역	제1종 일반주거지역	60% 이하	100% 이상 ~ 200% 이하
		제2종 일반주거지역		150% 이상 ~ 250% 이하
		제3종 일반주거지역	50% 이하	200% 이상 ~ 300% 이하
	준주거지역		70% 이하	200% 이상 ~ 500% 이하
상업지역	중심상업지역		90% 이하	200% 이상 ~ 1,500% 이하
	일반상업지역		80% 이하	200% 이상 ~ 1,300% 이하
	근린상업지역		70% 이하	200% 이상 ~ 900% 이하
	유통상업지역		80% 이하	200% 이상 ~ 1,100% 이하
공업지역	전용공업지역		70% 이하	150% 이상 ~ 300% 이하
	일반공업지역			150% 이상 ~ 350% 이하
	준공업지역			150% 이상 ~ 400% 이하
녹지지역	보전녹지지역		20% 이하	50% 이상 ~ 80% 이하
	생산녹지지역			50% 이상 ~ 100% 이하
	자연녹지지역			

※ 용적률은 대지면적에 대한 연면적 비율이다.

용적률 산정 시 제외되는 바닥면적(연면적에 제외)

① 지하층면적

② 지상층의 주차용(해당 건축물의 부속용도인 경우에 한함)으로 사용되는 면적

③ 초고층 건축물과 준초고층 건축물에 설치하는 피난안전구역의 면적

④ 건축물의 경사지붕아래에 설치하는 대피공간의 면적

참고 **연면적·용적률**

1. 연면적

예) 각층 바닥면적이 120m²이다.

∴연면적은 840m²(지하층면적+지상층면적)

2. 용적률

① 대지면적이 150m²이다.

② 지상층면적 600m²(용적률 계산 시 지하층면적은 제외)이다.

그러므로 용적률은 = 600㎡/150㎡=400%

※용적률 산정 시 연면적은 지상층면적합계를 말한다.

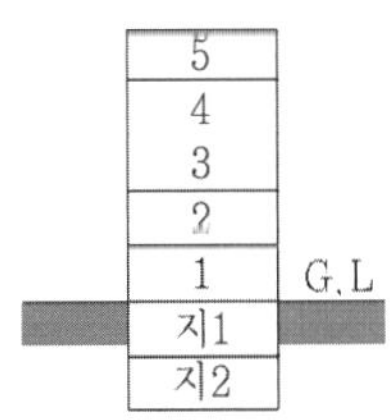

2) 용도지구제

토지의 이용 및 건축물의 용도 · 건폐율 · 용적률 · 높이 등에 대한 용도지역의 제한을 강화 또는 완화하여 적용함으로써 용도지역의 기능을 증진시키고 경관 · 안전 등을 도모하기 위하여 도시 · 군관리계획으로 결정하는 지역을 말한다.

3) 용도구역

토지의 이용 및 건축물의 용도 · 건폐율 · 용적률 · 높이 등에 대한 용도지역 및 용도지구의 제한을 강화 또는 완화하여 따로 정함으로써 시가지의 무질서한 확산 방지, 계획적이고 단계적인 토지이용의 도모, 토지이용의 종합적 조정 · 관리 등을 위하여 도시 · 군관리계획으로 결정하는 지역을 말한다.

① 도시혁신구역

경직적인 현행 도시계획으로는 민간의 창의적인 계획 수립과 융복합이 필요한 대규모 프로젝트 추진에 한계가 있다. 이에 지자체와 민간이 도시규제 제약 없이 창의적인 개발이 가능하도록 입지규제최소구역('15 도입)을 전면 개편하여 "도시혁신구역"(한국형 White Zone)을 도입하였다. 도시혁신구역은 도시 내 혁신적인 공간 조성이 필요한 곳에 기존 도시계획 체계를 벗어나 토지·건축의 용도 제한을 두지 않고, 용적률과 건폐율 등을 자유롭게 지자체가 정할 수 있게 한다.

② 복합용도구역

도시 관리 목적에 따라 주거·상업·공업지역 등 용도지역을 지정하고, 그에 맞게 설치 가능한 시설과 밀도를 각기 다르게 허용하고 있어, 주거지역내 오피스, 융복합 신산업단지 조성 등 시대상 반영에 한계가 있다. 이에 주거지역내 상업시설 설치, 공업지역에 주거·상업시설 설치 등 기존 용도지역의 변경 없이도 다른 용도시설의 설치가 허용되는 "복합용도구역"을 도입하였다.

복합용도구역의 밀도는 주변과 조화로운 경관, 복합화 촉진 등을 고려하여 기존 용도지역의 용적률 범위 내에서 적용한다.

③ 도시계획시설 입체복합구역

체육시설, 대학교, 터미널 등 다중 이용 도시계획시설은 복합적인 공공서비스 수요 증가에도 불구하고 용적률·건폐율·입지 제한 등으로 인해 단일·평면적 활용에 그치고 있다.

이에 도시계획시설을 융복합 거점으로 활용하고 시설의 본래 기능도 고도화할 수 있도록 "도시계획시설 입체복합구역"을 도입하였다.

〈그림 1-3〉 토지이용계획확인서상의 용도지역, 지구, 구역 확인 사항

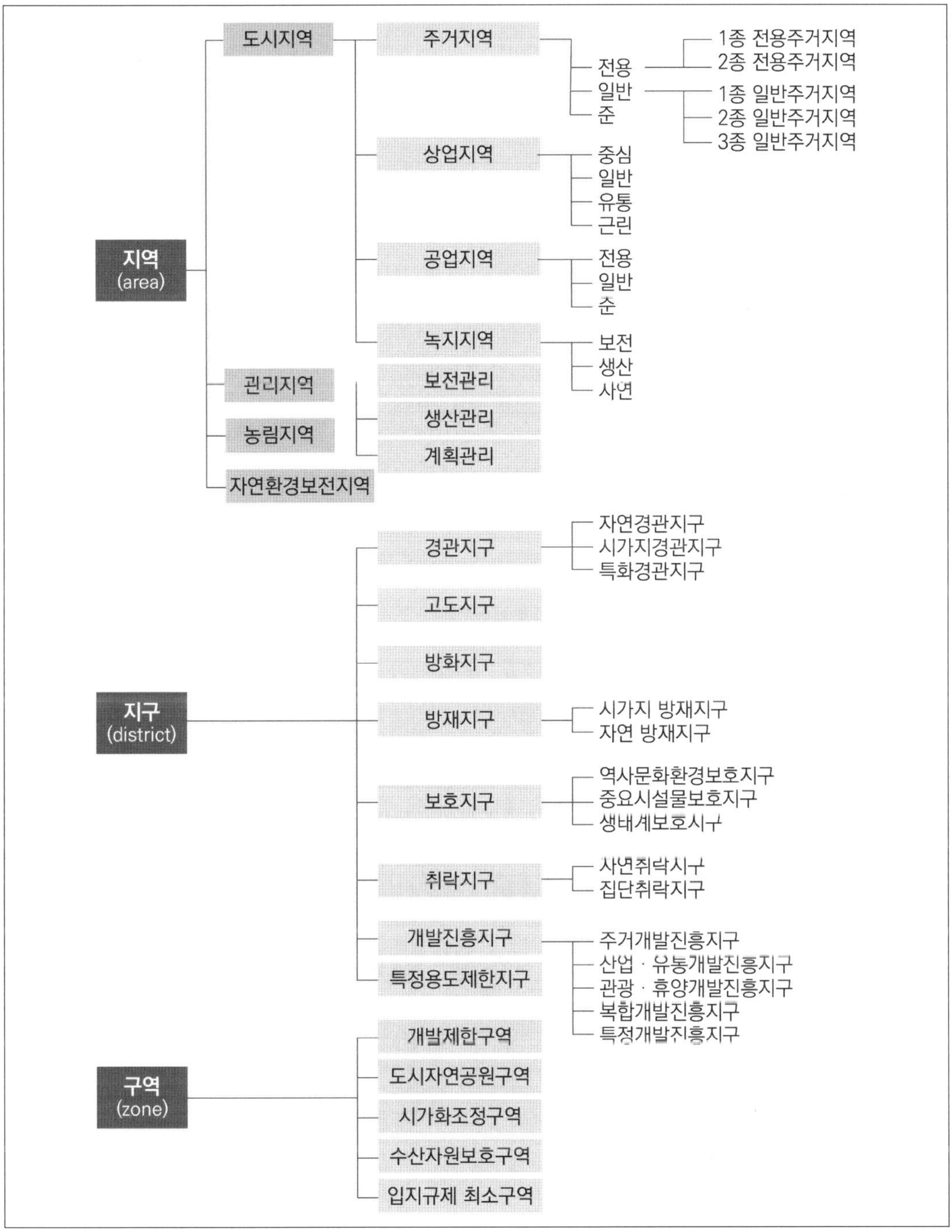

다. 토지이용계획확인서의 농지 확인사항

1) 농지투자 시 확인내용

농지가 가지고 있는 장점을 활용하기 위해서는 농지를 취득하기 전에 투자관점에서 신중하고도 철저한 분석이 필요하다.

① 투자목적을 결정하여 투자목적에 적합한 농지를 구입하여야 한다. 농지는 영농, 주말농장, 전원주택 부지, 식당 등 점포부지, 기타 공장용지 등으로 활용할 수 있다. 어떤 목적으로 투자를 하느냐를 먼저 정하고 그 용도에 적합한 농지를 골라야 한다.

② 입지선정을 잘하여야 한다. 향후 개발 또는 발전가능성이 있거나 교통여건, 자연조건 등이 양호한 지역을 선정한다. 또한 전원주택, 상업용시설 등의 부지로서 입지조건이 적합한 곳을 선정하여야 한다. 농지는 유동인구가 많지 않은 곳에 있기 때문에 입지조건이 불리하면 큰 어려움을 겪을 수 있다.

③ 공법상 규제 여부를 조사하여 개발 · 이용상 행위제한이 없는 농지를 골라야 한다. 농지에는 국토의계획및이용에관한법률, 농지법, 건축법, 수도법 등 각종 공법상 규제가 가해지는 경우가 많다.

④ 도로조건을 확인하여야 한다. 도로에 접하지 아니한 맹지형 농지는 향후 개발이 불가능하거나 어려울 수 있기 때문이다.

⑤ 전원주택부지 등으로 농지를 개발할 목적이라면 농지구입비 이외에 농지조성비, 각종 개발비용 등을 고려하여야 한다.

⑥ 농지소재지 관할 시 · 군 · 구청을 방문하여 농지취득자격증명 발급가능 여부 및 농지전용가능 여부를 타진하여야 한다.

⑦ 농지의 전용가능 여부를 미리 확인하여야 한다. 농지는 고유한 영농목적으로 활용하는 경우를 제외하고는 가능한 한 개발을 할 수 있어야 한다. 구입하기 전에 미리 용도지역 등을 확인하여 전용이 가능한 농지인지를 확인하여야 한다.

2) 농업진흥지역의 지정

농업진흥지역은 다음의 용도구역으로 구분하여 지정할 수 있다.

〈표 1-15〉 농업진흥구역 및 농업보호구역

구역	내용
1. 농업진흥구역	농업의 진흥을 도모하여야 하는 다음 각목의 1에 해당하는 지역으로서 농림축산 식품부장관이 정하는 규모로 농지가 집단화되어 농업목적으로 이용하는 것이 필요한 지역 ① 농지조성사업 또는 농업기반정비사업이 시행되었거나 시행 중인 지역으로서 농업용으로 이용하고 있거나 이용할 토지가 집단화되어 있는 지역 ② ①에 해당하는 지역 외의 지역으로서 농업용으로 이용하고 있는 토지가 집단화되어 있는 지역
2. 농업보호구역	농업진흥구역의 용수원확보, 수질보전 등 농업환경을 보호하기 위하여 필요한 지역

3) 농업인

농업인은 농업에 종사하는 다음의 개인을 말한다.

① 1천 제곱미터 이상의 농지에서 농작물 또는 다년생식물을 경작 또는 재배하거나 1년 중 90일 이상 농업에 종사하는 자

② 농지에 330제곱미터 이상의 고정식온실, 버섯재배사 또는 비닐하우스를 설치해서 농작물을 경작하거나 다년생식물을 재배하는 자

③ 대가축 2두, 중가축 10두, 소가축 100두, 가금 1,000수 또는 꿀벌 10군 이상을 사육하거나 1년 중 120일 이상을 축산업에 종사하는자

④ 농업경영을 통한 농산물의 연간 판매액이 120만 원 이상인 자

4) 농지소유제한의 원칙

농지는 자기의 농업경영에 이용하거나 이용할 자가 아니면 소유하지 못한다. 여기서 농지의 농업경영이라 함은 농업인 또는 농업법인이 자기의 계산과 책임으로 농업을 영위하는 것을 말한다. 따라서 현행 농지법에서 농지는 농업인이나 농업법인이 농업경영에 이용하는 경우에 한하여 소유하도록 하는 것을 원칙으로 하고 있는 것이다.

5) 농지소유제한 예외에 따른 농지소유상한

〈표 1-16〉 농지소유상한

구 분	소유상한
1. 상속에 의하여 농지를 취득한 사람으로서 농업경영을 하지 아니하는 사람	그 상속농지 중에서 1만 제곱미터까지만 소유할 수 있다.
2. 8년 이상 농업경영을 한 후 이농한 사람	이농 당시의 소유농지 중에서 1만 제곱미터까지만 소유할 수 있다.
3. 주말 · 체험영농을 하고자 하는 사람 (농업진흥지역 외의 농지만 소유 가능)	1천 제곱미터 미만의 농지를 소유할 수 있다. 이 경우 면적의 계산은 그 세대원 전부가 소유하는 총면적으로 한다.
4. 한국농어촌공사 등에 위탁하여 농지를 임대하거나 사용대하는 경우	① 상속에 의하여 농지를 취득한 자로서 농업경영을 하지 아니하는 자가 소유상한을 초과하여 소유하고 있는 농지 ② 8년 이상 농업경영을 한 후 이농한 자가 소유상한을 초과하여 소유하고 있는 농지

6) 농지취득자격발급

① 농지를 취득하고자 하는 자는 농지의 소재지를 관할하는 시장(구를 두지 아니한 시의 시장을 말하며, 도농 복합형태 시에서는 농지의 소재지가 동지역인 경우에 한한다)·구청장(도농 복합형태 시의 구에서는 농지의 소재지가 동지역인 경우에 한한다)·읍장 또는 면장으로부터 농지취득자격증명을 발급받아야 한다.

② 농지를 취득하려는 사람의 농지 취득 신청 시 신청자의 연령·직업 또는 거주지 등 영농여건 및 신청자의 영농의지 등을 확인할 수 있도록 농업경영계획서 또는 주말·체험영농계획서와 함께 제출해야 하는 증명서류를 구체화했다.

③ 부동산거래신고법에 따른 토지거래허가구역의 농지를 취득하려는 사람, 농업 법인, 거주지 또는 이와 연접하지 않은 지역의 농지를 최초로 취득하려는 사람, 1필지의 농지를 3인 이상이 공유 취득하려는 사람, 외국인 또는 외국 국적 동포 등의 농지 취득자격은 농지위원회 심의를 반드시 거치도록 했다.

라. 토지이용계획확인서의 도로 확인사항 사례

〈표 1-17〉 토지이용계획확인서상 도로 확인사항 사례

토지이용계획확인서(열람용)				
소재지		지번	지목	면적(㎡)
경기도 부천시 오정구 고강동		350	대	669.1
지역 · 지구 등 지정 여부	「국토의 계획 및 이용에 관한 법률」에 따른 지역 · 지구 등	제2종일반주거지역, 경관지구, 고도지구(57.86m 이하), 지구단위계획구역, 소로2류(폭 8M-10M)(접함)		
	다른 법령 등에 따른 지역 · 지구 등	정비구역 〈도시 및 주거환경정비법〉, 재정비촉진지구 〈도시재정비 촉진을 위한 특별법〉, 과밀억제권역 〈수도권정비계획법〉, 상대정화구역(부천수주초등학교[교육청문의]) 〈학교보건법〉, 상대정화구역(수주중학교[교육청문의]) 〈학교보건법〉, 항공표면(진입표면구역)〈항공법〉		
「토지이용규제기본법 시행령」 제9조 제4항 각호에 해당되는 사항				

토지이용계획확인서를 열람하였을 때 토지이용계획서를 보고 당해 토지에 도로폭이 얼마인지 육안으로 확인할 수 있는 도로법상 도로는 크게 광로(주간선도로) · 대로(보조간선도로) · 중로(집산도로 지선도로) · 소로(국지도로 이면도로)의 4종의 분류가 있으며 토지이용계획서만 보면 쉽게 확인할 수 있다.

① 광로(廣路): 도로폭 40m 이상, 주간선 도로 3류: 40m 이상 50m 미만

② 대로(大路): 도로폭 25m 이상 40m 미만, 보조간선도로 1류: 도로폭 35m 이상 보조간선도로 2류: 도로폭 30m 이상, 보조간선도로 3류: 도로폭 25m 이상

※ 토지이용계획서상 대로3류라 하면 도로폭이 25m 이상으로 보면 된다.

③ 중로(中路): 도로폭 12m 이상 25m 미만, 집산도로 또는 지선도로 1류: 도로폭 20m 이상, 집산도로 또는 지선도로 2류: 도로폭 15m 이상, 집산도로 또는 지선도로 3류: 도로폭 12m 이상

※ 토지이용계획서상 중로3류라 하면 도로폭이 12m 이상으로 보면 된다.

④ 소로(小路): 도로폭 4m 이상 12m 미만, 국지도로 또는 이면도로 1류: 도로폭 10m 이상, 국지도로 또는 이면도로 2류: 도로폭 8m 이상, 국지도로 또는 이면도로 3류: 도로폭 6m 이상, 소로 6m 미만은 건축법상 도로라 하면 도로폭이 4m 이상을 의미한다.

※ 토지이용계획서상 소로3류라 하면 도로폭이 6m 이상으로 보면 된다.

마. 토지이용계획확인서의 규제 확인사항 사례

나대한 씨는 아버지로부터 경기도 하남시 감북동 ○○-1번지에 있는 개발제한구역을 상속받았다. 향후 이 땅을 개발하려고 하는데 개발제한구역에는 규제가 많다는 이야기를 듣고, CPB에게 상담을 요청하였다.

〈표 1-18〉 토지이용계획확인서 규제 확인사항

▮ 토지정보

토지소재지	지번	지목	면적
경기도 하남시 감북동	87-1	전	1.187㎡

▮ 토지이용규제

법률명	토지이용규제
국토의계획및이용에관한법률	도시지역
	자연녹지지역
	개발행위 허가 제한지역
	개발제한구역(개발제한구역의 지정 및 관리에 관한 특별조치법)
부동산거래신고등에관한법률	토지거래 허가구역
수도권정비계획법	과밀억제권역
수도법	공장설립 승인지역
물환경보전법	배출시설 설치 제한지역

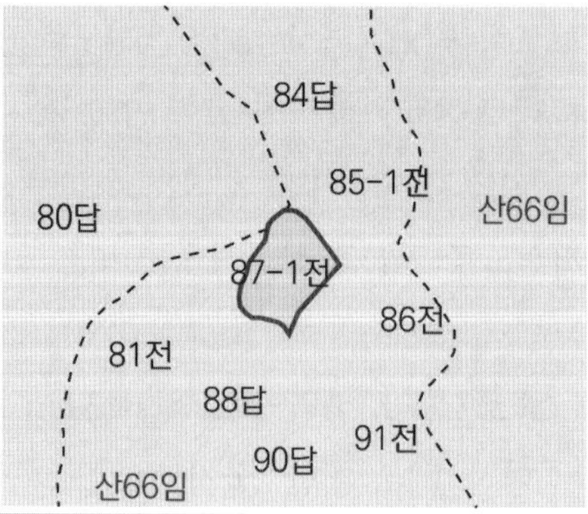

나대한 씨가 상속받은 토지의 향후 활용가치와 향후 개발가능성에 대하여 다음과 같이 상담을 진행하였다. 경기도 하남시 감북동 ○○-1번지에 있는 상속 토지는 도시지역 가운데 자연녹지지역에 해당하지만 개발제한구역으로 지정되어 있다. 개발제한구역은 개발제한구역의 지정 및 관리에 관한 특별조치법이 정하는 바에 따라 토지를 이용해야 하므로 향후 개발이 어려운 토지이다. 또한 토지이용계획 확인서에 허가구역으로 지정되어 있으므로, 상속받은 토지가 거래되기 위해서는 시장 · 군수 · 구청장에게 허가를 받아야 거래가 가능한 토지이다.

3 지적공부의 활용

3-1 토지(임야)대장

가. 토지대장 등록사항

토지대장에서는 면적, 토지의 종류인 지목, 소유자, 개별공시지가를 알 수 있다. 특히 토지대장을 볼 때는 토지대장의 지목과 면적 등이 등기부와 일치하는지 반드시 확인해야 한다. 등기부는 사법부(법원), 대장은 행정부가 관할한다. 이 둘이 다르다면 소유권 등 권리사항은 등기부를, 지목이나 면적 등 물리적 현황은 대장을 우선한다.

나. 임야대장 등록사항

임야대장은 지적 법률에 기초하여 관에서 비치하는 장부를 말한다. 임야에 관해 토지대장에 등록되지 않은 토지를 등록하는 서류의 하나로 토지 소재, 지번, 축척, 비고, 토지 표시, 소유자, 등급 수정 연원일, 토지 등급 등으로 구성되어 있다. 임야란 지목 중 하나로 산림과 산림 외의 숲이나 습지, 황무지 등의 토지를 말한다.

다. 토지(임야)대장 보는법

1) 고유번호, 토지소재, 지번, 축처

고유번호는 토지마다 붙이는 일련번호로 토지의 주민등록번호라고 생각하면 된다. 그리고 토지의 주소가 기입되어 있다. 지번은 일반번지는 토지대장으로, 지번 앞에 '산'을 표기하면 임야대장으로 확인한다. 축척은 이 토지의 측량 비율이다.

2) 지목

토지의 현황을 구분하여 등록한다. 이 토지는 건축물이 지어져 있는 '대'이다. 만약 지목이 바뀌었다면 가장 최근 것을 현재의 지목으로 본다. 그리고 지목표시가 임야 이외이면 토지대장으로 발급 신청하여 토지의 현황을 확인하고, 지목표시가 임야이면 임야대장으로 발급 신청해서 토지의 현황을 확인하면 된다.

3) 변동일자, 원인

소유권의 변동사항에 대해 날짜와 원인을 기록한다. 만약 대장의 소유자와 등기부의 소유자가 다르면 등기부(등기사항전부증명서)의 소유자를 우선한다.

4) 토지등급

세금을 매기기 위한 토지등급이 기록되어 있다. 1996년부터 개별공시지가가 부과되면서 사실 토지등급은 별 의미가 없게 되었다.

5) 개별공시지가

개별공시지가는 양도소득세 · 상속세 · 종합토지세 · 취득세 등 국세와 지방세를 산정하는 데 기초자료로 활용되며, 원칙적으로 매년 1월 1일이 기준이다.

〈그림 1-4〉 토지(임야)대장 확인사항

문서확인번호 1551-3466-7479-9561 1/2

토지 대장

① 고유번호	1114010300 - 10031 - 0000		
토지소재	서울특별시 중구 태평로1가		
지 번	31	축 척	1:600

도면번호	2	발급번호	20190228-0101-0001
장 번 호	2-1	처리시각	18시 37분 46초
비 고		발 급 자	인터넷민원

토지표시			소유자		
② 지 목	면 적(㎡)	사 유	③ 변 동 일 자 / 변 동 원 인	주 소 / 성명 또는 명칭	등 록 번 호
(08) 대	*32.1*	(20)1968년01월15일 분할되어 본번에 -2를 부함	1959년 03월 03일 (03)소유권이전	서울특별시	411
(08) 대	*1580.8*	(30)1994년03월03일 3-1, 4-1, 5-1, 10-1, 11, 12, 12-1, 12-3, 28-1번과 합병		--- 이하 여백 ---	
(08) 대	*1589.7*	(30)2001년07월20일 9-2번과 합병			
(08) 대	*1589.7*	(52)2005년09월30일 을지로1가 1-1번에서 행정관할구역변경			

등 급 수 정 년 월 일	1981. 01. 01. 수정	1984. 07. 01. 수정	1985. 07. 01. 수정	1986. 08. 01. 수정	1989. 01. 01. 수정	1990. 01. 01. 수정		
④ 토 지 등 급 (기준수확량등급)	93	248	250	251	256	265		
⑤ 개별공시지가기준일	2012년 01월 01일	2013년 01월 01일	2014년 01월 01일	2015년 01월 01일	2016년 01월 01일	2017년 01월 01일	2018년 01월 01일	용도지역 등
개별공시지가(원/㎡)	44900000	46100000	46100000	46100000	46100000	46100000	49220000	

토지대장에 의하여 작성한 등본입니다.

2019년 2월 28일

서울특별시 중구청장

3-2 지적(임야)도

가. 지적도 등록사항 및 축척

지적도등록사항에는 토지의 소재, 지번, 지목, 경계, 도면의 색인도·제명 및 축척, 도곽선 및 도곽선 수치, 좌표에 의하여 계산된 경계점 간 거리 등을 등록한다. 경계점 좌표등록부(수치지적부)를 비치하는 지역 내의 지적도에는 제명 끝에 '수치'라는 표시를 추가하고, 도곽선 우측 하단에 "이 도면에 의하여 측량을 할 수 없음"이라 기재한다. 지적도의 축척은 500분의 1, 600분의 1, 1,000분의 1, 1,200분의 1, 2,400분의 1, 3,000분의 1, 6,000분의 1로 한다.

나. 임야도 등록사항 및 축척

정부가 비치하고 있는 임야에 관한 지도로 토지의 소재, 지번, 지목, 경계 따위가 등록되어 있다. 임야도의 법정축척은 3,000분의 1, 6,000분의 1의 2종이며 6,000분의 1이 가장 많이 사용된다.

다. 지적(임야)도 보는법

1) 지적(임야)도 확인사항

지적도에는 임야를 제외한 각 필지마다 지목과 지번이 표시된다. 임야도는 임야의 표시를 임야 지번 앞에 '산' 또는 '山'이라고 명시하여 다른 토지와 구분한다. 지적도에서 지번표시가 없는 부분이 임야이다. 항상 동과 동, 리와 리 경계의 맨 끝 부분, 즉 산 정상을 산1번지로 하여 산2번지, 산3번지 순으로 번호가 커지면서 나누어진다. 일반적으로 봉우리를 중심으로 돌아가면서 순서대로 지번을 부여하기 때문에 임야도의 지번표시로도 능선과 계곡을 구분할 수 있다.

2) 지적(임야)도 열람

지적도와 임야도는 구청에서 발급받을 수 있으며 전자민원에서는 인터넷으로 무료로 열람할 수 있다. 지적도와 임야도를 보고 알 수 있는 것은 토지의 소재지, 지번, 지목 그리고 옆 토지와의 경계다. 도면을 통해 땅의 생김새를 확인할 수 있고, 경사면을 추측할 수 있으며, 도로의 유무를 판단할 수 있다. 도로를 끼고 있는지 아닌지는 지적도를 보고 판단해야 한다.

그런데 이렇게 중요한 역할을 하는 지적도와 임야도에 면적과 용도구역은 빠져 있다. 이를 추가로 확인할 수 있는 서류가 토지이용계획확인서이다. 토지이용계획확인서는 소재지 · 지번 · 지목 · 경계 · 면적 · 용도지역이 같이 표시되고, 지적도와 임야도가 합쳐진 도면을 한 화면에서 볼 수 있으며, 축척을 사용자 편의대로 마음껏 조절할 수 있다는 것이 큰 장점이다. 그러므로 토지이용계획확인서를 제일 먼저 확인해야 하고 제일 많이 사용해야 한다.

지금은 네이버 등 인터넷 포털에서 주소만 치면 위성사진, 항공사진뿐만 아니라 지적편집도까지 제공되고 있다. 그래서 현장에 가지 않고도 토지의 비탈진 방향, 높낮이, 능선과 골짜기, 도로 현황, 주변 환경, 접근성, 이용 현황 등 모든 정보를 한눈에 볼 수 있게 되었다.

따라서 이전처럼 지적도 보는 방법을 어렵게 배울 필요가 없어졌다. 지적도는 먼저 도면 상단에 기재한 축적을 알아보고, 방위와 내 위치를 파악하고, 대략적인 경계선과 면적을 확인하여 현장과의 일치 여부를 판단한다.

방위(방향)를 찾을 때는 지적도를 펴고 북쪽을 향해 선다. 항상 지적도의 위쪽이 북쪽이다. 나침반이 있으면 사용해도 좋다.

〈그림 1-5〉 임야도

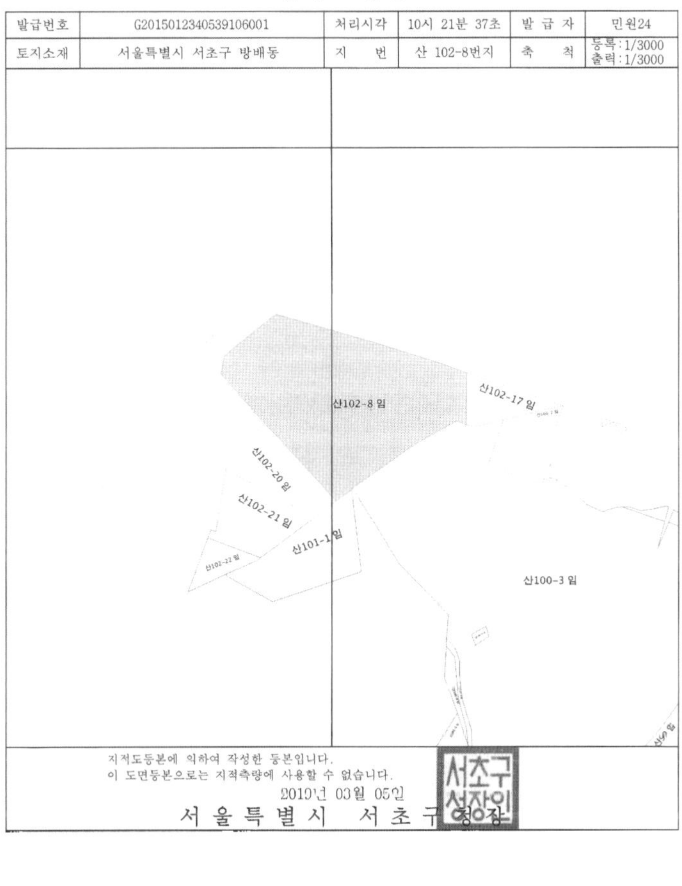
임야도 등본

발급번호	G2015012340539106001	처리시각	10시 21분 37초	발 급 자	민원24
토지소재	서울특별시 서초구 방배동	지 번	산 102-8번지	축 척	등록:1/3000 출력:1/3000

지적도등본에 의하여 작성한 등본입니다.
이 도면등본으로는 지적측량에 사용할 수 없습니다.
2019년 03월 05일
서 울 특 별 시 서 초 구 청장

3) 실거리를 아는 방법

도면에서 자로 재었을 때 1cm가 축척이 1/500일 때는 실거리 5m, 1/1,000일 때는 10m, 1/6,000일 때는 60m다. 이런 식으로 축척에서 뒷자리의 0 두 개를 떼어버리면 도면에서의 길이를 실제 길이로 환산할 수 있다.

4 등기사항증명서의 활용

4-1 등기사항증명서의 분석 목적

부동산에 대한 권리분석의 일반적 목적은 하자 없는 부동산(권리)을 거래하기 위한 것이다. 그러나 때에 따라서는 당사자 간 합의 하에 현재의 하자를 인수하는 조건으로 거래하기도 한다. 이 경우 부담되는 하자로 인한 경제적 가치를 명확히 판단하여, 적정거래가격에서 하자부담 부분을 제외해야 할 것이다. 부동산에서 거래사고의 대부분은 권리분석을 소홀히 함으로 인해 발생하는 것으로, 모든 부동산거래는 권리분석이 반드시 전제되어야 할 것이다.

4-2 등기사항증명서의 권리분석

가. 등기사항증명서의 내용 확인

등기기록에는 부동산에 관한 다양한 권리가 기록되어 있다. 표제부에서부터 을구에 이르기까지 등기의 내용, 등기의 원인, 접수일자 등을 꼼꼼하게 확인한다. 표제부를 통해서는 부동산의 현황과 등기기록사항의 일치 여부를 확인하고, 갑구에서는 소유권과 처분제한 유무 및 소유자의 처분권원(진실한 소유권자인지 여부)을 확인하며, 을구에서는 제한물권의 유무 및 그 내용을 중심으로 확인한다.

특히, 갑구에 그 부동산의 처분을 제한하는 등기(가압류, 가등기, 압류, 보전처분, 경매개시결정)가 있는 경우에는 이러한 등기사항이 해결되거나 해결되는 것을 전제로 투자하여야 한다. 이러한 등기가 말소되지 않은 상태에서 권리를 취득할 경우 법적 절차가 실행될 수 있으며, 이때 투자자는 그 권리자에게 대항할 수 없기 때문이다.

참고 **가압류 vs 가처분 vs 가등기 차이점**

1. 가압류 : 가압류는 임시적인 압류 절차이다.
   내가 받아야 하는 것이 금전인 경우 내 돈을 보전하기 위한 조치를 말합니다.
   예를 들면 A 씨가 박 씨에게 1,000만 원을 빌리면서 언제까지 돈을 갚겠다고 약속을 하였지만 일정한 시간이 지나도 돈을 갚지 않는 경우 박 씨는 A 씨의 재산에 대해 가압류 신청을 하고 A 씨가 가지고 있는 부동산을 경매를 통해 빌려준 돈을 받을 수 있도록 되어 있다. 하지만 박 씨가 가압류 신청을 하지 않는 경우 A 씨가 미리 재산을 처분하고 숨기는 경우에는 빌린 1,000만 원의 현금은 돌려받을 수 없는 상황이 발생할 수 있다.

2. 가처분 : 가처분은 분쟁이 생긴 부동산을 보전하기 위해 임시로 내려지는 처분을 말한다. 부동산거래에 문제가 발생하였을 때 거래 중인 부동산에 대한 처분이 진행되지 않도록 가처분 신청을 할 경우 소송 진행 중에 거래 중인 부동산에 대한 처분을 할 수 없게 만드는 장치이다.
   즉, 내가 받아야 하는 것이 금전이 아닌 경우, 어떤 권리를 주장하는 것을 말한다. 예를 들면 부동산을 거래했을 때 매수인이 계약금, 중도금, 잔금까지 지급하였으나 어떤 사유로 인해 매도인이 등기 이전을 미루고 있을 때 매수인이 소유권이전 청구소송을 진행하여 거래된 부동산 매매를 받을 수 있는데 이 소송이 진행되는 동안 매도인이 부동산 처분하는 것을 막기 위해서는 가처분 신청이 필요하다.

3. 가등기 : 가등기는 본등기를 할 수 있는 법적 요건이 완전하게 갖춰지지 못한 때에 본등기의 순위보전을 위한 조치로 예비등기를 하는 것이다.
   매매계약을 원인으로 하는 "소유권이전청구권 가등기(보전가등기)"와 금전채권을 담보하기 위한 "담보가등기"로 구분된다.
   소유권이전청구권 가등기(보전가등기)는 소유권을 내가 가져야 하는데 당장 갖지 못했을 때 하는 가등기이다.
   담보가등기는 빌려준 돈을 받지 못했을 때 담보를 잡고 가등기를 하는 것이다.
   예를 들면 박 씨가 김 씨에게 건물을 급매로 싸게 팔게 되었는데 이때 이 씨가 박 씨에게 급매가의 2배를 주고 건물을 사게 되고 박 씨 역시 소유권이전등기를 이씨에게 해주었을 때 이때 김 씨가 소유권이전청구권 보전과 등기신청을 해 두었을 경우 박 씨는 이씨에게 소유권이전등기를 할 수 없다.

또한 을구에 저당권 · 전세권 등이 설정되어 있을 경우에는 그 내용을 정확히 파악하고, 그에 대한 대응조치를 강구하여야 한다. 특히, 저당권이 설정된 부동산을 피담보채무(대출)의 승계를 조건으로 매수하려고 할 경우 등기사항증명서상의 채권최고액을 정확하게 확인하는 것은 물론, 실제 대출금액을 확인하여 많은 금액을 기준으로 매매대금에서 차감하도록 하여야 한다. 또한 잔금을 지급한 경우에는 곧바로 채무를 승계하여 종전채무자의 채무관계와 단절시켜야 한다.

〈그림 1-6〉 등기사항증명서

등기사항전부증명서(말소사항 포함)
- 건물 [제출용] -

고유번호 1103-2012-003000

[건물] 서울특별시 중구 태평로1가 31 서울특별시 청사 신관 제1호

【 표 제 부 】 (건물의 표시)

표시번호	접 수	소재지번 및 건물번호	건 물 내 역	등기원인 및 기타사항
1	2012년11월30일	서울특별시 중구 태평로1가 31 서울특별시 청사 신관 제1호 [도로명주소] 서울특별시 중구 세종대로 110	철골철근콘크리트구조 경사곡면지붕(철근콘크리트조) 13층 공공업무시설 지하5층 7,060.29㎡ 지하4층 9,491.72㎡ 지하3층 9,517.70㎡ 지하2층 9,128.91㎡ 지하1층 8,376.69㎡ 1층 3,942.72㎡ 2층 3,870.75㎡ 3층 3,755.77㎡ 4층 3,393.29㎡ 5층 3,514,47㎡ 6층 3,465.37㎡ 7층 2,847.47㎡ 8층 3,748.91㎡ 9층 3,736.12㎡ 10층 2,861.22㎡ 11층 2,365.52㎡ 12층 2,240.50㎡ 13층 233.62㎡	

【 갑 구 】 (소유권에 관한 사항)

순위번호	등 기 목 적	접 수	등 기 원 인	권리자 및 기타사항
1	소유권보존	2012년11월30일 제61475호		소유자 서울특별시

[건물] 서울특별시 중구 태평로1가 31 서울특별시 청사 신관 제1호

【 을 구 】 (소유권 이외의 권리에 관한 사항)

기록사항 없음

〈표 1-19〉 등기사항증명서

구분		등기사항	확인사항
표제부	표시번호란	표시란에 등기한 순서	등기접수일자
	표시란	- 부동산의 표시(토지 · 건물의 소재지, 지번, 지목, 면적, 건물의 종류 · 구조 · 면적 · 층수 · 용도 등) ※ 구분건물은 전체건물의 표제부와 구분건물의 표제부가 각각 있음	- 부동산의 현황과 등기내용과 일치 여부 - 토지에 대한 별도등기 유무 - 부동산표시의 변경 여부
갑구	순위번호란	사항란에 등기한 순서	
	사항란	- 소유권에 관한 사항(소유권의 보존이나 변경에 관한 사항: 소유권보존(이전)등기, 가압류, 압류, 환매특약, 경매개시결정, 보전처분 등)	- 소유자의 처분권원과 권한의 확인 - 처분제한 유무
을구	순위번호란	사항란에 등기한 순서	
	사항란	소유권 이외의 권리(지상권, 지역권, 전세권, 저당권, 권리질권, 임차권)에 관한 사항	- 제한물권 유무 및 그 내용

나. 등기순위의 확인

동일한 부동산에 관하여 등기한 권리의 순위는 다른 규정이 없는 한 등기의 순위(선후)에 의한다. 등기의 순위는 동구(갑구와 갑구)에서 한 등기는 순위번호에 의하고, 별구(갑구와 을구)에서 한 등기는 접수번호에 의한다. 부기등기의 순위는 주등기의 순위에 의하고, 부기등기 상호 간의 순위는 그 전후에 의한다. 가등기를 한 경우에 본등기의 순위는 가등기의 순위에 의한다.

5 건축물대장의 활용

5-1 건축물대장의 등록사항

건축물의 위치 · 면적 · 구조 · 용도 · 층수 등 건축물의 표시에 관한 사항과 건축물 소유자의 성명 · 주소 · 소유권 지분 등 소유자 현황에 관한 사항을 등록하여 관리하는 대장을 말한다. 건축물대장은 건축물의 소유 · 이용 상태를 확인하거나 건축정책의 기초자료로 활용하기 위하여 다음의 어느 하나에 해당하면 특별자치도지사 또는 시장 · 군수 · 구청장이 건축물대장에 건축물과 그 대지의 현황을 기록하여 보관한다.

1) 「건축법」에 따라 사용승인서를 내준 경우
2) 「건축법」에 따른 건축허가 대상 건축물(건축신고 대상 건축물 포함) 외의 건축물이 공사를 끝낸 후 기재를 요청한 경우
3) 「집합건물의 소유 및 관리에 관한 법률」에 따른 건축물대장의 신규 등록 및 변경등록을 신청한 경우
4) 「건축법」 시행일 전에 법령 등에 적합하게 건축되고 유지 · 관리된 건축물의 소유자가 그 건축물의 건축물관리대장이나 그 밖에 이와 비슷한 공부(公簿)를 건축물대장에 옮겨 적을 것을 신청한 경우
5) 건축물의 증축 · 개축(改築) · 재축(再築) · 이전 · 대수선 및 용도변경에 의하여 건축물의 표시에 관한 사항이 변경된 경우
6) 건축물의 소유권에 관한 사항이 변경된 경우

5-2 건축물대장의 종류

건축물대장은 건축물의 종류에 따라 다음과 같이 구분한다.

〈표 1-20〉 건축물대장의 구분

구분	내용
일반건축물대장	일반건축물에 해당하는 건축물 및 대지에 관한 사항을 기재한 건축물대장, 한 건물에 하나의 건축물대장총괄표제부, 갑구, 을구로 나뉘어져 기재된다. - 갑구만 있는 경우: 건축물현황과 소유자산현황을 첫 페이지에 모두 기재 - 을구까지 있는 경우: 건축물현황이나 소유자현황이 첫 페이지에 모두 기재가 안 될 경우 두 번째 페이지를 을구로 해서 기재
집합건축물대장	집합건물에 해당하는 건축물 및 대지에 관한 사항을 기재한 건축물대장으로 1동을 단위로 작성하고 부속건축물이 있을 경우에는 주된 건축물대장에 포함하여 작성한다. 집합건축물대장은 표제부와 전유부분으로 나누어 작성한다. 총괄표제부와 표제부 전유부분으로 나뉘며 총괄표제부는 없는 경우도 있다. - 총괄표제부가 있을 경우: 하나의 대지에 2개 이상의 건축물이 있을 경우 - 총괄표제부가 없을 경우: 하나의 대지에 한 건축물만 있을 경우

건축물대장은 건축물 한 동을 단위로 하여 각 건축물마다 작성하고, 부속건축물이 있는 경우 부속건축물은 주된 건축물대장에 포함하여 작성한다.

5-3 건축물대장 보는법

가. 건축물대장 확인사항

❶번에는 토지의 소재지를 기입하고 대지면적, 건축면적, 건폐율, 용적률 등이 기입되어 있다. ❷번의 구분항목에 주1 또는 주2가 함께 기록되는 경우 한 필지에 여러 채의 건축물이 있다는 것을 나타낸다. 그리고 구조, 건축물용도를 파악할 수 있다. ❸번의 소유자현황은 소유자의 등록사항을 알 수 있다.

〈그림 1-7〉 건축물대장의 확인사항

정부24

일반건축물대장(갑)

(2쪽 중 제1쪽)

❶

고유번호	1114010300-1-00310000	민원24접수번호	20190228 - 15423763	명칭	서울특별시 청사 신관	호수/가구수/세대수	0호/0가구/0세대

대지위치	서울특별시 중구 태평로1가	지번 31	도로명주소 서울특별시 중구 세종대로 110	
※대지면적 12,709.4㎡	연면적 83,551.04㎡	※지역 일반상업지역	※지구 방화지구 외 1	※구역 제1종지구단위계획구역
건축면적 6,165.24㎡	용적률 산정용 연면적 39,975.73㎡	주구조 철골철근콘크리트구조	주용도 공공업무시설	층수 지하 5층/지상 13층
※건폐율 48.51%	※용적률 314.54%	높이 53.5m	지붕 경사곡면지붕(철근콘크리트조)	부속건축물 동 ㎡
※조경면적 ㎡	※공개 공지·공간 면적 ㎡	※건축선 후퇴면적 ㎡	※건축선 후퇴거리 m	

건축물 현황

❷

구분	층별	구조	용도	면적(㎡)
주	지5	철골철근콘크리트구조	공공업무시설	7,060.29
주	지4	철골철근콘크리트구조	공공업무시설	9,491.72
주	지3	철골철근콘크리트구조	공공업무시설	9,517.7
주	지2	철골철근콘크리트구조	공공업무시설(전시장,직원식당,체력단련실,사무실)	9,128.01

이 등(초)본은 건축물대장의 원본내용과 틀림없음을 증명합니다.

소유자 현황

❸

성명(명칭) 주민(법인)등록번호 (부동산등기용등록번호)	주소	소유권 지분	변동일 변동원인
서울특별시		1/1	2012.11.30 소유권보존
	- 이하여백 -		
※ 이 건축물대장은 현소유자만 표시한 것입니다.			

담당자: 토지관리과
전 화:

중구청장

〈그림 1-8〉 건축물대장의 갑구 확인사항

문서확인번호 1551-3467-3367-5604 (2쪽 중 제2쪽)

고유번호	1114010300-1-00310000	민원24접수번호	20190228 - 15423763	명칭	서울특별시 청사 신관	호수/가구수/세대수	0호/0가구/0세대
대지위치	서울특별시 중구 태평로1가	지번	31	도로명주소	서울특별시 중구 세종대로 110		

구분	성명 또는 명칭	면허(등록)번호	※주차장					승강기		❹
건축주	서울특별시장	20383009******	구분	옥내	옥외	인근	면제	승용 14 대	비상용 3 대	허가일 2008.02.28
설계자	사사무소) (주)삼우종합건	송파구-건축사-16호						※하수처리시설		착공일 2008.04.10
공사감리자	건원엔지니어링) (주)건축	서울특별시-종합감리전문회사-제5종8호	자주식	101 대 6,201.89 ㎡	대 ㎡	대 ㎡		형식 접촉폭기방법		사용승인일 2012.08.31
공사시공자 (현장관리인)	정연주(삼성물산(주)) 삼성물산(주)	110111-0******	기계식	대 ㎡	대 ㎡	대 ㎡	대	용량 12,000인용		관련 주소 지번

❺

※건축물 에너지효율등급 인증	※에너지성능지표(EPI) 점수	※녹색건축 인증	※지능형건축물 인증
등급		등급	등급
에너지절감률(또는 1차에너지 소요량) %(kw/h)		인증점수 점	인증점수 점
유효기간: . . ~ . .	점	유효기간: . . ~ . .	유효기간: . . ~ . .

내진설계 적용 여부	내진능력	특수구조 건축물	특수구조 건축물 유형
지하수위 G.L m	기초형식	설계지내력(지내력기초인 경우) t/㎡	구조설계 해석법

도로명

변동사항

❻

변동일	변동내용 및 원인	변동일	변동내용 및 원인	그 밖의 기재사항
2012.08.31	2012.8.31 증축 : 사용승인(증축)되어 신규작성 [공공사업부-6434(2012.8.31)]		)]	지구: 중심지미관지구
2012.11.02	2012.11.02 표시변경 : 지상9층 공공업무시설 3,736.12㎡를 공공업무시설 3,656.12㎡ 및 공공업무시설(부속용도:휴게음식점) 80㎡로 변경 [건축과-102721(2012.11.02	2013.01.10	2013.01.10 표시변경 : 지하1층 공공업무시설(전시장,은행,사무실) 8,376.69㎡를 공공업무시설(전시장,은행,사무실) 7,942.06㎡ 및 공공업무시설(부속용도:휴게음식점 252.88㎡, 소매점 181.75㎡)로 변경 [건축과-737(2013.	- 이하여백 -

※ 표시 항목은 총괄표제부가 있는 경우에는 기재하지 않을 수 있습니다.

❹번은 허가일자로 허가, 착공, 사용승인일자를 알 수 있다. ❺번에서는 건축물 에너지효율등급, 에너지성능지표점수, 녹색건축 인증, 지능형건축물 인증 등을 파악할 수 있다.

나. 건축물대장의 변동사항 표기

❻번 변동사항에서는 용도가 변경된 내역 또는 불법건축물이 있는지 등을 파악할 수 있다. 불법건축물일 경우 전면 표제부에 기재되며, 건축물대장 두 번째 장 ❻번 '변동사항'이라는 란에 해당부서에서 무엇 때문에 불법사항인지 기재하게 되어있다. 위법의 결과물인 불법건축물에 대하여는「건축법」규정에서 이들을 통제하고 관리하기 위해 철거 명령, 이행강제금, 행정벌칙(형벌(징역 혹은 벌금)) 및 과태료 규정들을 마련하고 있다.

〈그림 1-9〉 불법건축물의 형벌, 이행강제금, 과태료

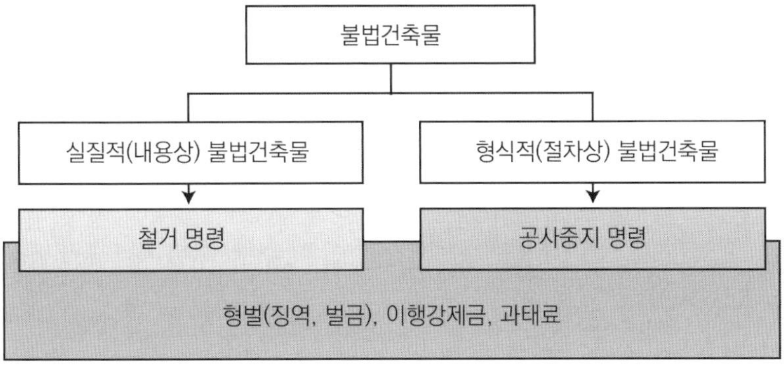

참고 이행강제금

현행법에서는 행정청의 허가 없이 용적률을 위반한 건물 등을 불법건축물로 규정하고 예외 없이 시정될 때까지 '이행강제금'을 부과하고 있다.

이전 「건축법」에서는 불법건축물 중 서민주택으로 분류된 85㎡이하 다세대주택에 대해서는 5차례 '이행강제금'만이 부과되었지만, 2019년 4월 23일 개정된 「건축법」에서는 이행강제금 5회 부과 제한을 폐지하여 시정될 때까지 계속해서 이행강제금을 내도록 개정된 것이다.

5회만 이행강제금을 내면 되는 줄 알고 분양받거나, 불법 개조 사실을 모른 채 다세대주택을 매입한 실거주자들은 원상복구를 할 수도 없고, 불법건축물로 등재된 건축물을 되팔 수도 없는 처지에 놓여 있다. 특히 전세를 살다가 이사를 하려 해도 은행으로부터 대출을 전혀 받을 수 없어 이사를 하지 못하는 서민들의 호소가 잇따르고 있다.

주·요·내·용·종·합·정·리

01 부동산에 대한 수요와 공급, 비용 그리고 가격 등에 관한 정보는 불확실하고 유용하지 못한 경우가 많으며 부동산시장은 불완전하다.

02 주택의 매수세가 증가하는 것은 주택의 수요가 증가함을 나타낸다. 매수세의 증가는 부동산경기변동의 선행지수로서 활용 될 수 있다.

03 부동산경기변동 중 하향시장국면에서는 매도자 우위의 태도에서 매수자 우위의 태도로 변화하기 시작한다.

04 분양가규제의 효과로 신축주택의 분양가격이 기존주택의 분양가격보다 낮아지도록 규제를 하면 신규주택의 공급은 감소되고 수요는 초과되는 현상을 낳는다.

05 토지이용계획확인서를 통하여 거래대상토지의 용도지역 · 용도지구 · 용도구역 · 도시계획시설 · 지구단위계획구역 등의 포함 여부를 확인할 수 있다.

06 지적도에는 토지의 소재, 지번, 지목, 경계, 도면의 색인도 · 제명 및 축척, 도곽선 및 도곽선 수치, 좌표에 의하여 계산된 경계점 간 거리 등을 등록한다.

07 등기사항증명서 갑구에서는 소유권, 처분제한 유무 및 소유자의 처분권원을 확인한다.

08 등기의 순위는 동구(갑구와 갑구)에서 한 등기는 순위번호에 의하고, 별구(갑구와 을구)에서 한 등기는 접수번호에 의한다.

09 일반건축물대장은 한 건물에 하나의 건축물대장 총괄표제부, 갑구, 을구로 구분되어 기재된다.

10 건축물대장의 변동사항란에서는 용도가 변경된 내역 또는 위법건축물이 있는지 등을 파악할 수 있다.

연·습·문·제

01 부동산투자를 위한 분석이 요구되는 이유로 옳지 않은 것은?

① 부동산은 다른 자산에 비하여 유동성이 떨어지는 자산이라는 점이다.
② 부동산(건물)은 감가상각이 된다는 점이다.
③ 부동산은 비대체성의 성격을 띠므로 다른 부동산과 가격, 소득, 비용 등을 직접적으로 비교하기가 쉽다는 점이다.
④ 부동산시장은 불완전하다는 것이다. 부동산에 대한 수요와 공급, 비용 그리고 가격 등에 관한 정보는 불확실하고 유용하지 못한 경우가 많다.
⑤ 부동산에는 여러 가지 법적 제약이 있다는 사실도 투자분석을 필요로 하는 이유 중의 하나이다.

02 부동산경기변동의 국면별 특징을 설명한 것이다. 옳은 것은?

① 회복시장에서는 부동산가격이 최고 정점에 도달한다.
② 상향시장에서는 공실률이 증가하기 시작한다.
③ 후퇴시장에서는 부동산거래량이 최고 정점에 이른다.
④ 하향시장에서는 매수자 우위의 시장이 된다.
⑤ 안정시장에서는 위치가 좋지 않은 곳에 있는 적당한 규모의 주택들은 비교적 안정시장의 유형에 속한다.

03 토지이용계획확인서의 농지 확인사항에 관한 다음 설명 중 옳은 것은?

① 농업인은 660제곱미터 이상의 농지에서 농작물 또는 다년생식물을 경작 또는 재배하거나 1년 중 90일 이상 농업에 종사하는 자를 말한다.
② 농지소재지에서 농지취득자격증명 발급가능 여부 및 농지전용가능 여부를 타진하여야 한다.
③ 전원주택부지 등으로 농지를 개발할 목적이라면 농지구입비만 고려하면 된다.
④ 농업인은 농업경영을 통한 농산물의 연간 판매액이 100만 원 이상인 자를 말한다.
⑤ 농업진흥지역의 농지 가운데 농업진흥구역은 용수원확보, 수질보전 등 농업환경을 보호하기 위하여 필요한 지역에 지정한다.

연·습·문·제

04 토지대장을 통하여 확인할 수 있는 사항이 아닌 것은?

① 소재지 ② 지번
③ 경계 ④ 면적
⑤ 소유자

05 다음 중 등기사항증명서 을구에 나타나지 않는 것은?

① 지상권 ② 지역권
③ 저당권 ④ 가등기
⑤ 전세권

06 부동산투자관련 고객상담시 중요한 등기사항증명서에 관한 다음 설명 중 옳지 않은 것은?

① 표제부를 통해서는 부동산의 현황과 등기기록사항의 일치 여부를 확인한다.
② 갑구에서는 소유권과 처분제한 유무 및 소유자의 처분권원(진실한 소유권자인지 여부)을 확인하며, 을구에서는 제한물권의 유무 및 그 내용을 중심으로 확인한다.
③ 부동산에 관하여 등기한 권리의 순위는 다른 규정이 없는 한 등기의 순위(선후)에 의한다.
④ 등기의 순위는 동구(갑구와 갑구)에서 한 등기는 순위번호에 의하고, 별구(갑구와 을구)에서 한 등기는 접수번호에 의한다.
⑤ 가등기를 한 경우에 본등기의 순위는 본등기의 순위에 의한다.

07 건축물대장을 이용하여 확인할 수 있는 사항이 아닌 것은?

① 경매개시결정여부 ② 건물면적
③ 건물층수 ④ 건물구조
⑤ 불법건축물 해당 여부

정·답·및·해·설

01 ③ 부동산은 비대체성의 성격을 띠므로 다른 부동산과 가격, 소득, 비용 등을 직접적으로 비교하기가 어렵다.

02 ④

① 상향시장에서는 부동산가격이 최고 정점에 도달한다.
② 하향시장에서는 공실률이 증가하기 시작한다.
③ 상향시장에서는 부동산거래량이 최고 정점에 이른다.
⑤ 안정시장에서는 위치가 좋은 곳에 있는 적당한 규모의 주택들은 비교적 안정시장의 유형에 속한다.

03 ②

① 1,000제곱미터 이상의 농지에서 농작물 또는 다년생식물을 경작 또는 재배하거나 1년 중 90일 이상 농업에 종사하는 자
③ 전원주택부지 등으로 농지를 개발할 목적이라면 농지구입비 이외에 농지조성비, 각종 개발비용 등을 고려하여야 한다.
④ 농업경영을 통한 농산물의 연간 판매액이 120만 원 이상인 자
⑤ 농업보호구역은 농업진흥구역의 용수원확보, 수질보전 등 농업환경을 보호하기 위하여 필요한 지역에 지정한다.

04 ③ 토지대장에서는 경계에 대한 사항이 확인되지 않는다.

05 ④ 가등기 해당 여부는 등기사항증명서 갑구에서 확인할 수 있다.

06 ⑤ 가등기를 한 경우에 본등기의 순위는 가등기의 순위에 의한다.

07 ① 경매개시결정여부는 확인 대상에 해당하지 않는다.

Korea Banking Institute

제2장

부동산제도를 활용한 부동산관리

제1절 · 부동산거래 규정의 이해

제2절 · 정비사업 규정의 이해

제3절 · 임대차 규정의 이해

제2장 부동산제도를 활용한 부동산관리

학습개요

부동산컨설팅을 할 때는 부동산제도를 활용한 부동산투자의사결정을 위하여 공법적 규제를 파악하고 분석하여야 고객의 성공적인 부동산투자를 도울 수 있다. 청약규정에서는 청약제도의 주택청약 1순위조건, 신혼부부특별공급 등에 관한 내용과 주택전매행위제한, 재건축 · 재개발사업, 토지거래제한 등을 파악한다. 또한 파악하고 부동산임대차에 대한 이해를 바탕으로 주택임대차 및 상가건물임대차보호법을 통해서 부동산관리를 효율적으로 할 수 있는 방법을 학습한다.

학습목표

- 주택청약종합저축에 대하여 분석하고 파악할 수 있다.
- 주택청약 1순위조건, 신혼부부특별공급을 확인할 수 있다.
- 주택전매행위제한, 재건축 · 재개발사업 전반에 대한 내용과 재건축 · 재개발조합원 지위양도 제한, 토지거래제한 등의 내용을 이해할 수 있다.
- 임대차규정의 주택임대차보호법 및 상가건물임대차보호법을 이해함으로써 부동산 투자분석을 실행할 수 있다.

제1절 | 부동산거래 규정의 이해

1 주택청약제도

아파트 청약제도는 내 집 마련은 물론 투자 측면에서도 매우 중요하고도 유용한 수단이 되고 있다. 아파트청약의 장점은 프리미엄을 얻을 수 있다는 것 이외에도 자신이 선호하는 지역에 공급되는 신규아파트를 신징할 수 있을 뿐민 아니라 분양대금을 수 회에 걸쳐 분납하기 때문에 자금 부담이 분산된다는 점도 있다. 그러나 아파트청약은 입주자저축에 가입하여야 하고 일정 기간을 기다려야 하며, 청약경쟁이 치열하고, 당첨이 되더라도 입주까지 상당 기간을 기다려야 한다는 단점이 있다. CPB는 청약제도에서 주택청약 1순위 조건 주택청약종합저축 및 신혼부부 특별공급 조건, 다자녀 생애최초 노부모부양자격, 청약가점제 등에 대한 정보를 고객 상담 시 잘 파악하고 있어야 한다.

1-1. 아파트 청약주택

가. 주택의 종류

1) 국민주택

국가, 지방자치단체, LH 및 지방공사가 건설하는 주거전용면적 85m² 이하의 주택
단, 수도권 및 도시지역이 아닌 읍·면 지역은 주거전용면적 100m² 이하

2) 민영주택

국민주택을 제외한 주택

나. 주택의 종류에 따른 청약가능 통장

1) 국민주택

주택청약종합저축 또는 청약저축 가입자

2) 민영주택

주택청약종합저축 또는 청약예금·청약부금 가입자

다. 청약자격

1) 국민주택

최초 입주자모집공고일 현재 해당 주택건설지역 또는 인근지역에 거주하는 자로서 민법에 따른 성년자(만 19세 이상)와 아래의 어느 하나에 해당하는 세대주인 미성년자(주택청약 시 성년자로 인정)만 청약 신청할 수 있다. 단, 아래의 자녀 및 형제자매는 세대주인 미성년자와 같은 세대별 주민등록표등본에 등재되어 있어야 한다.

① 자녀를 양육하는 경우

② 직계존속의 사망, 실종선고 및 행방불명 등으로 형제자매를 부양하는 경우

③ 동일한 주민등록표등본에 함께 등재된 세대[청약신청자의 배우자, 직계존속(배우자의 직계존속포함) 및 직계비속(직계비속의 배우자포함)] 전원이 주택 또는 분양권 등을 소유하고 있지 아니한 세대구성원(무주택세대구성원)은 국민주택에 청약신청할 수 있다.

* 다만 청약신청자의 배우자가 별도의 주민등록표등본에 등재되어 있는 경우에는(배우자 분리세대) 그 배우자와 배우자의 주민등록표등본에 등재된 직계존·비속을 포함한다.

참고 **무주택세대구성원**

무주택세대구성원이란 세대에 속한 자 전원이 주택을 소유하고 있지 않은 세대구성원을 말한다.
* 세대(세대에 속한 자)
세대는 다음 각 목의 사람(이하 "세대구성원"이라 함)으로 구성된 집단(주택공급신청자가 세대별 주민등록표등본에 등재되어 있지 않은 경우는 제외)이다.
- 주택공급신청자
- 주택공급신청자의 배우자
- 주택공급신청자의 직계존속(배우자의 직계존속 포함) 및 직계비속
* 주택공급신청자 또는 주택공급신청자의 배우자와 세대별 주민등록표등본에 함께 등재된 경우에만 인정
- 주택공급신청자의 배우자의 직계비속
* 주택공급신청자와 세대별 주민등록표등본에 함께 등재되어 있는 경우에만 인정
예) 신청자와 동일한 주민등록표등본 상에 등재된 재혼한 배우자의 직계비속
※ 형제, 자매, 동거인 등은 청약자와 동일한 주민등록표등본에 등재되어 있어도 청약자의 세대에 속한 자가 아님
※ 배우자 분리세대인 경우 배우자 및 배우자와 동일한 세대를 이루고 있는 직계존속(배우자의 직계존속 포함) 및 직계비속을 포함
※ 외국인은 주민등록법상 세대주나 세대원이 될 수 없으며, 주민등록 의무 대상이 아니기 때문에 무주택세대구성원이나 세대주 자격을 필요로 하는 주택에 청약신청이 불가능하다. 만약, 청약신청하여 당첨될 경우 부적격당첨자로 불이익을 받을 수 있다.

상기 무주택세대구성원 요건을 충족해야만 민영주택 특별공급 및 국민주택에 청약할 수 있다.
- 청약신청자 본인의 무주택기간은 만 30세(만 30세 이전에 결혼한 경우 혼인신고일)부터 산정한다(다만, 다자녀특별공급 무주택기간은 청약신청자가 성년(만 19세)이 되는 날부터 산정).
- 청약신청자의 배우자는 주민등록 분리세대인 경우에도 배우자 세대가 신청자와 동일한 주민등록표등본에 등재된 것으로 본다.
- 만 60세 이상인 직계존속이 주택 또는 분양권 등을 소유하고 있는 경우에는 신청자가 주택을 소유하지 않은 것으로 본다. 다만 공공임대주택 및 노부모부양 특별공급을 신청하려는 경우에는 주택을 소유한 것으로 본다. (주택공급에 관한 규칙 제53조)

〈표 2-1〉 국민주택 청약자격

<table>
<tr><th rowspan="2">청약순위</th><th rowspan="2">청약통장
(입주자저축)</th><th colspan="2">순위별 조건</th></tr>
<tr><th>청약통장 가입기간</th><th>납입금</th></tr>
<tr><td rowspan="2">1순위</td><td>주택청약
종합저축</td><td rowspan="2">• 투기과열지구 및 청약과열지역
: 가입 후 2년이 경과한 자
• 위축지역
: 가입 후 1개월이 경과한 자
• 투기과열지구 및 청약과열지역, 위축지역 외
- 수도권 지역 : 가입 후 1년이 경과한 자
- 수도권 외 지역 : 가입 후 6개월이 경과한 자(다만, 필요한 경우 시·도지사가 수도권은 24개월, 수도권 외 지역은 12개월까지 연장 가능)</td><td rowspan="2">매월 약정납입일에 월 납입금을 연체 없이 다음의 지역별 납입횟수 이상 납입한 자
• 투기과열지구 및 청약과열지역 : 24회
• 위축지역 : 1회
• 투기과열지구 및 청약과열지역, 위축지역 외
- 수도권 지역 : 12회
- 수도권 외 지역 : 6회(다만, 필요한 경우 시·도지사가 수도권은 24회, 수도권 외 지역은 12회까지 연장 가능)
* 단, 월납입금을 연체하여 납입한 경우 주택 공급에 관한 규칙 제10조 제3항에 따라 순위 발생일이 순연됨.</td></tr>
<tr><td>청약저축</td></tr>
<tr><td>2순위
(1순위 제한자[주] 포함)</td><td colspan="3">1순위에 해당하지 않는 자(청약통장 가입자만 청약 가능)</td></tr>
</table>

주) 1순위 제한 자

투기과열지구 또는 청약과열지역 내 국민주택에 청약하는 경우 청약통장이 1순위에 해당하여도 2순위로 청약하여야 한다.

(1) 세대주가 아닌 자

(2) 과거 5년 이내에 다른 주택에 당첨된 자가 속해 있는 무주택세대구성원

순위별 청약자격 발생 기준일 : 최초 입주자모집공고일

동일한 주택 및 당첨자 발표일이 동일한 국민주택에 대해 한 세대에서 한 사람만 청약신청하여야 한다.

한 세대에서 2인 이상 청약 시 당첨취소 등 불이익이 발생할 수 있다.

2) 민영주택

최초 입주자모집공고일 현재 해당 주택건설지역 또는 인근지역에 거주하는 자로서 민법에 따른 성년자(만 19세 이상)와 아래의 어느 하나에 해당하는 세대주인 미성년자(주택청약 시 성년자로 인정)만 청약 신청할 수 있다. 단, 아래의 자녀 및 형제자매는 세대주인 미성년자와 같은 세대별 주민등록표등본에 등재되어 있어야 한다.

① 자녀를 양육하는 경우

② 직계존속의 사망, 실종선고 및 행방불명 등으로 형제자매를 부양하는 경우

〈표 2-2〉 민영주택 청약자격

<table>
<tr><th rowspan="2">청약순위</th><th rowspan="2">청약통장
(입주자저축)</th><th colspan="2">순위별 조건</th></tr>
<tr><th>청약통장 가입기간</th><th>납입금</th></tr>
<tr><td rowspan="3">1순위</td><td>주택청약
종합저축</td><td rowspan="3">• 투기과열지구 및 청약과열지역
: 가입 후 2년이 경과한 자
• 위축지역
: 가입 후 1개월이 경과한 자
• 투기과열지구 및 청약과열지역, 위축지역 외
- 수도권 지역 : 가입 후 1년이 경과한 자(다만, 필요한 경우 시·도지사가 24개월까지 연장 가능)
- 수도권 외 지역 : 가입 후 6개월이 경과한 자(다만, 필요한 경우 시·도지사가 12개월까지 연장 가능)</td><td rowspan="2">납입인정금액이 지역별 예치금액 이상인 자</td></tr>
<tr><td>청약예금</td></tr>
<tr><td>청약부금
(85㎡ 이하만 청약 가능)</td><td>매월 약정납입일에 납입한 납입인정금액이 지역별 예치금액 이상인 자</td></tr>
<tr><td>2순위
(1순위 제한자[주] 포함)</td><td colspan="3">1순위에 해당하지 않는 자(청약통장 가입자만 청약 가능)</td></tr>
</table>

주) 1순위 제한 자

청약주택별 다음 어느 하나에 해당하는 경우 청약통장이 1순위에 해당하여도 2순위로 청약하여야 한다.

- 투기과열지구 또는 청약과열지역 내 민영주택에 청약하는 경우
  (1) 세대주가 아닌 자
  (2) 과거 5년 이내에 다른 주택에 당첨된 세대에 속한 자
  (3) 2주택 이상 소유한 세대에 속한 자
- 주거전용 85㎡를 초과 공공건설임대주택, 수도권에 지정된 공공주택지구에서 공급하는 민영주택에 청약하는 경우 2주택 이상 소유한 세대에 속한 자
  * 순위별 청약자격 발생 기준일 : 최초 입주자모집공고일
  * 청약저축 가입자의 민영주택 청약 : 가입 후 1순위 자격을 취득하여 납입인정금액이 각 지역별 청약예금 예치금액이 상인 경우 해당 청약예금으로 전환(입주자모집공고일 전일까지)하여 청약할 수 있음

1-2 주택소유 여부 판정기준

주택소유 여부를 판단할 때 분양권 등을 갖고 있거나 주택 또는 분양권 등의 공유지분을 소유하고 있는 경우에는 주택을 소유하고 있는 것으로 보되, 다음 각 호의 어느 하나에 해당하는 경우에는 주택을 소유하지 아니한 것으로 본다. 다만, 공공임대주택의 공급, 제46조, 「공공주택 특별법 시행규칙」 별표 6 제2호라목에 따른 특별공급의 경우 무주택세대구성원에 해당하는지 여부를 판단할 때에는 제6호를 적용하지 아니한다.

1. 상속으로 주택의 공유지분을 취득한 사실이 판명되어 사업주체로부터 부적격자로 통보받은 날부터 3개월 이내에 그 지분을 처분한 경우
2. 도시지역이 아닌 지역 또는 면의 행정구역(수도권은 제외한다)에 건축되어 있는

주택으로서 다음 각 목의 어느 하나에 해당하는 주택의 소유자가 해당 주택건설지역에 거주(상속으로 주택을 취득한 경우에는 피상속인이 거주한 것을 상속인이 거주한 것으로 본다)하다가 다른 주택건설지역으로 이주한 경우

가. 사용승인 후 20년 이상 경과된 단독주택

나. 85제곱미터 이하의 단독주택

다. 소유자의 「가족관계의 등록 등에 관한 법률」에 따른 최초 등록기준지에 건축되어 있는 주택으로서 직계존속 또는 배우자로부터 상속 등에 의하여 이전받은 단독주택

3. 개인주택사업자가 분양을 목적으로 주택을 건설하여 이를 분양 완료하였거나 사업주체로부터 부적격자로 통보받은 날부터 3개월 이내에 이를 처분한 경우

4. 세무서에 사업자로 등록한 개인사업자가 그 소속 근로자의 숙소로 사용하기 위하여 주택을 건설하여 소유하고 있거나 사업주체가 정부시책의 일환으로 근로자에게 공급할 목적으로 사업계획 승인을 받아 건설한 주택을 공급받아 소유하고 있는 경우

5. 20제곱미터 이하의 주택 또는 분양권 등을 소유하고 있는 경우. 다만, 2호 또는 2세대 이상의 주택 또는 분양권 등을 소유하고 있는 사람은 제외한다.

6. 60세 이상의 직계존속(배우자의 직계존속을 포함한다)이 주택 또는 분양권 등을 소유하고 있는 경우

7. 건물등기부 또는 건축물대장등의 공부상 주택으로 등재되어 있으나 주택이 낡아 사람이 살지 아니하는 폐가이거나 주택이 멸실되었거나 주택이 아닌 다른 용도로 사용되고 있는 경우로서 사업주체로부터 제52조제3항에 따른 부적격자로 통보받은 날부터 3개월 이내에 이를 멸실시키거나 실제 사용하고 있는 용도로 공부를 정리한 경우

8. 무허가건물[종전의 「건축법」(법률 제7696호 건축법 일부개정법률로 개정되기 전의 것을 말한다) 건축허가 또는 건축신고 없이 건축한 건물을 말한다]을 소유하고 있는 경우. 이 경우 소유자는 해당 건물이 건축 당시의 법령에 따른 적법한 건물임을 증명하여야 한다.

9. 주택공급신청자가 속한 세대가 다음에 해당하는 주택 또는 분양권등으로서 해당 목에서 정하는 주거전용면적 및 가격 요건을 갖춘 주택 또는 분양권등을 1호 또는 1세대만 소유하고 있는 경우

가. 아파트 또는 분양권등 : 주거전용면적 60제곱미터 이하로서 공시가격이 1억원(수도권은 1억6천만원) 이하일 것

나. 다음의 주택 또는 분양권등 : 주거전용면적 85제곱미터 이하로서 공시가격이 3억원(수도권은 5억원) 이하일 것

1) 단독주택, 다중주택, 다가구주택 또는 분양권등

2) 연립주택, 다세대주택 또는 분양권등으로서 3)에 해당하지 않는 것

3) 아파트형 주택, 단지형 연립주택, 단지형 다세대주택 또는 분양권등

참고 **아파트의 기준**

전용 60㎡ 이하, 수도권 기준 공시가격 1억 6,000만 원 이하(비수도권 1억 원 이하) 1호 또는 1세대(분양권 포함) 소유자가 민영주택을 청약할 경우 무주택자로 간주하고 있다. 만약 올해 공시가격이 올라 기준금액을 초과했을 경우 청약가점을 계산할 때 무주택자로 인정받지 못하게 된다.

그렇게 되면 청약가점 만점 총 84점 중 최대 32점(15년 이상)에 달하는 점수가 의미 없어진다. 그동안 청약 가점을 쌓기 위해 소형 저가주택에서 버티던 일부 소유주들은 하루아침에 청약의 기회를 놓치게 된다.

10. 입주자를 선정하고 남은 주택을 선착순의 방법으로 공급받아 분양권 등을 소유하고 있는 경우(해당 분양권 등을 매수한 사람은 제외한다)

11. 임차인으로서 보증금의 전부 또는 일부를 돌려받지 못한 사람이 임차주택을 경매 또는 공매로 매수하여 소유하고 있는 경우. 다만, 그 주택이 다음 각 목의 어느 하나에 해당하는 경우는 제외한다.

(가) 주택가격이 1억 5천만 원(수도권은 3억 원)을 초과하는 경우. 이 경우 주택가격의 산정기준을 준용한다.

(나) 주거전용면적이 85㎡를 초과하는 경우

12. 주택공급 신청자가 임차인으로서 거주하던 임차주택을 취득한 경우로서 다음 의 요건을 모두 갖춘 경우

(가) 2024년 1월 1일부터 2024년 12월 31일까지 취득(생애 최초로 취득한 경우로 한정한다)한 주택(아파트는 제외)일 것

(나) 주거전용면적이 60제곱미터 이하인 주택으로서 그 취득가격이 2억원(수도권은 3억원) 이하일 것

(다) 해당 주택의 취득일 전날까지 1년 이상 해당 주택에 거주했을 것

1-3 주택청약종합저축

가. 가입 및 납임조건

주택을 분양받고자 하는 사람이 국민주택 또는 민영주택을 분양받기 위해 일정 기간 일정 금액을 납입하여 분양권을 얻는 것을 의미한다. 외국인, 해외거주자, 미성년자 및 이미 집을 소유한 사람 등 모든 사람이 가입할 수 있다. 청약자격은 만 19세 때부터 부여된다. 가점을 산정할 때 청약저축 가입기간도 있기 때문에 부모들이 자녀들을 위해 미리 가입해주는 경우가 많다. 1명당 1개의 주택청약종합저축통장을 가입할 수 있고, 월 납입금액은 최소 2만 원 최대 50만 원 이내에서 자유납입하면 된다.

나. 월납입금 선납 또는 연체한 경우 등의 처리

(1) 주택청약종합저축의 가입자는 민영주택 청약 예치기준금액의 최고한도를 초과하지 아니하는 범위에서 월납입금을 초과하는 금액을 선납할 수 있다.

(2) 선납한 금액은 월납입금을 선납한 것으로 보되, 그 금액이 24회의 월납입금 합계를 초과하는 경우 초과하는 금액은 월납입금을 선납한 것으로 인정하지 아니한다.

(3) 주택청약종합저축 가입자가 월납입금을 연체하여 납입한 경우 그 연체하여 납입한 월납입금은 다음 산식에 따라 산정된 날(1일 미만은 산입하지 아니한다)에 납입된 것으로 본다.

$$\text{회차별 납입인정일} = \text{약정납입일} + \frac{\text{연체총일수} - \text{선납총일수}}{\text{납입횟수}}$$

(4) 다음 각 호의 어느 하나에 해당하는 경우 월납입금의 납입횟수는 각 호에서 정한 기준에 따라 산정한다.

① 납입횟수(선납한 것으로 인정되는 납입횟수를 포함한다)가 순차납입횟수(가입한 날부터 가입자가 공급신청하는 주택의 입주자모집공고일까지 월납입금을 납입하여야 하는 횟수를 말한다)를 초과하는 경우 : 순차납입횟수만 인정한다.

② 미성년자(성년자가 아닌 경우만 해당한다. 이하 같다)로서 납입한 횟수가 24회를 초과하는 경우 : 24회의 납입횟수만 인정한다.

(5) 다음 각 호의 어느 하나에 해당하는 경우 저축총액은 각 호에서 정한 기준에 따라

산정한다.

① 월납입금이 10만 원을 초과한 경우 : 해당 월납입금을 10만 원으로 산정한다.

② 미성년자로서 납입한 저축총액이 24회의 월납입금 합계를 초과하는 경우 : 24회의 월납입급 합계만 인정한다.

(6) 가점제를 적용하여 입주자를 선정하는 경우로서 주택청약종합저축을 산정할 때 미성년자로서 가입한 기간이 2년을 초과하면 2년만 인정한다.

1-4 청약가점제 적용비율

젊은 층이 선호하는 85㎡ 이하의 경우 과거에는 가점 100%였지만, 현재는 추첨제가 60%까지 상향되었다. 투기과열지구, 조정대상지역에 따라 조금씩 차이가 있고, 소형 평수일수록 추첨제를 더 늘리는 방안으로 개선되었다. 반대로 대형평수인 85㎡ 초과면적은 가점 위주로 수정되었다.

〈표 2-3〉 민영주택 가점제 · 추첨제 적용 비율

면적	투기과열지구	조정대상지역	비규제지역
60㎡ 이하	가점 40% 추첨 60%	가점 40% 추첨 60%	가점 40% 이하 (지방자치단체가 결정) 추첨 60%
60㎡ 초과 ~85㎡ 이하	가점 70% 추첨 30%	가점 70% 추첨 30%	
85㎡ 초과	가점 80% 추첨 20%	가점 50% 추첨 50%	추첨 100%

1-5 가점항목

가점항목으로는 '무주택기간'과 '부양가족 수', '주택청약종합저축 가입기간' 등이 기준이 된다. 첫 번째 가점항목인 무주택기간은 총점 32점으로 만 30세 이상부터 본인과 배우자의 무주택기간이 적용된다. 만 30세 미만인 미혼 무주택자는 0점이고, 1년 미만은 2점, 1년 이상~2년 미만 4점…14년 이상~15년 미만은 30점, 15년 이상은 만점인 32점을 받게 된다.

두 번째 부양가족 수는 본인을 제외하고 계산하며 35점 만점이다. 가입자 본인 혼자일 경우 5점, 부양가족 수 1명은 10점, 2명은 15점…5명은 30점, 6명 이상은 35점을 받을 수 있다.

마지막 주택청약종합저축 가입기간은 17점이 만점으로 6개월 미만은 1점, 6개월 이상~1년 미만은 2점…14년 이상~15년 미만은 16점, 15년 이상은 17점이 배당된다. 이 세 가지 가점항목을 모두 합한 것이 예비청약자들의 청약가점 점수다.

가. 무주택기간 적용기준

1) 입주자모집공고일 현재 세대별 주민등록표상에 등재된 입주자저축가입자를 포함한 세대원[배우자, 직계존속(배우자의 직계존속을 포함한다), 직계비속을 말한다] 전원이 주택을 소유(주택의 공유지분을 소유하고 있는 경우를 포함하되 제6조 제3항 각호의 어느 하나에 해당하거나 아래 '2)'의 소형 · 저가주택 소유자를 무주택자로 보는 경우는 제외한다)하지 아니하여야 하며, 입주자저축 가입자의 배우자가 동일한 주민등록표상에 등재되어 있지 아니한 경우에는 주민등록이 분리된 배우자 및 배우자와 동일한 세대를 이루고 있는 세대원도 주택을 소유하지 아니하여야 한다.

2) 입주자모집공고일 현재 60제곱미터 이하의 주택으로서 주택가격이 8천만 원(수도권은 1억 3천만 원) 이하인 주택(이하 '소형 · 저가주택') 1호 또는 1세대만을 소유한 자로서 제28조(민영주택의 일반공급)에 따라 주택의 공급을 신청하는 자(배우자를 포함한다)는 그 기간 동안 주택을 소유하지 아니한 것으로 본다. 이 경우 소형 · 저가주택의 주택가격은 입주자모집공고일 이전에 「부동산 가격공시 및 감정평가에 관한 법률」 제16조 또는 제17조에 따라 공시된 가격 중 입주자모집공고일에 가장 가까운 날에 공시된 주택공시가격에 따르되, 입주자모집공고일 이전에 주택이 처분된 경우에는 처분일 이전에 공시된 주택공시가격 중 처분일에 가장 가까운 날에 공시된 주택공시가격을 주택가격으로 본다.

3) 무주택기간은 입주자저축 가입자와 그 배우자를 기준으로 하고, 입주자저축 가입자의 연령이 30세가 되는 날부터 계속하여 무주택인 기간으로 하되, 30세가 되기 전에 혼인한 경우에는 가족관계의 등록 등에 관한 법률에 따른 혼인관계증명서에 혼인신고일로 등재된 날부터 무주택기간을 기산한다. 이 경우 입주자저축 가입자 또는 배우자가 주택을 소유한

사실이 있는 경우에는 그 주택을 처분한 후 무주택자가 된 날(2회 이상 주택을 소유한 사실이 있는 경우에는 최근에 무주택자가 된 날을 말한다)부터 무주택기간을 산정한다.

참고 **무주택기간 산정**

※ 무주택자(본인 및 세대원 전원이 무주택인 자)의 무주택기간 판단사례

과거 주택소유 여부	30세 이전 결혼 여부	무주택기간	
(신청자 본인 및 배우자가) 주택을 소유한 적이 없는 분	(신청자 본인이) 만 30세 이전에 결혼하지 않은 분	만 30세 / 입주자 모집공고일 / 무주택기간	(신청자 본인이) 만 30세가 된 날~입주자모집공고일
	(신청자 본인이) 만 30세 이전에 결혼한 분	혼인신고일 / 만 30세 / 입주자 모집공고일 / 무주택기간	혼인신고일~입주자모집공고일
(신청자 본인 및 배우자가) 주택을 소유한 적이 있는 분	(신청자 본인이) 만 30세 이전에 결혼하지 않은 분	만 30세 / 무주택자 된 날 / 입주자 모집공고일 / 무주택기간	(신청자 본인이) 만 30세가 된 날과 (본인 및 배우자가) 무주택자가 된 날 중 늦은 날~입주자모집공고일
		무주택자 된 날 / 만 30세 / 입주자 모집공고일 / 무주택기간	
	(신청자 본인이) 만 30세 이전에 결혼한 분	혼인 신고일 / 무주택자 된 날 / 만 30세 / 입주자 모집공고일 / 무주택기간	혼인신고일과 (본인 및 배우자가) 무주택자가 된 날 중 늦은 날~입주자모집공고일
		무주택자 된 날 / 혼인 신고일 / 만 30세 / 입주자 모집공고일 / 무주택기간	

※ 2회 이상 주택을 소유한 사실이 있는 경우에는 가장 최근에 무주택자가 된 날을 말한다.
※ 청약신청자의 배우자가 결혼 전 매도한 주택은 제외한다.

나. 부양가족의 인정 적용기준

1) 부양가족은 입주자모집공고일 현재 입주자저축 가입자의 세대별 주민등록표상에 등재된 세대원[배우자, 직계존속(배우자의 직계존속을 포함한다), 직계비속(미혼인 자녀로 한정하며, 부모가 모두 사망한 경우에는 미혼의 손자녀를 포함한다)을 말한다]으로 한다. 다만, 입주자저축 가입자의 배우자가 동일한 주민등록표상에 등재되어 있지 아니한 경우 주민등록이 분리된 배우자 및 배우자와 동일한 세대를 이루고 있는 세대원도 부양가족으로 본다.

2) 입주자저축 가입자의 직계존속(배우자의 직계존속을 포함한다)은 입주자저축 가입자[직계존속(배우자의 직계존속을 포함한다)이 주민등록이 분리된 배우자와 동일한 세대를 이루고 있는 경우에는 그 배우자를 포함한다]가 입주자모집공고일 현재 세대주인 경우로서 입주자모집공고일을 기준으로 최근 3년 이상 계속하여 입주자저축 가입자 또는 그 배우자와 동일한 주민등록표상에 등재되어 있는 경우에 부양가족으로 본다.

3) 입주자저축 가입자의 30세 이상인 직계비속은 입주자모집공고일을 기준으로 최근 1년 이상 계속하여 입주자저축 가입자 또는 그 배우자와 동일한 주민등록표상에 등재되어 있는 경우에 부양가족으로 본다.

참고 **동일 주민등록표 등본에 기재된 부양가족여부**

<table>
<tr><th>동일 주민등록표 등본에 기재된</th><th>부양가족 여부</th></tr>
<tr><td>배우자</td><td>부양가족. 단, 세대분리된 배우자도 부양가족</td></tr>
<tr><td>아버지 또는 어머니</td><td>- 청약신청자(분리세대인 배우자)가 세대주이고, 부모님이 3년 이상 동일한 주민등록표등본에 등재된 경우 부양가족</td></tr>
<tr><td>배우자의 아버지 또는 어머니</td><td>- 배우자(분리세대인 신청자)가 세대주이고, 배우자의 부모님이 3년 이상 동일한 주민등록표등본에 등재된 경우 부양가족</td></tr>
<tr><td>형 또는 동생</td><td rowspan="2">부양가족 아님</td></tr>
<tr><td>처제</td></tr>
<tr><td>아들 또는 딸</td><td rowspan="2">- 미혼이고 만 30세 미만인 경우 부양가족
- 미혼이고 만 30세 이상인 경우 1년 이상 주민등록표등본에 등재된 경우 부양가족
- 손자손녀는 부모가 모두 사망한 경우에만 부양가족
* 30세 미만 : 입주자모집공고일 기준 현재 계속하여 90일을 초과하여 해외에 체류중인 경우는 제외
* 30세 이상 : 입주자모집공고일 기준 최근 1년 이내 계속하여 90일을 초과하여 해외에 체류한 경우는 제외</td></tr>
<tr><td>손자 또는 손녀</td></tr>
</table>

다. 입주자저축 가입기간 적용기준

입주자모집공고일 현재 입주자저축 가입자의 가입기간을 기준으로 하며, 입주자저축의 종류, 금액, 가입자 명의변경을 한 경우에도 최초 가입일을 기준으로 가입기간을 산정한다.

〈표 2-4〉 가점항목 및 적용기준

<table>
<tr><th>가점항목</th><th>가점구분</th><th>점수</th><th>적용기준</th></tr>
<tr><td rowspan="17">무주택
기간
(32점)</td><td>유주택자와 만 30세 미만으로서 미혼인 무주택사</td><td>0</td><td rowspan="17">● 입주자모집공고일 현재 무주택 대상자
- 입주자모집공고일 현재 청약통장 가입자의 주민등록등본에 등재된 가입자 및 세대원 전원이 주택을 소유하고 있지 않아야 함
· 세대원의 범위: 배우자(주민등록이 분리된 배우자 및 그 세대원 포함), 직계존속(민영주택의 경우 배우자의 직계존속 포함), 직계비속
- 주택공급에 관한 규칙 제53조의 어느 하나에 해당하는 주택을 소유하고 있는 경우 해당 주택은 무주택으로 인정함

● 무주택기간 산정 대상자
- 청약통장 가입자와 배우자</td></tr>
<tr><td>만 1년 미만</td><td>2</td></tr>
<tr><td>만 1년 이상 ~ 2년 미만</td><td>4</td></tr>
<tr><td>만 2년 이상 ~ 3년 미만</td><td>6</td></tr>
<tr><td>만 3년 이상 ~ 4년 미만</td><td>8</td></tr>
<tr><td>만 4년 이상 ~ 5년 미만</td><td>10</td></tr>
<tr><td>만 5년 이상 ~ 6년 미만</td><td>12</td></tr>
<tr><td>만 6년 이상 ~ 7년 미만</td><td>14</td></tr>
<tr><td>만 7년 이상 ~ 8년 미만</td><td>16</td></tr>
<tr><td>만 8년 이상 ~ 9년 미만</td><td>18</td></tr>
<tr><td>만 9년 이상 ~ 10년 미만</td><td>20</td></tr>
<tr><td>만 10년 이상 ~ 11년 미만</td><td>22</td></tr>
<tr><td>만 11년 이상 ~ 12년 미만</td><td>24</td></tr>
<tr><td>만 12년 이상 ~ 13년 미만</td><td>26</td></tr>
<tr><td>만 13년 이상 ~ 14년 미만</td><td>28</td></tr>
<tr><td>만 14년 이상 ~ 15년 미만</td><td>30</td></tr>
<tr><td>만 15년 이상</td><td>32</td></tr>
<tr><td rowspan="7">부양가족 수
(35점)</td><td>0명</td><td>5</td><td rowspan="7">● 부양가족 인정 대상자
- 입주자모집공고일 현재 청약통장 가입자의 주민등록등본에 등재된 배우자(주민등록이 분리된 배우자 및 그 세대원 포함). 직계존속(배우자의 직계존속 포함) 및 미혼자녀(부모가 모두 사망한 경우에는 손자녀를 포함)
- 부양가족 수 산정 시 본인은 제외</td></tr>
<tr><td>1명</td><td>10</td></tr>
<tr><td>2명</td><td>15</td></tr>
<tr><td>3명</td><td>20</td></tr>
<tr><td>4명</td><td>25</td></tr>
<tr><td>5명</td><td>30</td></tr>
<tr><td>6명 이상</td><td>35</td></tr>
<tr><td rowspan="17">주택청약
종합저축
가입기간
(17점)</td><td>만 6월 미만</td><td>1</td><td rowspan="18">● 부양가족 인정 대상자
- 입주자모집공고일 현재 청약통장 가입자의 가입기간을 기준으로 하며, 청약통장 전환, 예치금액 변경 및 명의변경을 한 경우에도 최초 가입일(순위기산일)을 기준으로 가입기간을 산정함
- 실제 인터넷청약 시에는 은행에서 청약통장 가점기간 및 해당 점수를 자동 산정하여 부여함</td></tr>
<tr><td>만 6월 이상 ~ 1년 미만</td><td>2</td></tr>
<tr><td>만 1년 이상 ~ 2년 미만</td><td>3</td></tr>
<tr><td>만 2년 이상 ~ 3년 미만</td><td>4</td></tr>
<tr><td>만 3년 이상 ~ 4년 미만</td><td>5</td></tr>
<tr><td>만 4년 이상 ~ 5년 미만</td><td>6</td></tr>
<tr><td>만 5년 이상 ~ 6년 미만</td><td>7</td></tr>
<tr><td>만 6년 이상 ~ 7년 미만</td><td>8</td></tr>
<tr><td>만 7년 이상 ~ 8년 미만</td><td>9</td></tr>
<tr><td>만 8년 이상 ~ 9년 미만</td><td>10</td></tr>
<tr><td>만 9년 이상 ~ 10년 미만</td><td>11</td></tr>
<tr><td>만 10년 이상 ~ 11년 미만</td><td>12</td></tr>
<tr><td>만 11년 이상 ~ 12년 미만</td><td>13</td></tr>
<tr><td>만 12년 이상 ~ 13년 미만</td><td>14</td></tr>
<tr><td>만 13년 이상 ~ 14년 미만</td><td>15</td></tr>
<tr><td>만 14년 이상 ~ 15년 미만</td><td>16</td></tr>
<tr><td>만 15년 이상</td><td>17</td></tr>
<tr><td>총점</td><td>-</td><td>84</td></tr>
</table>

1. 입주자모집공고일 현재 1호 또는 1세대의 주택을 소유한 세대에 속한 자와 과거 2년 이내에 가점제를 적용받아 다른 주택의 당첨자가 된 자의 세대에 속한 자는 제1순위에서 가점제의 적용 대상자에서 제외되며, 추첨제의 적용 대상자에 포함된다.
2. 입주자모집공고일 현재 주택공급신청자의 배우자가 주택청약종합저축에 가입하고 있는 경우에는 제46조에 따른 특별공급의 경우를 제외하고 그 배우자의 주택청약종합저축 가입기간의 50%에 해당하는 기간에 대해 산정한 점수(3점을 초과하는 경우에는 3점을 말한다)를 주택공급신청자의 주택청약종합저축 가입기간에 관한 가점 점수에 합산할 수 있다. 이 경우 합산한 점수가 17점을 초과하는 경우에는 17점으로 한다.

1-6 특별공급

특별공급은 다자녀가구, 신혼부부, 국가유공자, 노부모부양, 청년 등 정책적 배려가 필요한 사회계층이 분양(임대)받을 수 있도록 주택마련을 지원해주는 제도이다.

특별공급은 당첨 횟수를 1세대당 평생 1회로 제한한다.

다만, 수도권에서 지방으로 이전하는 기업·공장 종사자 등에 대한 특별공급은 유주택자에게도 공급하며, 철거되는 주택의 소유자 및 세입자는 주택공급에 관한 규칙에 따라 별도 공급할 수 있다.

특별공급 청약신청자는 일반공급과 마찬가지로 청약할 주택에 해당하는 청약통장을 보유하고 있어야 한다. 다만, 장애인, 철거민, 국가유공자, 이전기관종사자, 외국인 등은 청약통장 없이 신청 가능하다.

가. 신혼부부 특별공급(민영주택)

1) 대상주택 및 대상자

입주자모집공고일 현재 청약통장에 가입하여 유지하고 있는 무주택 저소득 신혼부부에게 1회에 한하여 특별공급이 가능하다.

① 대상주택은 전용면적 85㎡ 이하의 분양주택

② 대상자는 입주자 모집공고일 현재 혼인기간이 7년 이내인 자

2) 청약자격

① 무주택세대구성원

무주택세대구성원은 동일한 주민등록표등본에 함께 등재된 세대[청약신청자의 배우자, 직계존속(배우자의 직계존속포함) 및 직계비속(직계비속의 배우자포함)] 전원이 주택 또는 분양권 등을 소유하고 있지 아니한 세대구성원을 말한다.

다만, 신혼부부는 혼인신고일부터 입주자모집공고일 현재까지 계속하여 무주택자 이어야 하며, 청약신청자의 배우자가 별도의 주민등록표등본에 등재되어 있는 경우에는(배우자 분리세대) 그 배우자와 배우자의 주민등록표등본에 등재된 직계존·비속을 포함한다.

② 소득기준 및 자산기준

㉮ 소득기준 : 세대의 월평균 소득이 전년도 도시근로자 월평균 소득의 140% 이하(부부 모두 소득이 있는 경우 160% 이하)

㉯ 자산기준 : 위 소득기준은 초과하나, 세대가 소유하고 있는 부동산(토지 및 건물)의 합계액이 3억 3,100만 원 이하인 경우 추첨제로 청약 가능하다.

3) 청약통장

주택별 청약가능한 청약통장에 가입한지 6개월이 경과하고 아래의 요건을 충족한 자

① 주택청약종합저축 : 주택종류에 따라 청약저축 및 청약예금과 동일

② 청약예금 : 지역별 청약예금 예치금액에 상당하는 금액 예치

③ 청약부금 : 매월 약정납입일에 납입한 금액이 지역별 85m² 이하 청약예금 예치금액 이상

4) 선정방법

① 소득구분

(1단계) 신생아 우선공급 (15%) : 입주자모집공고일 현재 2세 미만(2세가 되는 날을 포함)의 자녀가 있는 신청자로서, 세대의 월평균 소득이 전년도 도시근로자 월평균 소득의 100% 이하(부부 모두 소득이 있는 경우 120% 이하)인 분

* 경쟁이 있는 경우 아래 ③의 순서에 따라 입주자 선정

(2단계) 신생아 일반공급 (5%) : 입주자모집공고일 현재 2세 미만(2세가 되는 날을 포함)의 자녀가 있는 신청자로서, 세대의 월평균 소득이 전년도 도시근로자 월평균 소득의 100% 초과 140% 이하(부부 모두 소득이 있는 경우 120% 초과 160% 이하)인 분

* 1단계 낙첨자를 포함하며, 경쟁이 있는 경우 아래 ③의 순서에 따라 입주자 선정

(3단계) 우선공급 (35%) : 세대의 월평균 소득이 전년도 도시근로자 월평균 소득의 100% 이하(부부 모두 소득이 있는 경우 120% 이하)인 분

* 2단계 낙첨자 중 1단계 신청자를 포함하며, 경쟁이 있는 경우 아래 ② → ③의 순서에 따라 입주자 선정

(4단계) 일반공급 (15%) : 세대의 월평균 소득이 전년도 도시근로자 월평균 소득의 100% 초과 140% 이하(부부 모두 소득이 있는 경우 120% 초과 160% 이하)인 분

* 2단계 낙첨자 중 2단계 신청자 및 3단계 낙첨자를 포함하며, 경쟁이 있는 경우 아래 ② → ③의 순서에 따라 입주자 선정

(5단계) 추첨공급 : 세대의 월평균 소득이 전년도 도시근로자 월평균 소득의 140%(부부 모두 소득이 있는 경우 160%) 초과하나, 부동산가액이 3억 3,100만 원 이하인 분

* 4단계 낙첨자를 포함하며, 경쟁이 있는 경우 추첨으로 입주자 선정

② 순위

(1순위) 입주자모집공고일 현재 혼인관계에 있는 배우자와의 사이에서 출산한 미성년 자녀가 있는 경우

* 임신 및 입양자녀 포함, 전혼자녀 제외

*「민법」 제855조 제2항에 따라 혼인 중의 출생자로 인정되는 혼인외의 출생자가 있는 경우를 포함

(2순위) 자녀가 없거나 아래의 특례에 해당하는 분

* 특례 : 2018.12.10 이전에 기존 소유주택을 처분했고 처분일부터 입주자모집공고일까지 계속하여 무주택세대구성원 유지 및 무주택기간이 2년을 경과한 분

③ 신생아 우선공급, 신생아 일반공급 및 순위 내 경쟁이 있는 경우

㉮ 지역우선 공급기준 적용

㉯ 미성년 자녀 수가 많은 분

㉰ 미성년 자녀 수가 같은 경우 추첨

나. 청년 특별공급

1) 대상주택 및 대상자

공공주택 중 전용면적 60m² 이하의 분양주택 또는 분양전환임대주택(공공주택)

*(분양전환공공임대주택 중 임대의무기간이 6년인 주택 또는 이익공유형 분양주택 및 토지임대부 분양주택)으로 입주자모집공고일 현재 청년(만 19세 이상 만 39세 이하로 혼인 중이 아니며, 과거 주택을 소유한 사실이 없는 사람)인 자를 대상자로 한다.

2) 청약자격

① 무주택자

신청자(청년) 본인이 입주자모집공고일 현재 주택 또는 분양권 등을 소유하고 있지 않으며, 과거 주택 또는 분양권 등을 소유한 이력이 없어야 한다.

② 소득기준 충족

신청자(청년) 본인의 월평균소득이 전년도 도시근로자 가구원수별 가구당 월평균소득의 140% 이하인 분

③ 자산기준 충족

㉮ 신청자(청년) 본인의 총자산가액이 통계청에서 발표하는 가계금융복지조사에 따른 소득 3분위의 순자산 평균값의 80% 이하(10만 원 단위에서 반올림)인 자

㉯ 신청자(청년)의 부모의 총자산가액이 소득 3분위의 순자산 평균값의 300% 이하인 자

3) 청약통장

주택청약종합저축 또는 청약저축에 가입하여 6개월이 지난 경우로서 매월 약정납입일에 월납입금을 6회 이상 납입한 자

4) 우선공급 선정방법

입주자모집공고일 현재 근로자 또는 자영업자[과거 1년 내에 소득세(「소득세법」 제19조 또는 제20조에 해당하는 소득세를 말하며, 납부할 세액이 없는 경우를 포함)를 납부한 자를 포함]로서 5년 이상 소득세를 납부한 청년에게 배정물량의 30%(소수점 이하는 올림)를 우선 공급한다.

참고 **주택공급에 관한 주요 개정내용**

1. 청약할 때 분양권이나 입주권을 가지고 있으면 유주택자로 본다. 분양권을 가진 사람은 무주택으로 다시 분양을 받을 수 없게 되었다.
2. 신혼부부 특별공급 신청 자격도 공고일 기준 무주택자가 아니라 신혼 기간에 주택을 소유한 적이 있으면 부여받을 수 없다.
3. 주택이 있는 60세 이상 부모님은 부양가족 점수에서 제외된다.
4. 무주택세대 구성원인 세대주만 신청이 가능했던 민영주택 특별공급은 세대주가 아니어도 신청할 수 있게 되었다.
5. 주택을 소유하고 있는 사람이 그 주택을 처분할 것을 조건으로 민영주택을 공급받는 경우 기존 주택을 처분해야 하는 기간을 입주가능일부터 '6개월 이내'에서 '24개월 이내'로 연장함으로써 경제상황 등을 고려하여 기존주택의 처분기간이 충분히 확보될 수 있도록 하였다.〈2023.1.1. 시행〉
6. 주거취약계층의 주택 마련 기회를 확대하기 위하여 국민주택 특별공급의 유형에 19세 이상 39세 이하의 무주택 청년을 대상으로 하는 특별공급을 추진하였다.〈2023.1.1. 시행〉

2 주택전매제한 등

2-1 주택전매 제한기긴

청약아파트에 당첨될 경우 입주자로 선정되어 그 주택에 입주할 수 있는 지위가 주어진다. 이를 분양권이라고 하는데 이를 매도 매수하는 행위를 전매라고 하며 아파트에 입주할 권리인 분양권과 주택의 거래를 제한한다. 제한된 기간 동안 분양권이나 주택을 양도하지 못한다는 것이다. 그리고 수도권에서 주변시세보다 저렴하게 공급하는 분양가상한제 적용주택에 대한 투기수요를 차단하고 실수요 중심으로 주택을 공급하기 위하여 입주자에게 거주의무를 부과하고 있다.

가. 공통 사항

1) 전매행위 제한기간은 해당 주택의 입주자로 선정된 날부터 기산한다.

2) 주택에 대한 제2호부터 제6호까지의 규정에 따른 전매행위 제한기간이 둘 이상에 해당하는 경우에는 그 중 가장 긴 전매행위 제한기간을 적용한다. 다만, 법 제63조의2 제1항 제2호에 따른 지역에서 건설·공급되는 주택의 경우에는 가장 짧은 전매행위 제한기간을 적용한다.

3) 주택에 대한 제2호부터 제6호까지의 규정에 따른 전매행위 제한기간 이내에 해당 주택에 대한 소유권이전등기를 완료한 경우 소유권이전등기를 완료한 때에 전매행위 제한기간이 지난 것으로 본다. 이 경우 주택에 대한 소유권이전등기에는 대지를 제외한 건축물에 대해서만 소유권이전등기를 하는 경우를 포함한다.

나. 전매 제한 기간

수도권의 경우 공공택지(분양가 상한제 적용) 및 규제지역은 3년, 과밀억제권역은 1년, 그 외 지역은 6개월로 완화하고, 비수도권의 경우 공공택지(분양가 상한제 적용) 및 규제지역은 1년, 광역시 도시지역은 6개월로 완화하고, 그 외 지역은 전면 폐지했다.

〈표 2-7〉 전매 제한 기간

수도권	공공택지 또는 규제지역	과밀억제권역	기타
	3년*	1년	6개월
비수도권	공공택지 또는 규제지역	광역시(도시지역)	기타
	1년	6개월	없음

* 3년 : 소유권 이전 등기 시 3년으로 충족, 등기 기간이 3년을 초과할 경우 3년으로 한다.

2-2 분양가상한제 적용주택등의 입주자의 거주의무 등

가. 주택의 분양가격제한

사업주체가 일반인에게 공급하는 공동주택 중 다음의 어느 하나에 해당하는 지역에서 공급하는 주택의 경우에는 이 조에서 정하는 기준에 따라 산정되는 분양가격 이하로 공급(이에 따라 공급되는 주택을 "분양가상한제 적용주택")하여야 한다.

1) 공공택지

2) 공공택지 외의 택지에서 주택가격 상승 우려가 있어 국토교통부장관이 주거정책심의위원회 심의를 거쳐 지정하는 지역

예외사항 다음에 해당하는 주택의 입주자로 선정된 경우는 분양가 상한제 적용제외이다.

1. 도시형 생활주택
2. 경제자유구역에서 건설 · 공급하는 공동주택으로서 경제자유구역위원회에서 외자유치 촉진과 관련이 있다고 인정하여 이 조에 따른 분양가격 제한을 적용하지 아니하기로 심의 · 의결한 경우
3. 관광특구에서 건설 · 공급하는 공동주택으로서 해당 건축물의 층수가 50층 이상이거나 높이가 150미터 이상인 경우
4. 한국토지주택공사 또는 지방공사가 다음 각 목의 정비사업의 시행자(「도시 및주거환경정비법」 제2조 제8호 및 「빈집 및 소규모주택 정비에 관한 특례법」 제2조 제5호에 따른 사업시행자를 말한다)로 참여하는 등 대통령령으로 정하는 공공성 요건을 충족하는 경우로서 해당 사업에서 건설 · 공급하는 주택
   가. 「도시 및 주거환경정비법」 제2조 제2호에 따른 정비사업으로서 면적, 세대수 등이 대통령령으로 정하는 요건에 해당되는 사업
   나. 「빈집 및 소규모주택 정비에 관한 특례법」 제2조 제3호에 따른 소규모주택정비사업

나. 입주자의 거주의무기간

1) 분양가상한제 적용주택 등의 입주자의 거주의무 등

① 다음에 해당하는 주택의 입주자(상속받은 자는 제외한다. "거주의무자"라 한다)는 해당 주택의 최초 입주가능일부터 5년 이내의 범위에서 해당 주택의 분양가격과 국토교통부장관이 고시한 방법으로 결정된 인근지역 주택매매가격의 비율에 따라 정하는 기간 동안 계속하여 해당 주택에 거주하여야 한다.

구분	분양가	거주의무기간
공공택지	분양가격 인근 시세 80% 미만	5년
	분양가격 인근 시세 80% ~ 100% 미만	3년
	분양가격 인근 시세 100% 미만	없음
민간택지	분양가격 인근 시세 80% 미만	3년
	분양가격 인근 시세 80% ~ 100% 미만	2년
	분양가격 인근 시세 100% 미만	없음

다만, 해외 체류 등 대통령령으로 정하는 부득이한 사유가 있는 경우 그 기간은 해당 주택에 거주한 것으로 본다.

㉮ 사업주체가 수도권에서 건설 · 공급하는 분양가상한제 적용주택

㉯ 행정중심복합도시 중 투기과열지구에서 건설 · 공급하는 주택으로서 국토교통부령으로 정하는 기준에 따라 행정중심복합도시로 이전하거나 신설되는 기관 등에 종사하는 사람에게 입주자 모집조건을 달리 정하여 별도로 공급되는 주택

㉰ 공공재개발사업(제57조 제1항 제2호의 지역에 한정한다)에서 건설 · 공급하는 주택

② 거주의무자가 거주의무기간 이내에 거주를 이전하려는 경우 거주의무자는 대통령령으로 정하는 바에 따라 한국토지주택공사(사업주체가 「공공주택 특별법」 공공주택사업자인 경우에는 공공주택사업자를 말한다.)에 해당 주택의 매입을 신청하여야 한다.

③ 한국토지주택공사는 매입신청을 받거나 거주의무자가 제1항을 위반하였다는 사실을 알게 된 경우 위반사실에 대한 의견청취를 하는 등 대통령령으로 정하는 절차를 거쳐 대통령령으로 정하는 특별한 사유가 없으면 해당 주택을 매입하여야 한다.

④ 한국토지주택공사가 제3항에 따라 주택을 매입하는 경우 거주의무자에게 그가 납부한 입주금과 그 입주금에 「은행법」에 따른 은행의 1년 만기 정기예금의 평균이자율을 적용한 이자를 합산한 금액(이하 “매입비용”이라 한다)을 지급한 때에는 그 지급한 날에 한국토지주택공사가 해당 주택을 취득한 것으로 본다.

⑤ 거주의무자는 거주의무기간 동안 계속하여 거주하여야 함을 소유권에 관한 등기에 부기등기하여야 한다.

2) 분양가 상한제 아파트의 실거주 의무가 최초 입주 가능일에서 3년간 유예

분양가상한제 아파트에 실거주 의무를 적용하는 시점을 ‘최초 입주 가능일’에서 ‘최초 입주 가능일로부터 3년 이내’이다.

> **참고** **실거주 의무가 최초 입주 가능일에서 3년간 유예**
>
> 실거주 의무는 문재인 정부 때 '갭투자'(전세 끼고 매수) 등 투기 수요를 막겠다는 취지로 도입됐다. 2021년 2월 이후 수도권의 분양가상한제 단지에서 일반분양에 당첨된 경우 최초 입주일부터 2~5년간 실거주하도록 한 제도다. 윤석열 정부는 2023년 '1·3 부동산대책'을 통해 실거주 의무를 폐지하기로 하고 주택법 개정을 추진해왔다. 정부의 폐지 방침을 믿고 전세 보증금으로 잔금을 치르려고 계획한 분양계약자는 입주일이 다가올수록 '대혼란'에 빠졌다. 실거주 의무를 어기면 1년 이하 징역 또는 1,000만 원 이하 벌금형에 처하고, 당첨된 아파트는 LH(한국토지주택공사)에 분양가 수준으로 넘겨야 한다.
>
> 분양가상한제 지역 아파트를 분양받은 계약자는 최대 3년의 시간을 벌게 됐다. 입주 시점에 전세 세입자를 받아 보증금으로 잔금을 치른 뒤 통상 2년의 전세 기간이 끝나면 실입주해 거주 의무를 해결할 수 있게 된 것이다. 집주인이 '세입자 3년 전세' 특약을 체결하면 3년 뒤 들어가서 실거주 의무를 채울 수 있다.

3 토지거래제한

3-1 토지거래허가

가. 허가구역의 의의

부동산 거래신고 등에 관한 법률(부동산거래신고법) 제4장 제10조(토지거래허가구역의 지정)에 따르면 지정권자는 구역을 발표할 때 그 기간을 5년 내 기간에서 정해 지정할 수 있다.

2020년 6월 이후 5년째 토지거래허가구역으로 지정돼 있던 '잠실동·삼성동·대치동·청담동'의 경우 서울시가 2025년 2월 12일 해당지역 안전진단을 통과한 재건축 아파트 14곳만 남기고 토지거래허가구역 지정을 해제하였다. 그러나 해제 이후 아파트가격 급등으로 3월 19일 강남구, 서초구, 송파구, 용산구 아파트 2,200개 단지, 40만 가구를 토지거래허가구역으로 확대 지정하였다. 지정 기간은 3월 24일부터 9월 30일까지 6개월이며, 2025년 3월 24일부터 체결된 아파트 신규 매매계약분부터 적용된다. 토지거래허가제는 재지정 횟수에 대한 제한이 없기 때문에 시가 재지정을 결정하면 언제든지 무제한으로 기간이 연장된다. 토지의 투기적인 거래가 성행하거나 지가가 급격히 상승하는 것을 예방하기 위한 제도이다.

나. 허가대상

1) 허가구역 안에 있는 토지 대상

허가구역 안에 있는 토지에 관한 소유권·지상권(소유권·지상권의 취득을 목적으로 하는 권리를 포함한다)을 이전 또는 설정(대가를 받고 이전 또는 설정하는 경우에 한한다)하는 계약(예약을 포함한다)을 체결하고자 하거나 허가받은 사항을 변경하고자 하는 것을 대상으로 한다.

2) 국토교통부장관 또는 시·도지사는 허가대상자, 허가대상 용도와 지목을 다음 각 호의 구분에 따라 각각 특정하여 허가구역을 지정할 수 있다.

① 허가대상자 : 지가변동률 및 거래량 등을 고려할 때 투기 우려가 있다고 인정되는 자

② 허가대상 용도 : 다음 각 목의 어느 하나에 해당하는 토지 중 투기 우려가 있다고 인정되는 토지의 용도

㉮ 나대지

㉯ 「건축법」의 용도분류 가운데 어느 하나에 해당하는 건축물의 용도로 사용되는 부지

③ 허가대상 지목 : 투기우려가 있다고 인정되는 「공간정보의 구축 및 관리 등에 관한 법률」에 따른 지목

다. 허가권자

당사자는 공동으로 허가대상토지의 소재지를 관할하는 시장 · 군수 또는 구청장의 허가를 받아야 한다.

라. 허가대상 기준면적

토지거래계약의 허가를 요하는 토지의 면적은 다음과 같다. 다만 국토교통부장관 또는 시 · 도지사가 허가구역을 지정할 당시 당해 지역에서의 거래실태 등에 비추어 다음의 면적으로 하는 것이 타당하지 아니하다고 인정하여 당해 기준면적의 10% 이상 300%

이하의 범위에서 따로 정하여 공고한 경우에는 그에 의한다. 다음의 기준면적 이하의 토지에 대한 토지거래계약에 관하여는 허가를 요하지 않는다.

〈표 2-8〉 지역별 허가기준면적

구 분		허가기준면적
도시지역	주거지역	60㎡ 초과(서울시 6㎡ 초과)
	상업지역	150㎡ 초과(서울시 15㎡ 초과)
	공업지역	150㎡ 초과(서울시 15㎡ 초과)
	녹지지역	200㎡ 초과(서울시 20㎡ 초과)
	용도지역의 지정이 없는 구역	60㎡ 초과(서울시 6㎡ 초과)
도시지역 외의 지역	농지	500㎡ 초과
	임야	1,000㎡ 초과
	기타	250㎡ 초과

3-2 토지거래허가절차

가. 허가신청

허가를 받고자 하는 자는 허가신청서에 계약내용과 토지의 이용계획 등을 기재하여 시장 · 군수 또는 구청장에게 제출하여야 한다.

나. 허가처분

시장 · 군수 또는 구청장은 허가신청서를 받은 때는 민원사무처리에 관한 법률의 규정에 의한 처리기간(15일) 내에 허가 또는 불허가의 처분을 하고, 신청인에게 허가증을 교부하거나 불허가처분사유를 서면으로 통지하여야 한다. 다만, 선매협의절차가 진행 중인 때는 위의 기간 내에 그 사실을 신청인에게 통지하여야 한다. 기간 내에 허가증의 교부 또는 불허가처분사유의 통지가 없거나 선매협의사실의 통지가 없는 때는 당해 기간이 만료한 날의 다음 날에 허가가 있는 것으로 본다. 이 경우 시장 · 군수 또는 구청장은 지체 없이 신청인에게 허가증을 교부하여야 한다.

다. 허가위반의 효력

허가를 받지 아니하고 체결한 토지거래계약은 효력을 발생하지 아니한다. 특히 토지거래계약 허가대상인 토지의 소유권을 이전하고자 할 경우 반드시 토지거래계약 허가서를 첨부하여야 하며, 첨부치 아니할 경우 등기신청을 하더라도 각하된다. 허가 또는 변경허가를 받지 아니하고 토지거래계약을 체결하거나 사위, 그 밖에 부정한 방법으로 토지거래계약 허가를 받은 자는 2년 이하의 징역 또는 2천만 원(계약체결 당시의 개별공시지가에 의한 당해 토지가격의 100분의 30에 상당하는 금액) 이하의 벌금에 처한다.

참고 **토지거래허가구역**

토지거래허가구역이 되면 부동산 거래가 제한됩니다. 해당 구역 내의 주택을 사들일 때는 관할 구청장의 허가를 얻어야 하고, 서울지역은 주거용 부동산(대지 면적 6㎡ 초과)은 2년 이상 실거주 의무가 있다. 또 기존에 보유한 주택이 있다면 1년 이내에 처분해야 한다. 사실상 '갭투자'를 제한한다.

제2절 | 정비사업 규정의 이해

1 재건축 · 재개발사업의 개요

1-1 공공재건축 · 공공재개발

최근 서울 중랑구 중화동 122번지 일대에 대한 권리산정 기준일을 2022년 3월 31일로 고시했다. 이번 권리산정 기준일 고시는 공공재개발 후보지인 중화122구역에 추가 편입될 예정인 3만 6567㎡를 대상으로 한다. 공공재개발 사업 대상 면적을 기존보다 확대하기 위한 사전 조치에 해당한다. 이번 조치로 토지 분할, 단독 · 다가구주택의 다세대주택 전환, 토지와 건축물의 분리 취득, 건축물 신축 등 행위는 기준일인 3월 31일 다음 날까지 마쳐야 분양받을 권리를 얻을 수 있다. 그 이후에 건축물 신축이나 지분 쪼개기 등을 하더라도 분양권은 주어지지 않는다. 국토부와 서울시는 빠르면 이달 중 공공재개발 후보지 18곳(약 1만 8000가구) 내외를 추가 선정한다. 25개 자치구별로 추천받은 사업지를 대상으로 정비 시급성과 사업 추진 가능성 등을 검토해 후보지 선정 여부를 결정한다.

〈표 2-9〉 공공재개발과 공공재건축 개요

공공재개발	항목	공공재건축
공공 단독시행, 공공 · 조합 공동시행	사업유형	공공관리, 지분참여 방식
조합원 물량 제외 50%	기부채납	증가용적률 50~70%
정비구역, 정비해제구역, 정비예정구역	대상	사업시행인가 이전 단계
용적률 최대 360%, 기부채납 비율 완화	혜택	용적률 최대 500%, 층수 최대 50층
용도지역 상향		준주거 지역 주거 비율 완화
분양가 상한제 제외		공원 설치 의무 완화
확정 수익 보장		T/F를 통한 빠른 사업추진 지원
사업비 및 이주비 융자 지원		기본형 건축비로 임대주택 매입
공공이 분담금 대납(지분형 주택 제도)		특별건축구역 지정
통합심의위원회 운영		

*용적률은 3종 일반주거 기준. 자료: 국토교통부

◈ 그간 민간이 주도하던 재개발·재건축 정비사업을 공공주도로 바꾼 것
◈ 한국토지주택공사(LH), 서울주택도시공사(SH) 등의 공공기관이 공동시행사로 참여
◈ 정비사업의 용적률을 상향하고 임대 비율을 높여 주택공급의 활기를 주겠다는 것
◈ 공공으로 재건축, 재개발 참여 시 도시 규제를 완화

1-2 재건축 및 재개발사업절차

가. 재건축 · 재개발 추진절차

향후 재건축, 재개발, 뉴타운사업에 투자할 때 고려해야 할 우선순위는 사업의 원활한 추진속도이고, 추진절차 가운데 재건축사업인 경우 초과이익 환수 예상금액이다.

절차 가운데에는 가장 먼저 하는 기본계획수립부터 시작해서 청산 및 조합 그리고 해산까지 여러 단계가 있다. 이 단계를 세분화하면 기본계획수립, 재건축진단, 정비구역의 지정, 추진위원회의 구성 및 수립, 조합설립인가, 시공사선정, 사업시행 인가, 조합원 분양 그리고 관리처분계획 인가 신청 및 고시로 나눌 수 있다. 이 과정이 진행되고 나서 이주 철거가 이루어진다.

〈그림 2-1〉 재건축 · 재개발 절차도

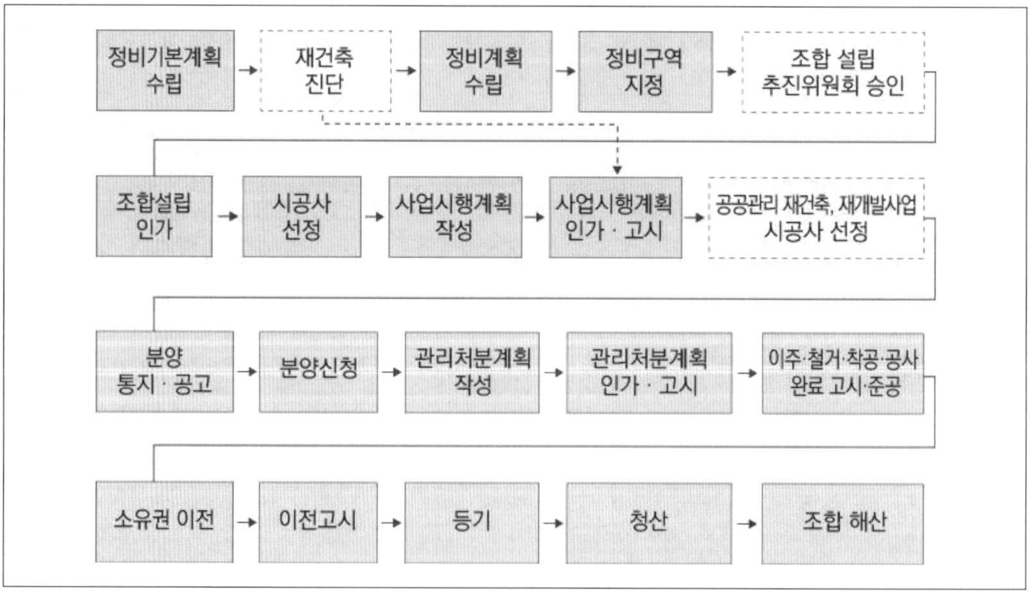

나. 재건축 패스트트랙 도입

1) 재건축 진단

2024년 6월부터 아파트를 지은 지 30년이 넘었다면 안전진단을 통과하지 않더라도 재건축에 착수할 수 있게 된다. 1994년 도입된 안전진단이 30년 만에 '재건축진단'으로 이름을 바꿔 전면 개편되는 것이다. 이를 통해 재건축 사업 기간이 지금보다 3년가량 줄어들 것으로 전망된다.

국토부교통부는 '재건축 패스트트랙' 도입을 위한 도시 및 주거환경정비법 개정으로 안전진단의 명칭을 '재건축진단'으로 변경하고, 재건축진단의 실시기한을 사업시행계획 인가 전까지로 변경하였다.

그동안은 아파트를 재건축하려면 먼저 안전진단에서 D등급 이하를 받아 위험성을 인정받아야 했다. 이 문턱을 넘지 못하면 재건축사업을 준비할 조직 자체를 만들 수 없었다.

도시 및 주거환경정비법 개정으로 안전진단을 통과하지 않은 상태에서도 '정비계획 수립 및 정비구역 지정→재건축 추진위 설립→조합설립 인가' 절차를 진행할 수 있도록 했다.

2) 재건축 추진위원회

① 조합설립추진위원회의 구성

조합을 설립하려는 경우에는 추진위원회 위원장을 포함한 5명 이상의 추진위원회 위원 및 운영규정에 대하여 토지등소유자 과반수의 동의를 받아 조합설립을 위한 추진위원회를 구성하여 시장 · 군수등의 승인을 받아야 한다.

② 추진위원회는 다음에 해당하는 지역을 대상으로 구성한다.

1. 정비구역으로 지정 · 고시된 지역
2. 정비구역으로 지정 · 고시되지 아니한 지역으로서 다음의 어느 하나에 해당하는 지역
   가. 기본계획을 수립하지 아니한 지역
   나. 기본계획에 정비예정구역이 설정된 지역
   다. 입안 요청 및 입안 제안에 따라 정비계획의 입안을 결정한 지역
   라. 정비계획의 입안을 위하여 주민에게 공람한 지역

기존에는 재건축 추진위를 정비구역 지정 이후 꾸릴 수 있지만, 앞으로는 지정 이전에도 가능하다. 사업 초기 단계에서 법적 지위를 가진 주체를 통해 안정적으로 사업을 진행하지 못하면 사업이 지연되는 요인이 될 수 있어 시기를 앞당겼다.

다. 재건축 · 재개발 조합설립절차 등

1) 조합의 설립인가 동의 요건

① 재개발사업을 위한 조합설립

재개발사업의 추진위원회가 조합을 설립하고자 하는 때는 토지등소유자의 4분의 3 이상 및 토지면적 2분의 1 이상의 토지소유자에게 동의를 얻어 정관 및 국토교통부령이 정하는 서류를 첨부하여 시장 · 군수의 인가를 받아야 한다. 인가받은 사항을 변경하고자 하는 때에도 또한 같다. 다만, 대통령령이 정하는 경미한 사항을 변경하고자 하는 때는 조합원의 동의 없이 시장 · 군수에게 신고하고 변경할 수 있다.

② 재건축사업을 위한 조합설립

재건축사업의 추진위원회가 조합을 설립하고자 하는 때는 집합건물의 소유 및 관리에 관한 법률 규정에 불구하고 주택단지 안의 공동주택 각 동(복리시설의 경우에는 주택단지 안의 복리시설 전체를 하나의 동으로 본다)별 구분소유자의 과반수(복리시설의 경우 1/3 이상) 동의(공동주택의 각 동별 구분소유자가 5 이하인 경우는 제외)와 주택단지 안의 전체 구분소유자의 70% 이상 및 토지면적 70% 이상의 토지소유자에게 동의를 얻어 정관 및 국토교통부령이 정하는 서류를 첨부하여 시장 · 군수의 인가를 받아야 한다. 인가 받은 사항을 변경하고자 하는 때에도 또한 같다. 경미한 사항을 변경하고자 하는 때는 조합원의 동의 없이 시장 · 군수에게 신고하고 변경할 수 있다.

③ 단지 밖 소유자 등의 동의

주택단지가 아닌 지역이 정비구역에 포함된 때는 주택단지가 아닌 지역 안의 토지 또는 건축물 소유자의 4분의 3 이상 및 토지면적 3분의 2 이상의 토지소유자에게 동의를 얻어야 한다.

2) 토지등소유자의 동의자 수 산정방법

① 재건축사업의 경우

- 소유권 또는 구분소유권을 여럿이서 공유하는 경우에는 그 여럿을 대표하는 1인을 토지등소유자로 산정
- 1인이 둘 이상의 소유권 또는 구분소유권을 소유하고 있는 경우에는 소유권 또는 구분소유권의 수에 관계없이 토지등소유자를 1인으로 산정
- 둘 이상의 소유권 또는 구분소유권을 소유한 공유자가 동일한 경우에는 그 공유자 여럿을 대표하는 1인을 토지등소유자로 할 것

② 재개발사업의 경우

- 1필지의 토지 또는 하나의 건축물을 여럿이서 공유할 때에는 그 여럿을 대표하는 1인을 토지등소유자로 산정
- 토지에 지상권이 설정되어 있는 경우 토지의 소유자와 해당 토지의 지상권자를 대표하는 1인을 토지등소유자로 산정
- 1인이 다수 필지의 토지 또는 다수의 건축물을 소유하고 있는 경우에는 필지나 건축물의 수에 관계없이 토지등소유자를 1인으로 산정
- 둘 이상의 토지 또는 건축물을 소유한 공유자가 동일한 경우에는 그 공유자 여럿을 대표하는 1인을 토지등소유자로 산정

〈표 2-10〉 재건축사업과 재개발사업 비교

구분	재건축	재개발
사업대상지역	정비기반시설이 양호한 지역이지만 노후·불량한 건축물에 해당하는 공동주택이 밀집된 지역	정비기반시설이 열악한 지역으로 노후·불량한 건축물이 밀집된 지역, 상업지역·공업지역 등에서 도시기능의 회복, 상권 활성화 지역
추진절차	재건축진단	진단과 무관
초과이익 환수제도	초과이익 발생 시 환수제도 적용	초과이익이 발생해도 환수하지 않음
소형평형건설기준 (국토교통부고시기준) 및 임대주택기준	주거전용면적 85㎡ 이하 세대수의 60% 이상	주거전용면적 85㎡ 이하 세대수의 80% 이상
	임대주택 선택 규정	임대주택 강행 규정
조합원의 자격	정비구역 안에 소재한 건축물 및 그 부속토지의 소유자로 재건축사업에 동의한 자	정비구역 안에 소재한 - 토지 또는 건축물의 소유자 - 지상권자

구분	재건축	재개발
조합원지위 양도제한 (투기과열지구 내에서)	조합설립인가 후 소유권이전등기 시까지	관리처분계획인가 후 소유권이전등기 시까지
조합설립추진위원회 설립 승인 시 동의 요건	토지등소유자 과반수 동의	토지등소유자 과반수 동의
조합설립인가신청 시 동의 요건	각 동별 구분소유자의 과반수(복리시설의 경우 1/3 이상) 동의와 주택단지 안의 전체 구분소유자의 70% 이상 및 토지면적의 70% 이상 토지소유자의 동의	토지등소유자의 3/4 이상 및 토지면적의 1/2 이상 토지소유자의 동의

2 재건축 · 재개발사업의 규제

2-1 재건축 · 재개발 조합원규제

가. 조합원의 자격 등

정비사업의 조합원은 '토지등소유자(재건축사업의 경우에는 재건축사업에 동의한 자에 한한다)'로 하되, 다음의 어느 하나에 해당하는 때는 그 여러 명을 대표하는 1인을 조합원으로 본다.

① 토지 또는 건축물의 소유권과 지상권이 여러 명의 공유에 속하는 때

② 여러 명의 토지등소유자가 1세대에 속하는 때[이 경우 동일한 세대별 주민등록표상에 등재되어 있지 아니한 배우자 및 미혼인 19세 미만의 직계비속은 1세대로 보며, 1세대로 구성된 여러 명의 토지등소유자가 조합설립인가 후 세대를 분리하여 동일한 세대에 속하지 아니하는 때에도 이혼 및 19세 이상 자녀의 분가(세대별 주민등록을 달리 하고, 실거주를 분가한 경우로 한정)를 제외하고는 1세대로 본다]

③ 조합설립인가 후 1인의 토지등소유자로부터 토지 또는 건축물의 소유권이나 지상권을 양수하여 여러 명이 소유하게 된 때

나. 재건축·재개발 조합원에게 2주택 공급 규정(1+1 분양제도)

도시 및 주거환경정비법에서 1+1분양제도는 정비사업 조합원들에게 큰 인기를 얻었다. 중형과 소형아파트 2채를 분양받은 후 소형은 임대해 임대수익을 얻을 수 있다는 이유에서다. 현행 도시 및 주거환경정비법 제76조 제1항 제7호 다목에서는 재건축·재개발 조합원에게 2주택 공급이 가능하도록 하고 있다. 해당 규정에서는 "제74조 제1항 제5호에 따른 가격(분양대상자별 종전의 토지 또는 건축물 명세 및 사업시행계획인가 고시가 있은 날을 기준으로 한 가격)의 범위 또는 종전주택의 주거전용면적의 범위에서 2주택을 공급할 수 있고, 이 중 1주택은 주거전용면적을 60㎡ 이하로 한다. 다만, 60㎡ 이하로 공급받은 1주택은 제86조 제2항에 따른 이전고시일 다음 날부터 3년이 지나기 전에는 주택을 전매(매매 · 증여나 그 밖에 권리의 변동을 수반하는 모든 행위를 포함하되 상속의 경우는 제외한다)하거나 전매를 알선할 수 없다"고 명시돼 있다. 이를 위반한 경우 3년 이하의 징역 또는 3천만 원 이하의 벌금에 처하고 있다.

참고 **1+1 분양과 세대구분형 주택 분양 비교**

구분	1+1 분양	세대구분형 주택 분양
근거법	도정법	주택법
내용	· 대형 면적 보유 조합원이 대형 1채 대신 중소형 2채 수분양	· 대형 면적 보유 조합원이 대형 1채를 세대구분형으로 수분양 · 1개 주택 내 현관, 공간 분리해 사실상 2채 효과
정비 후 법률상 가구 수	2주택	1주택
장점	· 실거주 주택면적 감소하지만 임대소득 가능 · 2채에 대해 시세차익 기대 가능	· 실거주 주택면적 감소하지만 임대소득 가능 · 다주택자 양도세 · 종부세 규제 미적용

다. 투기과열지구내 조합원 지위 양도제한

1) 원칙

투기과열지구로 지정된 지역에서 재건축사업을 시행하는 경우에는 조합설립인가 후,

그리고 재개발사업을 시행하는 경우에는 관리처분계획의 인가 후 해당 정비사업의 건축물 또는 토지를 양수(매매 · 증여, 그 밖의 권리의 변동을 수반하는 일체의 행위를 포함하되, 상속 · 이혼으로 인한 양도 · 양수의 경우는 제외한다)한 자는 조합원이 될 수 없다.

2) 예외

양도인이 다음 어느 하나에 해당하는 경우 그 양도인으로부터 건축물 또는 토지를 양수한 자는 그러하지 아니하다.

① 세대원(세대주가 포함된 세대의 구성원을 말한다. 이하 이 조에서 같다)의 근무상 또는 생업상의 사정이나 질병치료(의료기관의 장이 1년 이상의 치료나 요양이 필요 하다고 인정하는 경우로 한정한다) · 취학 · 결혼으로 세대원이 모두 해당 사업구역에 위치하지 아니한 특별시 · 광역시 · 특별자치시 · 특별자치도 · 시 또는 군으로 이전하는 경우

② 상속으로 취득한 주택으로 세대원 모두 이전하는 경우

③ 세대원 모두 해외로 이주하거나 세대원 모두 2년 이상 해외에 체류하려는 경우

④ 1세대 1주택자로서 양도하는 주택의 소유기간 10년 이상 보유 및 거주기간 5년 이상인 경우

⑤ 조합설립인가일부터 3년 이내에 사업시행인가 신청이 없는 재건축사업의 건축물을 3년 이상 계속하여 소유하고 있는 자(소유기간을 산정할 때 소유자가 피상속인으로부터 상속받아 소유권을 취득한 경우에는 피상속인의 소유기간을 합산한다)가 사업시행인가 신청 전에 양도하는 경우

⑥ 사업시행인가일부터 3년 이내에 착공하지 못한 재건축사업의 토지 또는 건축물을 3년 이상 계속하여 소유하고 있는 자

⑦ 착공일부터 3년 이내에 준공되지 아니한 재개발사업 · 재건축사업의 토지를 3년 이상 계속하여 소유하고 있는 자

⑧ 도시 및 주거환경정비법 중 개정법률 부칙에 의한(2003년 12월 31일 이전 조합설립 단지로 2003년 이전) 토지등소유자로부터 상속 · 이혼으로 인하여 토지 또는 건축물을 소유한 자

⑨ 2003년 12월 31일 이전 조합설립인가를 받은 단지에서 2003년 12월 31일 이전에 건축물 또는 토지를 양수한 자

⑩ 국가 · 지방자치단체 및 금융기관에 대한 채무를 이행하지 못하여 재건축사업의 토지 또는 건축물이 경매 또는 공매되는 경우

라. 투기과열지구내의 정비사업 일반분양 또는 조합원분양 신청제한

① 투기과열지구의 정비사업에서 분양대상자 및 그 세대에 속한자는 분양대상자 선정일(조합원분양분의 분양대상자는 최초 관리처분계획인가일)부터 5년 이내에는 투기과열지구에서 정비사업 일반분양 또는 그 조합원 분양신청을 할 수 없다.

② 2017년 10월 24일 이후에 정비사업에서 사업시행인가를 시행한 단지부터는 5년 재당첨제한에 해당되고 재당첨제한이 걸리는 기간이 관리처분계획인가일이 아닌 분양신청의 마지막날을 기준으로 5년 이상 차이가 나야 한다.

③ 투기과열지구지정(2017.8.2. 대책 이후)부터 적용된다. 즉 투기과열지구지정 전 정비사업에서 일반분양을 받은 경우는 일반분양은 재당첨제한에 해당되지만 투기과열지구 내 정비사업에서 조합원분양은 가능하다.

마. 정비사업에서 분양받을 권리기준 권리산정일

서울시는 후보지 또는 후보지에서 탈락한 지역을 대상으로 투기세력이 유입되는 것을 막기 위해 투기방지대책을 적용한다. 권리산정기준일 고시, 토지거래허가구역 지정, 건축허가 제한 등 총 3가지이다. 권리산정기준일은 도시및주거환경 정비법에 따라 재개발 등 정비사업에서 분양받을 권리, 즉 입주권을 받을 수 있는 기준이 된다. 권리산정기준일 다음날을 기준으로 건축물을 분양받을 권리를 산정한다. 권리산정기준일 다음날까지 소유권 확보가 되지 않은 주택은 입주권이 없으며 현금청산 대상이 된다.

참고 **권리산정 기준일**

서울시 재개발 후보지 투기방지대책 적용 예시

구분		권리산정기준일	토지거래허가구역 지정	건축허가 제한
‘20. 9. 21. 공공재개발 공모	선정구역	‘20. 9. 21.	1차(기존) : ‘21. 1. 21. 2차(신규) : ‘21. 3. 30.	2차(신규) : ‘21. 6. 17.
‘21. 9. 23. 민간재개발 공모	선정구역	‘21. 9. 23.	‘21. 12. 28.	‘21. 1. 14.
	미선정구역	‘21. 1. 28.	‘22. 1. 24.	‘22. 1. 26.
‘21. 12. 30. 공공재개발 공모	선정구역	‘21. 12. 30.	‘22. 8. 26.	‘22. 9. 15.
	미선정구역	‘22. 1. 28.		
향후 공모 (민간/공공재개발)	선정구역	‘22. 1. 28.	선정일 기준	선정일 기준
	미선정구역			

※ 권리산정기준일은 별도로 고시된 구역도 있으니 자세한 사항은 자치구별 재개발 부서 확인 필요

2-2 재건축 초과이익 부담금

가. 재건축 초과이익 부담금 면제 기준과 부과 구간 단위를 완화

재건축 초과이익 부담금 면제 기준과 부과 구간 단위를 완화하였다. 재건축 후 집값이 일정 수준 이상 오르면 조합원들은 초과이익 일부를 부담금으로 내야 한다. 이때 부과되는 부담금의 면제 기준이 3,000만 원에서 8,000만 원으로 높아진다. 부과율을 결정하는 구간 단위도 2,000만 원에서 5,000만 원으로 확대된다.

나. 재건축 부담금 부과 개시 시점

재건축 부담금 부과 개시 시점은 추진위원회 승인일에서 조합설립인가일로 미뤘다. 1주택자는 보유 기간(20년 이상 70%, 15년 이상 60%, 10년 이상 50%)에 따라 부담금을 감면받는다. 재건축 후반 단계를 틀어막는 이 제도가 상당 부분 완화되면서 관련 단지가 혜택을 볼 것으로 전망된다.

참고 재건축 초과이익 부담금

▪ 부담금 부과

재건축 초과 이익	8천만 원 초과	1억 3천만 원 초과	1억 8천만 원 초과	2억 3천만 원 초과	2억 8천만 원 초과
부담금 면제	10%	20%	30%	40%	50% 부담금부과

▪ 부담금 부과 개시시점

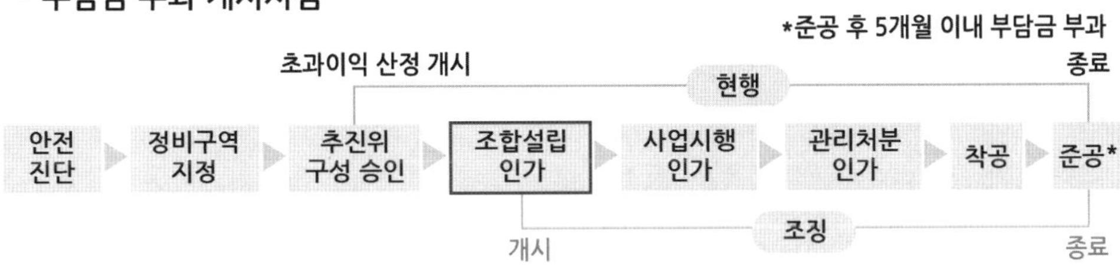

▪ 부담금 감면

보유기간	6년 이상	7년	8년	9년	10년	20년 이상
	10%	20%	30%	40%	50% 부담금감면	70%

제3절 | 임대차 규정의 이해

1 주택임대차

1-1 주택임대차보호법

가. 적용범위

주택임대차보호법은 주거용 건물의 임대차에 관하여 민법에 대한 특례를 규정함으로써 국민의 주거생활 안정을 보장함을 목적으로 주거용 건물(이하 '주택'이라 한다)의 전부 또는 일부의 임대차에 관하여 적용한다. 임차주택의 일부가 주거 외의 목적으로 사용되고 있는 경우에도 이 법을 적용한다. 점포로 사용되는 경우에도 임차건물의 전부에 임대차보호법이 적용된다. 다만, 이 경우에는 주거생활이 주된 용도가 되어야 할 것이고, 다른 용도가 주이고 주거용도가 종인 경우까지 보호되는 것은 아니다.

비주거용 건물(사무실, 상가, 여관, 공장 등)의 일부를 주거용으로 사용할 때는 이 법의 보호를 받지 못한다. 주거용 건물과 비주거용 건물의 구분은 임차건물 계약 시 사실상의 용도를 기준으로 판단하여야 하고, 공부(등기사항증명서, 건축물관리대장)상의 기준으로 판단하는 것은 아니다. 따라서 등기사항증명서 또는 건축물대장에 용도가 공장, 창고 등으로 되어 있더라도 현실적으로 주거용으로 임차하여 사용하고 있는 경우에는 주택임대차보호법의 적용대상이 된다.

나. 대항요건

1) 임대차의 효력발생일

임대차는 그 등기가 없는 경우에도 임차인이 주택의 인도와 주민등록을 마친 때는 그 익일부터 제3자에 대하여 효력이 생긴다. 이 경우 전입신고를 한 때에 주민등록이 된 것으로 본다.

2) 임차인의 계약해지

임차의 목적물이 지상권, 지역권, 전세권, 질권 또는 유치권의 목적이 된 경우에 임차인이 이를 알지 못한 때는 이로 인하여 계약의 목적을 달성할 수 없는 경우에 한하여 임차인은 계약을 해제할 수 있다. 기타의 경우에는 손해배상만을 청구할 수 있다. 이러한 권리는 임차인이 그 사실을 안 날로부터 1년 내에 행사하여야 한다.

다. 임대차기간 등

1) 기간을 정하지 아니하거나 2년 미만으로 정한 임대차는 그 기간을 2년으로 본다. 다만, 임차인은 2년 미만으로 정한 기간이 유효함을 주장할 수 있다.

2) 임대차기간이 끝난 경우에도 임차인이 보증금을 반환받을 때까지는 임대차관계가 존속되는 것으로 본다.

라. 계약의 갱신

1) 임대인이 임대차기간이 끝나기 6개월 전부터 2개월 전까지의 기간에 임차인에게 갱신거절(更新拒絶)의 통지를 하지 아니하거나 계약조건을 변경하지 아니하면 갱신하지 아니한다는 뜻의 통지를 하지 아니한 경우에는 그 기간이 끝난 때에 전 임대차와 동일한 조건으로 다시 임대차한 것으로 본다. 임차인이 임대차기간이 끝나기 2개월 전까지 통지하지 아니한 경우에도 또한 같다.

2) 임대차의 존속기간은 2년으로 본다.

3) 2기(期)의 차임액(借賃額)에 달하도록 연체하거나 그 밖에 임차인으로서의 의무를 현저히 위반한 임차인에 대하여 계약갱신을 적용하지 아니한다.

마. 묵시적 갱신의 경우 계약의 해지

1) 계약이 갱신된 경우는 임차인은 언제든지 임대인에게 계약해지(契約解止)를 통지할 수 있다.

2) 해지는 임대인이 그 통지를 받은 날부터 3개월이 지나면 그 효력이 발생한다.

바. 계약갱신 요구 등

1) 임대인은 임차인이 임대차기간이 끝나기 6개월 전부터 2개월 전까지의 기간 이내에 계약갱신을 요구할 경우 정당한 사유 없이 거절하지 못한다.

예외로 다음 각 호의 어느 하나에 해당하는 경우에는 그러하지 아니하다.

① 임차인이 2기의 차임액에 해당하는 금액에 이르도록 차임을 연체한 사실이 있는 경우
② 임차인이 거짓이나 그 밖의 부정한 방법으로 임차한 경우
③ 서로 합의하여 임대인이 임차인에게 상당한 보상을 제공한 경우
④ 임차인이 임대인의 동의 없이 목적 주택의 전부 또는 일부를 전대(轉貸)한 경우
⑤ 임차인이 임차한 주택의 전부 또는 일부를 고의나 중대한 과실로 파손한 경우
⑥ 임차한 주택의 전부 또는 일부가 멸실되어 임대차의 목적을 달성하지 못할 경우
⑦ 임대인이 다음 각 목의 어느 하나에 해당하는 사유로 목적 주택의 전부 또는 대부분을 철거하거나 재건축하기 위하여 목적 주택의 점유를 회복할 필요가 있는 경우
   ㉮ 임대차계약 체결 당시 공사시기 및 소요기간 등을 포함한 철거 또는 재건축 계획을 임차인에게 구체적으로 고지하고 그 계획에 따르는 경우
   ㉯ 건물이 노후 · 훼손 또는 일부 멸실되는 등 안전사고의 우려가 있는 경우
   ㉰ 다른 법령에 따라 철거 또는 재건축이 이루어지는 경우
⑧ 임대인(임대인의 직계존속 · 직계비속을 포함한다)이 목적 주택에 실제 거주하려는 경우
⑨ 그 밖에 임차인이 임차인으로서의 의무를 현저히 위반하거나 임대차를 계속하기 어려운 중대한 사유가 있는 경우

2) 임차인은 계약갱신요구권을 1회에 한하여 행사할 수 있다. 이 경우 갱신되는 임대차의 존속기간은 2년으로 본다.

3) 갱신되는 임대차는 전 임대차와 동일한 조건으로 다시 계약된 것으로 본다. 다만, 차임과 보증금은 차임 등의 증감청구권 범위에서 증감할 수 있다.

사. 차임 등의 증감청구권

1) 당사자는 약정한 차임이나 보증금이 임차주택에 관한 조세, 공과금, 그 밖의 부담의 증감이나 경제사정의 변동으로 인하여 적절하지 아니하게 된 때에는 장래에 대하여 그 증감을 청구할 수 있다. 이 경우 증액청구는 임대차계약 또는 약정한 차임이나 보증금의 증액이 있은 후 1년 이내에는 하지 못한다.

2) 증액청구는 약정한 차임이나 보증금의 20분의 1의 금액을 초과하지 못한다. 다만, 특별시 · 광역시 · 특별자치시 · 도 및 특별자치도는 관할 구역 내의 지역별 임대차 시장 여건 등을 고려하여 본문의 범위에서 증액청구의 상한을 조례로 달리 정할 수 있다.

아. 월차임 전환 시 산정률의 제한

주택을 임차한 경우 보증금의 전부 또는 일부를 월 단위의 차임으로 전환하는 경우에는 그 전환되는 금액에 다음 각호 중 낮은 비율을 곱한 월차임(月借賃)의 범위를 초과할 수 없다.

1) 「은행법」에 따른 은행에서 적용하는 대출금리와 해당 지역의 경제 여건 등을 고려하여 대통령령으로 정하는 비율(연 1할)

2) 한국은행에서 공시한 기준금리에 2% 이율을 더한 비율

> **참고** **월차임 전환 시 산정률**
>
> 한국은행 기준금리가 0.5%일 경우, 주택임대차보호법의 월차임 전환율은 상기의 ① 연 10%와 ② 0.5% + 2% = 2.5% 중 낮은 비율, 즉 연 2.5%의 범위를 초과할 수 없다.
>
> 예를 들어 전세 3억 원 중 1억 원을 월차임으로 전환했을 경우, 1억 원 × 연 2.5% = 2,500,000원, 월로 전환하면 2,500,000원 / 12 = 208,333원이다.
>
> 따라서 보증금 3억 원 대신 보증금 2억 원에 월세 208,333원을 초과하여 받을 수 없다.

1-2 주택임대차보호법상 임차인의 종류

가. 대항력 있는 임차인

대항력 있는 임차인이라 함은 임차주택에 대하여 제한물권이 전혀 없는 상태에서 그 주택을 임차하여 대항요건(주민등록전입 및 주택의 인도)을 갖추고 있는 임차인을 말한다. 대항력 있는 임차인은 주택의 인도와 주민등록의 전입을 마친 때는 그 익일[익일 오전 영시(대법원 1999.5.25.99 다9981)]부터 제3자에 대하여 대항력을 갖게 된다. 따라서 저당권, 전세권 등이 전혀 설정되지 않은 주택을 임차하여 대항요건을 갖추고 있으면 그 주택이 경매되더라도 임차인은 경락자에 대하여도 대항력을 주장할 수 있으며, 경락자가 임차보증금을 반환할 때까지 그 주택에 거주할 수 있다.

나. 우선변제권이 있는 임차인

우선변제권이 있는 임차인이란 대항요건(주민등록전입 및 주택의 인도)과 함께 주택임대차계약서상에 확정일자를 받은 임차인을 말한다.

다. 최우선변제권이 인정되는 임차인

1) 소액보증금의 일정액을 최우선적으로 변제받는 임차인이란 임차보증금액이 지역별로 소액임차보증금 이하이고 경매개시결정등기 이전까지 대항요건인 주민등록전입과 주택인도를 마친 임차인으로서 보증금 중 일정액을 임차주택에 대한 제한물권 등의 순위와 관계없이 타 권리자에 앞서 최우선적으로 변제받을 수 있는 임차인을 말한다. 다만, 최우선적으로 보호되는 소액임차 보증금액의 합계액은 임차주택에 대한 경매대금의 1/2을 초과할 수 없다.

2) 최우선변제를 받을 수 있는 소액보증금의 범위는 지역별로 차등 적용된다. 구체적인 소액보증금의 규정은 다음과 같다.

〈표 2-12〉 최우선변제를 받을 수 있는 소액보증금의 범위 (2021년 5월 11일 이후 물권 설정 기준)

구분		지역구분	우선변제를 받을 임차인의 범위	보증금 중 우선변제를 받을 일정액의 범위
현행	1호	서울특별시	1억 1,000만 원 이하	3,700만 원 이하
	2호	과밀억제권역, 용인 · 화성 · 세종	1억 원 이하	3,400만 원 이하
	3호	광역시, 안산 · 광주 · 파주 · 김포	6,000만 원 이하	2,000만 원 이하
	4호	그 밖의 지역 (이천 · 평택 포함)	5,000만 원 이하	1,700만 원 이하
개정	1호	서울특별시	1억 5,000만 원 이하	5,000만 원 이하
	2호	과밀억제권역, 용인 · 화성 · 세종 · 김포	1억 3,000만 원 이하	4,300만 원 이하
	3호	광역시, 안산 · 광주 · 파주 · 이천 · 평택	7,000만 원 이하	2,300만 원 이하
	4호	그 밖의 지역	6,000만 원 이하	2,000만 원 이하

※ 김포가 3호에서 2호로, 이천과 평택이 4호에서 3호로 변경

최근 지역별 보증금액 상승을 비롯한 주택임대차 시장의 현황을 고려하여 최우선변제를 받을 임차인 및 보증금의 범위가 경제상황에 적합하게 전반적으로 조정되었다. 개인회생 및 파산에서 보증금액은 개인회생 및 파산의 진행 자격요건 및 의뢰인의 변제금이나 파산재단에 환가할 재산 산정에 큰 영향을 준다. 과거에는 보증금 등의 이유로 개인회생 및 파산을 진행하지 못하였지만 이제는 요건이 되기에 다시 사건을 고려 및 진행하는 의뢰인이 많아질 것으로 예상한다.

〈표 2-13〉 최우선변제를 받을 수 있는 소액보증금의 범위 (2023년 2월 21일 이후)

지역구분	최우선변제 대상 임차인의 보증금액	최우선 변제금액
서울특별시	1억 6,500만 원 이하	5,500만 원 이하
과밀억제권역, 용인 · 화성 · 세종 · 김포	1억 4,500만 원 이하	4,800만 원 이하
광역시, 안산 · 광주 · 파주 · 이천 · 평택	8,500만 원 이하	2,800만 원 이하
그 밖의 지역	7,500만 원 이하	2,500만 원 이하

1-3 주택임차권 등기명령제도

가. 의의

임대차기간이 종료된 후, 보증금을 반환받지 못한 임차인에게 임차권등기를 가능하게 함으로써 대항력과 우선변제권을 유지하면서 주거이전의 기회를 제공하고자 하는 제도이다.

나. 신청

1) 임대차가 종료된 후 보증금을 반환받지 못한 임차인은 임대인의 동의 없이 임차주택 소재지를 관할하는 지방법원, 지방법원 지원 또는 시 · 군법원에 임차권등기명령 신청을 할 수 있다. 이때 주민등록등본, 확정일자가 찍힌 임대차계약서, 임차권등기용 등록세 영수증을 첨부해 임대차등기명령을 신청하면 1~2주 내에 임차권 등기명령을 내리고 직권으로 임차주택 등기사항전부증명서에 임차권 등기를 해준다. 단, 임차권등기 명령신청은 임대차기간이 만료되고, 보증금을 못 받은 채 불가피하게 이사를 가야 하는 경우, 임대인이 임차권등기를 해주지 않는 상황이 발생하였을 경우에만 신청가능하다.

2) 임차권등기명령을 신청할 때는 다음 사항을 기재하여야 하며, 신청의 이유 및 임차권등기의 원인이 된 사실을 소명하여야 한다.

① 신청의 취지 및 이유

② 임대차의 목적인 주택(임대차의 목적이 주택의 일부분인 경우에는 그 도면을 첨부한다)

③ 임차권등기의 원인이 된 사실(임차인이 제3조 제1항의 규정에 의한 대항력을 취득하였거나 제3조의2 제2항의 규정에 의한 우선변제권을 취득한 경우에는 그 사실)

다. 임차권등기명령의 효력

1) 임차권등기가 끝나면 등기가 완료된 날로부터 임차인은 대항력과 우선변제권을 취득한다. 임차권등기명령을 신청한 후 바로 다른 곳으로 이사하거나 전출하여서는 안 되고 그 이전에 반드시 등기가 경료된 사실을 확인하여야 한다. 만일 임차인이 아직 대항력·우선변제권을 취득하지 못한 상태에서 임차권등기가 되면 그 등기시점을 기준으로 대항력·우선변제권의 취득 여부를 판단하기 때문이다. 예컨대 임차권등기 시에 이미 임차주택에 저당권 등의 담보권이 설정되어 있는 경우 임차인은 임차권등기를 하더라도 담보권 실행을 위한 경매절차에서 경락을 받은 경락인에게 대항하거나 이미 설정된 저당권자 등의 담보권자에 우선하여 배당을 받을 수 없다.

2) 임차인이 임차권등기 이전에 이미 대항력 및 우선변제권을 취득한 경우 그 대항력 및 우선변제권은 그대로 유지된다.

3) 기존 임대차보호법에서는 전세기간이 끝난 후 보증금을 돌려받지 못한 채 이사하게 되면 대항력이 없어져 전세금을 받기 어려웠다. 그러나 민법상의 임차권등기에 주택임대차보호법상의 대항력과 우선변제권기능을 부가하는 법개정으로 임차인은 임대차기간이 만료한 뒤 임차권등기를 해두면 보증금을 돌려받지 못한 채 이사를 가거나 주민등록을 옮기더라도 기존의 대항력이 유지돼 우선변제를 받을 수 있다.

4) 임차권등기가 되어 있는 주택에 전세를 얻은 임차인은 소액보증금의 우선변제를 받을 권리가 없다. 다만, 확정일자를 받으면 우선변제권의 효력이 있음에 유의하여야 한다.

2 상가건물임대차

2-1 상가건물임대차보호법 적용대상

상가건물임대차보호법이 적용되기 위해서는 다음과 같은 세 가지 요건을 동시에 충족하여야 한다. 첫째, 세무서에 사업자등록의 대상이 되는 상가건물이어야 한다. 둘째, 상가건물에 대한 임대차여야 한다. 셋째, 상가건물에 대한 임대차 중에서 보증금액이 상가건물 임대차 위원회의 심의를 거쳐 정하는 보증금액 이하여야 한다. 이 세 가지 요건을 동시에 충족하지 못하면 상가건물이라 할지라도 상가건물임대차보호법은 적용되지 아니한다. 즉, 상가건물이 아니거나 임대차가 아니거나(사용대차 등) 또는 보증금액이 일정액을 초과한다면 상가건물에 대한 임대차라 하더라도 이 법의 일부 규정이 적용대상이 되지 아니한다. 그러나 계약갱신요구권, 대항력, 권리금 보호규정은 환산보증금이 초과되어도 적용받아 상가건물임차인을 보호하고 있다.

참고 **환산보증금액이 초과되어도 상가건물임대차 보호규정이 적용되는 것**

① 대항력 등
② 계약갱신 요구 등
③ 계약갱신의 특례
④ 권리금의 정의 등
⑤ 권리금 회수기회 보호 등
⑥ 권리금 적용 제외
⑦ 표준권리금계약서의 작성 등
⑧ 권리금 평가기준의 고시
⑨ 차임연체와 해지
⑩ 계약 갱신요구 등에 관한 임시 특례
⑪ 표준계약서의 작성 등
⑫ 폐업으로 인한 임차인의 해지권

참고 **계약 갱신요구 등에 관한 임시 특례**

임차인이 이 법(법률 제17490호 상가건물 임대차보호법 일부개정법률을 말한다) 시행일부터 6개월까지의 기간 동안 연체한 차임액은 제10조제1항제1호, 제10조의4제1항 단서 및 제10조의8의 적용에 있어서는 차임연체액으로 보지 아니한다. 이 경우 연체한 차임액에 대한 임대인의 그 밖의 권리는 영향을 받지 아니한다.

가. 상가건물일 것

상가건물임대차보호법은 상가건물에 대하여 적용된다. 주택임대차보호법이 주거용 건물에 대하여 적용되듯이 상가건물임대차보호법은 상가건물에 대하여 적용되는 것이다. 상가건물임대차보호법의 규정에 의한 상가건물이란 세무서에 사업자등록의 대상이 되는 상가건물(영업용 건물)을 말한다. 따라서 동창회 사무실 등 비영리단체의 건물 임대차에는 이 법이 적용되지 않는다.

나. 임대차일 것

상가건물임대차보호법은 상가건물의 임대차에 대하여 적용된다. 그러나 일시사용을 위한 임대차임이 명백한 경우에는 이 법을 적용하지 아니한다.

다. 임차보증금액이 일정액 이하일 것

상가건물의 임대차이면서 환산보증금액이 시행령에서 정한 일정금액 이하여야 한다. 시행령에서 정하는 환산보증금액은 다음의 표와 같다. 환산보증금이란 보증금과 월세환산액(월세를 보증금으로 환산한 금액: 월세×100)을 합한 금액을 말한다. 따라서 상가건물임대차보호법의 적용대상 여부를 판단하는 보증금액은 임대인과 임차인 간의 계약에 의한 보증금만을 기준으로 하는 것이 아니라 보증금 및 월세환산액(부가세 포함)을 합한 환산보증금을 기준을 한다. 즉, '보증금+(월세×100)'으로 계산한 환산보증금액이 시행령에서 정하는 지역별 보증금액 이하이면 상가건물임대차보호법의 규정 가운데 우선변제권, 임대료인상률(년 5% 이하) 상한제한, 월차임 전환 시 산정률 제한 등이 적용대상이 된다.

〈표 2-14〉 상가건물 임대차보호법 적용기준인 환산보증금 기준액(2019년 4월 17일 시행)

지 역	환산보증금
서울	9억 원 이하
부산, 과밀억제권역(인천, 의정부, 성남 등 수도권)	6억 9천만 원 이하
대구 등 광역시(부산, 인천 제외), 세종, 경기 안산 · 용인 · 김포 · 광주 · 파주 · 화성	5억 4천만 원 이하
경북 등 그 밖의 지역	3억 7천만 원 이하

※ 환산보증금: 상가건물 임대차보호법의 적용 범위, 보증금 + (월세×100)

2-2 상가건물 임대차보호법상 임차인의 종류

가. 대항력이 있는 임차인

대항력이란 임차인이 자신의 임차권리를 임대인뿐만 아니라 제3자에게 대하여도 주장할 수 있는 법률적인 권리를 말한다. 임차인에게 대항력이 있다는 것은 임대인 이외의 자에 대하여도 임차인이 그 상가건물의 임대차계약관계를 주장할 수 있다는 의미이다. 양수인에는 매매 · 증여 · 상속 및 경매 · 공매뿐만 아니라 미등기인 무허가건물의 소유권을 사실상 양수한 경우도 포함된다. 다만 양도담보에 의한 권리취득은 해당되지 아니한다. 대항력이 있으면 임대인의 지위가 양수인에게 당연 승계되므로 임차인은 양수인에 대하여만 임대보증금 반환청구를 할 수 있다. 대항력은 상가건물의 임차인이 임대인으로부터 건물을 인도받고, 세무서에 사업자등록을 신청한 경우 신청 다음 날부터 발생한다.

참고 **주거용 부동산은 확정일자, 전입신고일 등을 기준으로 대항력 여부를 판단**
상가건물 부동산과 차이점

- 말소기준권리보다 사업자 등록일이 빠르면 : 대항력 있음
- 말소기준권리보다 사업자 등록일이 늦으면 : 대항력 없음
- 말소기준권리를 판단하는 근거 : 근저당권
- 근저당권 설정등기나 가압류 설정등기 전에 사업자 등록일을 갖추어야만 임차인은 대항력을 취득한다.

나. 확정일자를 받아 우선변제권이 있는 임차인

상가건물의 임차인이 대항요건(상가건물의 인도와 사업자등록신청)을 갖추고 임대차 계약서상의 확정일자를 받으면 건물이 경매 또는 공매되는 경우 확정일자 날인일과 다른 담보물권의 설정일을 비교하여 후순위의 담보물권에 대하여 우선변제권이 인정된다.

다. 최우선변제권이 있는 임차인

최우선변제권은 임차인이 대항력을 갖추고 환산보증금이내에 있을 때, 임차목적물이 공매나 공매 등에 의해 소유권이 이전되는 경우에도 경매절차에서 보증금 중 일정액을

타권리보다 최우선하여 배당을 받을 수 있는 권리를 말한다. 예를 들어 서울특별시의 경우 환산보증금이 6,500만 원이하일 때 상가건물가액(토지포함)의 1/2의 범위 내에서 최고 2,200만 원까지 타권리자들보다 최우선적으로 배당받을 수 있다는 것이다.

〈표 2-15〉 최우선변제권 소액보증금 적용범위 (2019. 4. 2. 시행)

지 역	법적용범위환산보증금 (소액임차임)	최우선변제적용임차인 보증금의 범위	최우선변제금범위
서울특별시	9억 원 이하	6천 5백만 원 이하	2천 2백만 원
수도권정비계획법에 따른 과밀억제관역(서울특별시 제외)	6억 9천만 원 이하	5천 5백만 원 이하	1천 9백만 원
부산광역시(기장군 제외)	6억 9천만 원 이하	3천 8백만 원 이하	1천 3백만 원
부산광역시(기장군)	6억 9천만 원 이하	3천만 원 이하	1천만 원
광역시(수도권정비계획법에 따른 과밀억제권역에 포함된 지역과 군지역), 안산시, 용인시, 김포시 및 광주시	5억 4천만 원 이하	3천 8백만 원 이하	1천 3백만 원
세종특별자치시, 파주시, 화성시	5억 4천만 원 이하	3천만 원 이하	1천만 원
그 밖의 지역	3억 7천만 원 이하	3천만 원 이하	1천만 원

참고 **상가건물 최우선변제 요건** (3가지 요건을 동시에 만족해야 한다.)

1. 환산보증금이 지역별 한도액 이내일 것(근저당권 설정 기준일)
2. 경매개시결정기입등기 전 사업자등록신청
3. 배당요구종기일까지 배당요구

2-3 상가건물임대차 규정

가. 임대차기간 및 계약갱신 요구

1) 임대차기간

상가건물의 임대차계약기간은 자유로이 정할 수 있다. 그러나 기간을 정하지 않거나 기간을 1년 미만으로 정한 상가건물의 임대차는 그 기간을 1년으로 본다. 다만, 임차인은 1년 미만으로 정한 기간이 유효함을 주장할 수 있다. 또한 임대차가 종료한 경우에도 임차인이 보증금을 반환받을 때까지는 임대차관계가 존속하는 것으로 본다.

2) 계약갱신 요구

① 임차인은 임대차기간 만료 6월 전부터 1월 전까지 사이에 임대인에게 계약갱신 청구를 주장할 수 있다. 이때 임대인은 정당한 사유 없이 이를 거절하지 못한다.

② 임차인의 계약갱신요구권은 최초의 임대차기간을 포함한 전체 임대차 기간이 10년을 초과하지 않는 범위 내에서만 행사할 수 있다. 즉, 임차인은 1년의 임대차계약이 종료하면 계약을 해지할 수도 있고 더 연장하고 싶다면 다시 계약갱신요구권을 행사하여 총 10년 동안 임대차 존속기간을 보장받아 영업을 할 수 있다.

③ 임대인의 동의를 받고 전대차계약을 체결한 전차인은 임차인의 계약갱신요구권 행사기간 범위 내에서 임차인을 대위하여 임대인에게 계약갱신요구권을 행사할 수 있다. 이때 임대인은 전차인의 계약갱신 요구권을 거절할 수 없다. 단, 임차인의 갱신요구권은 적용환산보증금을 초과하더라도 요구할 수 있다.

참고 **임차인의 계약갱신요구권**

현 계약임차인 계약갱신요구권 10년 적용 여부

적용가능

1. 임대기간 2년의 임대차계약을 체결하여 임대기간이 진행 중인 임차인
2. 임대기간 2년의 임대차계약을 체결한 후 1회 갱신하여 4년째 임대기간이 진행 중인 임차인

적용불가

1. 임대기간 2년의 임대차계약을 체결한 후 2회 갱신하여 6년째 임대기간이 진행 중인 임차인
2. 임대기간 5년의 임대차계약을 체결하여 임대기간이 진행 중인 임차인

나. 차임 등의 증감청구권

① 차임 또는 보증금이 임차건물에 관한 조세, 공과금, 그 밖의 부담의 증감이나 「감염병의 예방 및 관리에 관한 법률」에 따른 제1급 감염병 등에 의한 경제사정의 변동으로 인하여 상당하지(적당한 금액) 아니하게 된 경우에는 당사자는 장래의

차임 또는 보증금에 대하여 증감을 청구할 수 있다. 그러나 증액의 경우에는 5% 비율을 초과하지 못한다.

② 증액 청구는 임대차계약 또는 약정한 차임 등의 증액이 있은 후 1년 이내에는 하지 못한다.

③ 「감염병의 예방 및 관리에 관한 법률」에 따른 제1급 감염병에 의한 경제사정의 변동으로 차임 등이 감액된 후 임대인이 증액을 청구하는 경우에는 증액된 차임 등이 감액 전 차임 등의 금액에 달할 때까지는 같은 항 단서를 적용하지 아니한다.

참고 **임대료 5% 증액사례**

임대료 5% 증액 계산방법

임대료가 보증금 1,000만 원이고 월임대료가 50만 원인 경우

· **보증금과 월세를 인상할 때**

보증금: 10,000,000 × 5% = 500,000원 증액
임대료: 500,000 × 5% = 25,000원 증액
따라서 임대료가 보증금 1,050만 원이 되고 월임대료는 52만 5천 원으로 상승한다.

· **보증금을 인상하지 않고 월세만 인상할 때**

보증금: 1,000만 원 + (50만 원 × 100) = 6,000만 원
6,000만 원 × 1.05%(5%) = 6,300만 원 − 1,000만 원 = 5,300만 원
5,300만 원/100 = 53만 원
따라서 임대료가 보증금 1,000만 원인 상태에서 월임대료는 53만 원으로 상승한다.

보증금과 월세를 같이 인상하거나 따로 인상할 수 있다.

다. 폐업으로 인한 임차인의 해지권

① 임차인은 「감염병의 예방 및 관리에 관한 법률」에 따른 집합 제한 또는 금지 조치(운영시간을 제한한 조치를 포함한다)를 총 3개월 이상 받음으로써 발생한 경제사정의 중대한 변동으로 폐업한 경우에는 임대차계약을 해지할 수 있다.

② 해지는 임대인이 계약해지의 통고를 받은 날부터 3개월이 지나면 효력이 발생한다.

라. 월차임 전환산정률

보증금의 월차임 전환 시 산정률의 상한은 한국은행 기준금리와 연동한다. 보증금의 전부 또는 일부를 월 단위 차임으로 전환하는 경우에는 그 전환되는 금액에 은행의 대출금리 및 해당지역의 경제여건 등을 고려하여 연 1할2푼(12%)과 한국은행에서 공시한 기준금리에 4.5배를 곱한 비율 중 낮은 비율을 곱한 월차임의 범위를 초과할 수 없다.

마. 권리금

1) 권리금의 정의

권리금이란 임대차 목적물인 상가건물에서 영업을 하는 자 또는 영업을 하려는 자가 영업시설·비품, 거래처, 신용, 영업상의 노하우, 상가건물의 위치에 따른 영업상의 이점 등 유형·무형의 재산적 가치의 양도 또는 이용대가로서 임대인, 임차인에게 보증금과 차임 이외에 지급하는 금전 등의 대가를 말한다.

2) 권리금 회수기회 보호 등

① 임대인은 임대차기간이 끝나기 6개월 전부터 임대차 종료 시까지 다음 각호의 어느 하나에 해당하는 행위를 함으로써 권리금 계약에 따라 임차인이 주선한 신규임차인이 되려는 자로부터 권리금을 지급받는 것을 방해하여서는 아니 된다.

1. 임차인이 주선한 신규임차인이 되려는 자에게 권리금을 요구하거나 임차인이 주선한 신규임차인이 되려는 자로부터 권리금을 수수하는 행위
2. 임차인이 주선한 신규임차인이 되려는 자로 하여금 임차인에게 권리금을 지급하지 못하게 하는 행위
3. 임차인이 주선한 신규임차인이 되려는 자에게 상가건물에 관한 조세, 공과금, 주변 상가건물의 차임 및 보증금, 그 밖의 부담에 따른 금액에 비추어 현저히 고액의 차임과 보증금을 요구하는 행위
4. 그 밖에 정당한 사유 없이 임대인이 임차인이 주선한 신규임차인이 되려는 자와 임대차계약의 체결을 거절하는 행위

② 다음 각호의 어느 하나에 해당하는 경우에는 제1항 제4호의 정당사유가 있는 것으로 본다.

1. 임차인이 주선한 신규임차인이 되려는 자가 보증금 또는 차임을 지급할 자력이

없는 경우

2. 임차인이 주선한 신규임차인이 되려는 자가 임차인으로서의 의무를 위반할 우려가 있거나 그 밖에 임대차를 유지하기 어려운 상당한 사유가 있는 경우
3. 임대차 목적물인 상가건물을 1년 6개월 이상 영리목적으로 사용하지 아니한 경우
4. 임대인이 선택한 신규임차인이 임차인과 권리금 계약을 체결하고 그 권리금을 지급한 경우

③ 임대인이 제1항을 위반하여 임차인에게 손해를 발생하게 한 때는 그 손해를 배상할 책임이 있다. 이 경우 손해배상액은 신규임차인이 임차인에게 지급하기로 한 권리금과 임대차 종료 당시의 권리금 중 낮은 금액을 넘지 못한다.

④ 제3항에 따라 임대인에게 손해배상을 청구할 권리는 임대차가 종료한 날부터 3년 이내에 행사하지 아니하면 시효의 완성으로 소멸한다.

⑤ 임차인은 임대인에게 임차인이 주선한 신규임차인이 되려는 자의 보증금 및 차임을 지급할 자력 또는 그 밖에 임차인으로서의 의무를 이행할 의사 및 능력에 관하여 자신이 알고 있는 정보를 제공하여야 한다.

3) 권리금 적용 제외

다음의 어느 하나에 해당하는 상가건물 임대차의 경우에는 적용하지 아니한다.

① 임대차 목적물인 상가건물이 「유통산업발전법」 제2조에 따른 대규모점포 또는 준대규모점포의 일부인 경우(다만, 전통시장 및 상점가 육성을 위한 특별법에 따른 전통시장은 제외한다.)

② 임대차 목적물인 상가건물이 「국유재산법」에 따른 국유재산 또는 「공유재산 및 물품 관리법」에 따른 공유재산인 경우

〈표 2-16〉 주택 · 상가건물임대차보호법 비교

구분	주택임대차보호법	상가건물임대차보호법
적용대상	주택 임대차	상가건물 임대차 (사업자등록의 대상이 되는 건물)
예외	일시 사용을 위한 임대차	대통령령이 정하는 보증금액 초과 시, 일시 사용을 위한 임대차
대항요건	주택 인도 + 주민등록(전입 신고)	건물 인도 + 사업자등록 신청
우선변제권	주택 인도 + 주민등록 + 확정일자	건물인도 + 사업자등록 신청 + 확정일자
최우선변제권	- 주택 인도 + 주민등록 - 임차주택 경매대금의 1/2 범위	- 건물 인도 + 사업자등록 - 임대건물 가액의 1/2범위
임대차기간	최소 2년	최소 1년
임차인의 계약갱신요구권	1회(임대차의 존속기간은 2년)	10년(전체임대차기간)
임대료 인상	연 5% 이내	연 5% 이내(환산 보증금 초과시 예외)
월세 전환이율	연 10%와 한국은행 기준금리에 2% 이율을 더한 비율 중 낮은 비율	연 12%와 한국은행 기준금리에 4.5배수를 곱한 비율 중 낮은 비율

주·요·내·용·종·합·정·리

01› 주택전매행위 제한기간은 해당 주택의 입주자로 선정된 날부터 기산한다.

02› 조정대상지역으로 지정되면 세제 강화(다주택자 양도세 중과, 장기보유특별공제 배제, 조정대상지역 내 2주택 이상 보유자 종합부동산세 추가과세 적용), 금융규제 강화, 청약규제 강화 등이 적용된다.

03› 청약 가점제 항목은 무주택기간, 부양가족 수, 입주자저축 가입기간이며 총 청약가점은 84점 만점이다.

04› 청약할 때 분양권이나 입주권을 가지고 있으면 유주택자로 본다. 분양권을 가진 사람이 무주택으로 다시 분양을 받을 수 없게 되었다.

05› 투기과열지구로 지정된 지역에서 재건축사업을 시행하는 경우에는 조합설립인가 후, 그리고 재개발사업을 시행하는 경우에는 관리처분계획의 인가 후 해당 정비사업의 건축물 또는 토지를 양수(매매 · 증여, 그 밖의 권리의 변동을 수반하는 일체의 행위를 포함하되, 상속 · 이혼으로 인한 양도 · 양수의 경우는 제외한다)한 자는 조합원이 될 수 없다.

06› 재건축사업에서 안전진단의 명칭을 '재건축진단'으로 변경하고, 재건축진단의 실시기한이 사업시행계획인가 전까지 통과하면 된다.

07› 임대차는 그 등기가 없는 경우에도 임차인이 주택의 인도와 주민등록을 마친 때는 그 익일부터 제3자에 대하여 효력이 생긴다. 이 경우 전입신고를 한 때에 주민등록이 된 것으로 본다.

08› 임대차가 종료된 후 보증금을 반환받지 못한 임차인은 임대인의 동의 없이 임차주택 소재지를 관할하는 지방법원, 지방법원 지원 또는 시 · 군법원에 임차권등기명령신청을 할 수 있다.

09› 상가건물 보증금의 전부 또는 일부를 월 단위 차임으로 전환하는 경우에는 그 전환되는 금액에 은행의 대출금리 및 해당지역의 경제여건 등을 고려하여 연 1할2푼(12%)과 한국은행에서 공시한 기준금리에 4.5배를 곱한 비율 중 낮은 비율을 곱한 월차임의 범위를 초과할 수 없다.

연·습·문·제

01 청약 가점제에서 가점 산정기준 항목 등에 해당하지 않는 것은?

① 무주택기간
② 부양가족 수
③ 입주자저축 가입기간
④ 소유주택의 수
⑤ 청약가점은 최대 84점이다.

02 다음 중 재건축 및 재개발사업에 관한 설명으로 옳지 않은 것은?

① 재건축사업대상지역은 정비기반시설이 양호한 지역이지만 노후불량한 건축물이 밀집된 지역을 대상으로 한다.
② 재개발사업에서 초과이익 발생 시 환수제도가 적용된다.
③ 재개발사업은 상권활성지역을 대상으로 한다.
④ 투기과열지구내 조합원 지위 양도제한에서 1세대 1주택자로서 양도하는 주택의 소유기간 10년 이상 보유 및 거주기간 5년 이상인 경우는 예외이다.
⑤ 투기과열지구의 정비사업에서 분양대상자 및 그 세대에 속한자는 분양대상자 선정일(조합원 분양분의 분양대상자는 최초 관리처분계획인가일)부터 5년 이내에는 투기과열지구에서 정비사업 일반분양 또는 그 조합원 분양신청을 할 수 없다.

03 재건축규정에 대한 설명이다. CPB가 재건축에 대하여 궁금해하는 고객에게 설명한 내용으로 옳지 않은 것은?

① 공공재건축은 사업시행인가 이전 단계에서만 가능하다.
② 공공재건축은 용적률 최대 360%까지 가능하다.
③ 투기과열지구지정 시 조합설립인가 시점부터 조합원 지위양도가 제한된다고 설명하였다.
④ 조합원 지위 양도 기준은 '조합설립 후 2년 내 사업시행인가 신청이 없고 2년 이상 소유'에서 '3년 내 사업시행인가 신청이 없고 3년 이상 소유'로 변경되었다고 설명하였다.
⑤ 투기과열지구 내 정비사업 일반분양 또는 조합원 분양에 당첨된 가구에 속한 사람은 앞으로 5년간 투기과열지구 내의 정비사업 일반분양 또는 조합원 분양에 재당첨될 수 없게 된다고 설명하였다.

연·습·문·제

04 **주택임대차보호법에서 보증금의 월차임 전환 시 산정률의 상한은 연 1할(10%)과 한국은행에서 공시한 기준금리에 얼마를 더한 비율 중 낮은 비율을 초과할 수 없는가?**

① 1.5% 이율
② 2% 이율
③ 4.5% 이율
④ 5% 이율
⑤ 10% 이율

05 **다음 중 임차권등기명령제도에 대한 설명으로 틀린 것은?**

① 임차권등기가 끝나면 등기가 완료된 다음 날부터 임차인은 대항력과 우선변제권을 취득한다.
② 임차권등기명령신청은 임차주택의 소재지를 관할하는 지방법원에 한다.
③ 임차권등기명령절차에 의해 임대차 종료 후 보증금을 반환받지 못한 임차인은 단독으로 임차권등기를 신청할 수 있다.
④ 임차권등기가 마쳐진 이후에는 주택의 점유와 주민등록의 요건을 상실하더라도 이미 취득한 대항력과 우선변제권은 여전히 유지된다.
⑤ 임대차기간이 종료된 후 보증금을 반환받지 못한 임차인에게 임차권등기를 가능하게 함으로써 대항력과 우선변제권을 유지하면서 주거이전의 기회를 제공하고자 하는 제도이다.

06 **주택임대차보호법과 상가건물임대차보호법 내용이다. 다음 설명으로 옳지 않은 것은?**

① 주택임대차보호법에서 대항력 있는 임차인이라 함은 임차주택에 대하여 제한물권이 전혀 없는 상태에서 그 주택을 임차하여 대항요건(주민등록 전입 및 주택의 인도)을 갖추고 있는 임차인을 말한다.
② 주택임대차보호법에서 우선변제권이 있는 임차인이란 대항요건(주민등록전입 및 주택의 인도)과 함께 주택임대차계약서 상에 확정일자를 받은 임차인을 말한다.
③ 주택임대차보호법에서 최우선적으로 보호되는 소액임차보증금액의 합계액은 임차주택에 대한 경매대금의 1/3을 초과할 수 없다.
④ 주택임대차보호법에서 임차인에게 한번에 한하여 계약갱신요구권이 주어진다.
⑤ 상가건물임대차보호법상 월세전환이율 제한 기준은 연 12%와 한국은행 기준 금리에 4.5배수를 곱한 비율 중 낮은 비율을 곱한 월차임의 범위를 초과할 수 없다.

정·답·및·해·설

01 ▸ ④ 가점제에서 가점 산정기준 항목에 소유주택의 수는 속하지 않는다.

02 ▸ ② 재개발사업은 초과이익 발생 시 환수제도가 적용되지 않는다.

03 ▸ ② 공공재건축은 용적률 최대 500%까지 가능하다.

04 ▸ ② 2% 이율

05 ▸ ① 임차권등기가 끝나면 등기가 완료된 날로부터 임차인은 대항력과 우선변제권을 취득한다.

06 ▸ ③ 주택임대차보호법에서 최우선적으로 보호되는 소액임차보증금액의 합계액은 임차주택에 대한 경매대금의 1/2을 초과할 수 없다.

Korea Banking Institute

제3장

가치평가를 활용한 부동산투자분석

제1절 · 부동산 투자결정요소

제2절 · 부동산가치를 산정하는 주요방법

제3절 · 투자효과를 극대화하는 레버리지 활용

제4절 · 부동산투자가치의 측정

제3장 가치평가를 활용한 부동산투자분석

학습개요

본 장에서는 부동산의 투자분석을 위해서 수익률과 위험의 관계를 학습하고, 가치평가를 위해서 화폐의 시간가치와 가치평가방법 등을 살펴본다. 또한 부동산에 투자하는 경우 레버리지를 활용하는 것이 일반적이므로 레버리지의 개념 및 레버리지효과의 활용방법에 대해서 학습한다. 마지막으로 직접환원법과 DCF법을 통해 부동산가치를 산정하는 방법을 학습한다.

학습목표

- 부동산투자 시 위험요인과 수익률의 종류를 이해할 수 있다.
- 레버리지효과에 대해서 이해하고 활용할 수 있다.
- 직접환원법과 DCF법을 통해서 부동산의 가치를 산정할 수 있다.

제1절 | 부동산 투자결정요소

1 부동산투자의 수익률과 위험

1-1 투자수익과 수익률

부동산 투자의사결정을 위해서는 투자안의 수익률과 위험을 고려해야 한다. 수익은 투자에 대한 대가를 의미하며 수익률은 특정기간의 투자수익을 기초투자액으로 나누어서 산정한다.

투자수익률 = (투자안의 기말가치 - 기초투자액) / 기초투자액 = 순수익/투하자본

투자의사결정에서는 절대적인 수익보다는 상대적으로 비교가 가능한 수익률의 개념이 중요하다. 〈표 3-1〉에서 절대적인 투자수익은 B 투자안이 A 투자안보다 크지만 기초투자액에 대비한 수익률은 A 투자안이 10%로 B 투자안의 5%보다 큰 것을 알 수 있다. 이 경우 투자의사결정의 기준이 되는 것은 수익률이기 때문에 부동산투자에서는 수익과 함께 수익률을 반드시 확인해야 한다.

〈표 3-1〉 투자수익과 수익률 (단위: 천 원, %)

구 분	A 투자안	B 투자안
투자수익	10,000	20,000
기초투자액	100,000	400,000
수익률	10	5

1-2 수익률의 종류

수익률은 산정과정 및 시점에 따라 기대수익률과 요구수익률, 실현수익률 등으로 구분할

수 있다. 이 중 기대수익률과 요구수익률은 투자의사결정을 하기 전에 고려하는 사전적 수익률이며 실현수익률은 투자가 이루어진 후에 확인이 가능하므로 사후적 수익률이라고 한다.

가. 기대수익률

기대수익률은 투자로 인해서 기대되는 예상수익률을 의미하며 내부수익률이라고도 한다. 기대수익률은 미래에 평균적으로 예상하는 수익률이 되며, 각 상황별로 발생 가능한 수익률에 그 상황이 발생할 확률을 곱한 다음 이를 모두 합하여 계산할 수 있다.

기대수익률 = 상황별 '수익률×확률'의 총합

예제

부동산시장의 상황에 따른 행복상가의 수익률이 다음과 같다고 할 때 행복상가의 기대수익률을 산정하시오.

행복상가의 부동산시장 상황에 따른 수익률

부동산시장	수익률(%)	확률(%)
상승	30	30
보통	10	40
하락	-10	30

기대수익률 = (30% × 30%) + (10% × 40%) + (-10% × 30%) = 10%

나. 요구수익률

요구수익률은 투자자가 해당 투자안의 위험과 기회비용을 반영하였을 때 만족할 수 있는 최소한의 수익률로 필수적 수익률이라고도 한다. 투자자가 투자안에 투자를 할 경우 시간에 대한 보상과 투자안의 위험에 대한 보상을 요구하므로 요구수익률에는 시간에 대한 비용과 위험에 대한 비용이 포함된다. 시간에 대한 비용은 무위험이자율에 반영되며 위험에 대한 비용은 위험할증률과 예상 인플레이션율에 반영된다. 따라서 투자에 대한 위험이 클수록 투자자의 요구수익률도 커지게 된다.

요구수익률 = 무위험률 + 위험할증율 + 예상 인플레이션율

다. 실현수익률

실현 수익률은 투자가 이루어진 후에 현실적으로 달성된 수익률로 사후적 수익률 또는 역사적 수익률이라고 한다. 앞서 살펴본 기대수익률과 요구수익률이 투자안을 검토할 때 산정되는 사전적 수익률이라면, 실현수익률은 투자가 종료된 시점에 확인이 가능한 사후적 수익률이다.

라. 수익률과 투자의사결정

실현수익률은 투자가 이루어진 후에 알 수 있으므로 투자자의 투자 여부 결정에 영향을 미치는 것은 해당 투자안의 기대수익률과 요구수익률이다. 기대수익률은 투자안에 대해서 예상되는 수익률이고 요구수익률은 투자자가 요구하는 수익률이므로, 투자자의 요구수익률이 20%인 경우 사업에서 기대되는 수익률이 15%에 불과하다면 투자자는 투자하지 않을 것이다. 결과적으로 투자결정은 기대수익률이 요구수익률과 같거나 요구수익률보다 클 경우에 이루어진다.

① 기대수익률 ≥ 요구수익률 : 투자안 채택
② 기대수익률 〈 요구수익률 : 투자안 기각

기대수익률과 요구수익률이 일치하지 않는 현상은 단기적으로 나타날 수 있으나 장기적으로는 기대수익률과 요구수익률이 일치하는 방향으로 균형을 이루게 된다. 예를 들어 기대수익률이 15%이고 시장 내 대부분의 투자자가 요구수익률로 20%를 원한다면 해당 부동산은 판매되지 않게 된다. 이 경우 해당 부동산에 대한 수요가 감소하므로 부동산의 가격이 하락하게 되고, 동일한 수익이 발생한다면 결과적으로 기대수익률이 상승하게 된다. 이러한 가격하락현상은 기대수익률과 요구수익률이 균형을 이룰 때까지 계속된다.

1-3 부동산 투자위험의 개념과 위험의 종류

가. 부동산투자 시 위험의 개념

부동산에 대한 투자분석을 실행하는 경우 수익률과 함께 위험을 반드시 고려해야 한다. 위험이란 투자로부터 기대되는 수익과 일치되지 않을 가능성이 있는 불확실성의 정도를 말한다. 투자자들은 투자대상의 수익률과 함께 위험을 함께 고려해야 한다. 기대수익률이 동일하더라도 위험이 다른 투자안이 있다면 위험이 작은 투자안을 선택하는 것이 합리적이다. 따라서 부동산투자 시 발생할 수 있는 위험의 종류와 위험의 측정방법, 위험관리전략 등을 이해할 필요가 있다.

나. 부동산 위험의 종류

1) 사업상의 위험(경영위험, business risk)

사업상의 위험은 부동산사업 자체의 수익성에 대한 위험을 의미하며 시장위험, 운영위험, 위치적 위험이 있다.

① 시장위험: 일반경기가 위축되면 부동산에 대한 수요도 줄어드는데 이와 같은 시장상황을 잘못 예측하여 발생하는 위험으로, 부동산 투자의 수익성에 근본적인 영향을 미친다.

② 운영위험: 투자부동산의 운영과 관련된 위험으로 사무실의 관리, 근로자의 파업, 영업경기의 변동 등으로 야기될 수 있는 수익성의 불확실성을 의미한다.

③ 위치적 위험: 입지선정의 실패 등 부동산 위치의 고정성 때문에 발생하는 위험으로, 부동산의 수익성은 위치에 크게 영향을 받으므로 다른 사업이나 투자상품에 비해서 특히 중요하다.

2) 금융적 위험(재무적 위험, financial risk)

금융적 위험은 투자자가 과다한 부채를 사용하여 원금과 이자에 대한 채무불이행의 가능성이 커지는 위험을 의미한다. 금융적 위험은 타인자본을 이용하는 경우에만 발생하므로 투자금액을 모두 자기자본으로 조달할 경우 금융적 위험을 제거할 수 있다.

하지만 부동산 투자는 레버리지효과 등을 위해서 타인자본을 이용하는 경우가 많으므로 금융적 위험에 대한 관리가 중요하다.

3) 법적 위험(행정적 위험, legislative risk)

법적 위험은 투자에 영향을 미치는 법률의 시행 등 법률적 환경이 변화함에 따라 발생하거나 정부의 부동산정책 등으로 투자환경이 변화할 경우 발생하는 위험을 말한다. 우리나라의 경우 정부가 부동산시장에 적극적으로 개입하는 경향이 있기에 정부정책 등에 대한 지속적인 모니터링을 통해서 법적 위험을 관리해야 한다.

4) 인플레 위험(inflation risk)

인플레 위험은 물가상승으로 인한 화폐가치하락으로 인해서 발생한다. 일반적으로 부동산의 임대기간은 장기이므로 인플레이션이 발생한 경우에 임대료가 상승하지 않으면 임대인이 받는 임대료의 가치가 하락하게 된다. 대출자 입장에서는 고정금리대출의 경우 인플레가 발생하면 융자원금의 실질적인 가치가 하락하는 위험을 안게 된다.

5) 유동성 위험(liquidity risk)

부동산은 고가품이므로 정상적인 가격으로 원하는 시기에 즉시 현금화하기가 쉽지 않으며 급하게 매각하기 위해서는 가격을 할인하는 수밖에 없다. 이렇게 단기간 내 현금화하기가 어렵고 이 과정에서 손실이 발생하는 위험이 유동성 위험이다.

1-4 위험의 측정과 위험관리전략

가. 위험의 의의

부동산투자에서 위험은 일상생활에서 보통 사용하는 위험의 개념과 달리 재무적 위험을 의미하므로, 위험은 실제수익률과 기대수익률의 차이로 기대수익률을 달성하지 못할 가능성을 의미한다.

나. 위험의 척도

위험을 평가하기 위한 척도로는 개별 상황의 수익률과 기대수익률 간 차이의 제곱값에 각 발생확률을 곱한 후 합산한 값인 분산과 표준편차를 사용한다. 즉, 수익률의 분산이 크면 실제 수익률이 기대수익률과 차이가 날 가능성이 크므로 위험도가 높은 투자안이며, 수익률의 분산이 작으면 위험이 낮은 투자안으로 판단한다.

$$\text{수익률의 분산} = (\text{편차}^2 \times \text{확률})\text{의 총합}$$
$$\text{표준편차} = \sqrt{\text{분산}}$$

아래의 사례를 통해서 분산을 구하기 위해서는 먼저 각 시장상황의 수익률과 확률을 통해서 기대수익률을 산정한다. 사례투자안의 기대수익률은 10%이다.

$$\text{기대수익률} = 0.3 \times 0.3 + 0.1 \times 0.4 + (-0.1) \times 0.3 = 0.1$$

기대수익률이 결정되면 각 시장상황별 수익률과 기대수익률의 편차를 계산한다. 이 편차가 결국은 투자의 위험지표가 된다. 다만, 각 시장상황별 편차를 그대로 합하면 정(+)의 값과 부(-)의 값에 의해 상쇄효과가 발생하므로 편차의 제곱을 합한 값인 분산을 계산하고, 이를 다시 표준편차로 변환하여 사용한다.

$$\text{수익률의 분산} = (0.3-0.1)^2 \times 0.3 + (0.1-0.1)^2 \times 0.4 + (-0.1-0.1)^2 \times 0.3 = 0.024$$
$$\text{표준편차} = \sqrt{0.024} = 0.1549$$

〈표 3-2〉 수익률의 분산과 표준편차

시장상황	수익률	확률	기대수익률 수익률×확률	편차	편차^2	분산 편차^2×확률
호 황	0.3	0.3	0.09	0.2	0.04	0.012
보 통	0.1	0.4	0.04	0	0	0
불 황	-0.1	0.3	-0.03	-0.2	0.04	0.012
합 계			0.1			0.024

다. 위험관리전략

1) 위험회피

위험을 보유하거나 전가하기 어려운 경우 손실가능성을 최대한 회피한다.

① 부동산 시장의 순환주기를 주시하여 투자시기 결정

② 특수물건의 회피, 변동금리차입금의 회피 등

2) 위험보유

위험을 보유하는 것이 다른 방법에 비해 비용이 적게 들 경우 위험으로 인한 미래의 손실을 직접 부담한다. 잠재적인 손실부담을 차입금 또는 준비금으로 내부에 충당하는 방법을 이용한다.

3) 위험전가

경제적 책임과 부담을 제3의 계약자나 보험회사에 넘기는 방법이다.

① 화재보험, 권원보험 등 부동산 관련 보험에 가입

② 할증조항이 있는 장기임대차계약을 통해 인플레이션 위험을 임차인에게 전가

4) 위험통제

사전 예방 등을 통해서 손실의 발생횟수나 발생규모를 최대한 줄이는 방법이다.

2 시장가치와 투자가치

2-1 시장가치

투자가치가 기대되는 미래수익을 환원한 가치인 데 반해, 시장가치는 대상 부동산에 대해 시장에서 결정되는 가치이다. 즉 시장가치는 투자자가 인식하는 가치가 아니라 시장에서 객관적으로 형성되는 가치를 말한다.

2-2 투자가치

투자가치는 투자대상 부동산에 대하여 투자자가 부여하는 주관적 가치로서, 부동산을 소유함으로써 기대되는 미래의 수익을 현재가치로 환원한 값이다. 투자가치를 구할 때는 할인율로 요구수익률을 사용한다. 따라서 투자가치는 투자자의 요구수익률을 고려하여 투자자가 인식하는 가치를 말한다.

투자가치 = 예상수익/요구수익률

2-3 투자의사결정

투자가치는 투자자가 인식하는 가치이고 시장가치는 현재 시장에서 거래가 가능한 가치이므로 투자자는 자신이 투자안에 대해서 판단하는 투자가치가 시장가치보다 높거나 같을 경우, 즉 시장에서 더 저가에 거래될 경우에는 해당 투자안에 투자한다. 반대의 경우에는 해당 투자안에 투자하지 않는다.

① 투자가치 ≥ 시장가치 : 투자채택
② 투자가치 〈 시장가치 : 투자기각

예제 **〈투자의사결정〉**

나대한 씨는 현재 상업용부동산을 구매하여 임대수입을 얻고자 하며, 요구수익률은 10%이다. 나대한 씨는 인근에 새롭게 분양하고 있는 상가점포를 매입할 것을 고려하고 있는데, 분양가는 2억 원이며 임대료에서 필요경비를 제외한 연간 예상수익은 3,000만 원으로 예상된다. 나대한 씨는 이 상가점포에 투자해야 하는가?

① 투자가치 = $\frac{3,000\text{만 원}}{10\%(0.1)}$ = 3억 원

: 시장가치인 분양가는 2억 원으로 시장가치보다 투자가치가 크므로 투자한다.

② 이 부동산을 2억 원에 매입할 경우 기대수익률은 15%가 된다.

: 기대수익률 = $\frac{3,000\text{만 원}}{2\text{억 원}}$ = 0.15(15%)

∴ 기대수익률이 요구수익률인 10%보다 크므로 투자안을 채택한다.

제2절 | 부동산가치를 산정하는 주요방법

1 부동산가격의 결정과정과 감정평가 3방식

1-1 부동산가격의 발생 및 형성

가. 부동산가격 결정과정

부동산은 다른 재화와는 차별화된 자연적, 인문적 특성을 가지고 있고 가격에 영향을 미치는 요인도 다양하여 가격결정 과정이 복잡하다. 또한 공급의 비탄력성 등으로 인한 수급불안정으로 균형가격 형성도 쉽지 않다. 이에 따라 감정평가의 필요성이 높아졌으며 감정평가 분야에서는 부동산의 가격결정 과정을 부동산가격의 발생요인과 형성요인을 분석하는 과정으로 하고 있다.

〈그림 3-1〉 부동산가격의 결정과정

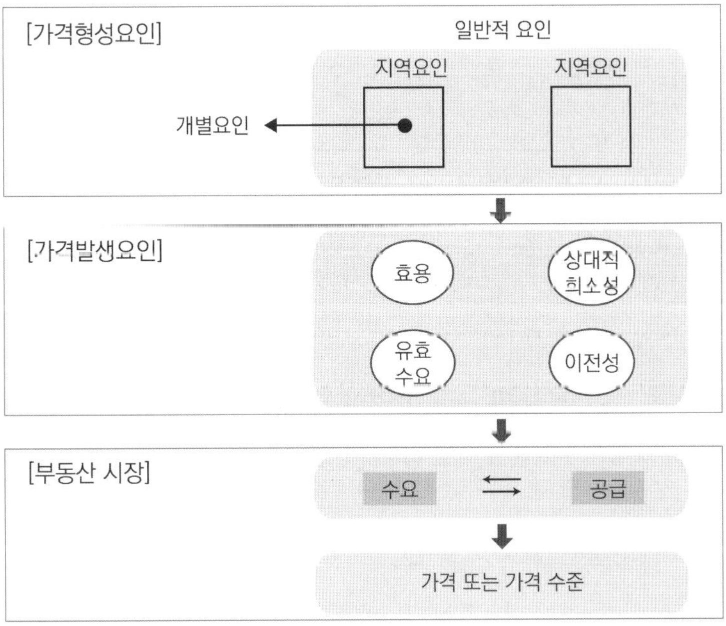

나. 가격발생요인

가격의 발생요인(또는 가치의 발생요인)은 어떠한 재화의 가격이나 가치가 발생하는 근거를 제시한다. 대표적인 가격발생요인으로는 효용과 상대적 희소성, 유효수요가 있으며 학자에 따라서 이전가능성을 포함해서 보기도 한다.

1) 효용

효용은 인간의 욕구를 충족시켜줄 수 있는 재화의 능력을 의미한다. 따라서 효용이 없는 재화는 가격이 발생할 수 없으며 효용이 낮은 재화는 가격이 낮아진다. 부동산에서의 효용은 쾌적성 · 수익성 · 생산성으로 나타나며 주거용부동산은 쾌적성, 상업용 부동산은 수익성, 공업용 부동산 등은 생산성을 중시한다.

2) 상대적 희소성

세상에는 효용이 높지만 가격이 발생하지 않는 재화도 있다. 우리가 숨 쉴 때 사용하는 공기가 대표적이다. 이러한 재화들은 효용은 높지만 희소성이 높지 않다. 어떤 재화의 가격이 발생하기 위해서는 그 재화의 공급보다는 그 재화를 원하는 수요가 더 많은, 상대적 희소성이라는 조건이 충족되어야 한다. 부동산의 경우 토지의 부증성과 개별성으로 상대적으로 희소성이 높은 재화로 볼 수 있다. 다만, 용도의 다양성으로 대체가능성이 있어 경제적인 공급이 가능하다는 측면도 고려해야 한다.

3) 유효수요

부동산의 가격이 발생하기 위해서는 효용 및 상대적 희소성과 함께 유효수요가 필요하다. 어떤 재화에 효용을 느끼는 집단이 있고 그 재화가 상대적으로 희소하더라도 재화를 필요로 하는 집단이 유효수요로 형성되지 못하면 가격이 발생하지 않는다. 유효수요가 되기 위해서는 구매의사와 함께 구매력도 갖추어야 한다. 다만 구매의사가 있지만 구매력이 없는 잠재수요층도 소득이 뒷받침되면 유효수요가 될 수 있다.

4) 이전가능성

이전가능성은 법률적으로 안전하게 소유권이전이 가능한지를 의미한다. 만약 앞의 세 요인을 충족한 재화가 문화재나 마약 등 소유권이전이 불가능한 재화라면 정상적인 시장에서 가격이 발생하기 힘들어진다. 이전가능성은 법률적 측면의 발생요건이라는 점에서 경제적 측면에 해당하는 효용, 상대적 희소성, 유효수요와 차이가 있다.

다. 가격형성요인

가격발생요인은 한번 결정되면 변하지 않는 것이 아니라 시장환경의 영향을 받아 지속적으로 변동하므로 부동산가격도 지속적으로 변하게 된다. 이렇게 부동산가격의 발생요인이 변동되도록 영향을 미치는 요인을 가격형성요인이라고 한다. 가격형성요인은 일반적 요인과 지역요인, 개별요인 등으로 구성된다.

1) 일반적 요인

일반적 요인은 경제사회 전반을 비롯하여 모든 부동산에 영향을 미치는 요인으로 자연적 요인과 사회적 요인, 경제적 요인 등이 있다.

〈표 3-3〉 가격형성의 일반적 요인

구 분	내 용
자연적 요인	지질 · 지반의 상태, 지세의 상태, 지리적 위치관계, 기후상태 등
사회적 요인	인구의 상태, 가족구성 및 가구구성 등의 상태, 교육 및 사회복지 수준
경제적 요인	저축 · 소비 · 투자 등의 수준, 재정 및 금융 등의 상태, 교통체계의 상태
행정적 요인	토지이용에 관한 계획 및 규제, 택지 및 주택정책, 세금제도 등

2) 지역요인

지역요인은 일정한 지역이 다른 지역과 차별화되는 지역특성을 형성하는 요인을 의미한다. 지역요인은 지역의 가격수준 및 표준적 사용에 영향을 미치는 지역차원의 가격형성요인이다.

3) 개별요인

지역적 요건의 제약 속에서 용도나 이용상태를 고려할 때 다른 부동산과 차등화되는 요인으로, 특정 부동산의 최유효이용과 구체적 가격결정에 영향을 미치게 된다.

1-2 부동산 가치평가와 감정평가 3방식

감정평가의 가치평가 방법으로는 일반적으로 재화의 경제가치를 평가하는 판단기준을 적용한다. 먼저 해당 재화의 생산에 얼마만큼의 비용이 투입되는지를 기준으로 가격을 평가하는 비용성 측면이 있다. 두 번째 시장성 측면은 얼마만큼의 가격으로 시장에서 거래되고 있는 재화인지를 평가의 기준으로 한다. 마지막으로 수익성 측면은 해당 재화를 이용함으로써 얼마만큼의 수익이나 편익을 얻을 수 있는지를 평가한다. 이와 같은 비용성, 시장성, 수익성을 가격의 3면성이라고 하며 이를 기반으로 부동산가격평가 3방식인 원가방식(비용성), 비교방식(시장성), 수익방식(수익성)이 도출되었다.

각각의 평가방식은 재화의 특성과 시장의 상황에 따라서 장단점이 있다. 실제 평가액을 구하기 위해서 세 가지 측면이 갖는 장단점 및 자료수집의 난이도 등을 참작하여 감정평가액을 결정하는 절차를 거치는데 이를 시산가격의 조정이라 한다.

〈표 3-4〉 감정평가 3방식 6방법

3방식	대상	6방법	시산가격 또는 임료	특징
원가방식 (비용성)	가격	원가법	적산가액(복성가격)	공급가격의 성격
	임료	적산법	적산임료	
비교방식 (시장성)	가격	거래사례비교법 (공시지가 기준법)	비준가격(유추가격)	수요 및 공급 가격의 성격
	임료	임대사례비교법	비준임료(유추임료)	
수익방식 (수익성)	가격	수익환원법	수익가격	수요가격의 성격
	임료	수익분석법	수익임료	

2 거래사례비교법과 원가법의 활용

2-1 거래사례비교법

가. 거래사례비교법의 의의

거래사례비교법이란 대상물건과 동일성 또는 유사성 있는 물건의 거래사례와 비교하여 대상물건의 현황에 맞게 사정보정 및 시점수정 등을 거쳐 가격을 산정하는 방법을 말한다. 거래사례비교법의 성립근거로는 시장성의 원리와 대체의 원칙 등이 있다. 이 방법에 의하여 산정된 평가액을 비준가격이라고 한다.

거래사례비교법은 사례를 구하기가 용이한 부동산에 적용하는 것이 적합하다. 토지는 부증성으로 인하여 원칙적으로 원가법을 적용할 수 없고 토지만의 수익을 산정하기도 쉽지 않아 거래사례비교방법이 가장 널리 이용된다.

나. 거래사례비교법의 적용

거래사례비교법을 통해서 부동산의 가격을 산정하기 위해서는 먼저 사례를 산정하여 사례가격을 파악한 후 사례의 정상화 과정인 사정보정, 시점수정, 지역요인과 개별요인 비교 등을 거치면 된다.

〈그림 3-2〉 거래사례비교법 산정과정

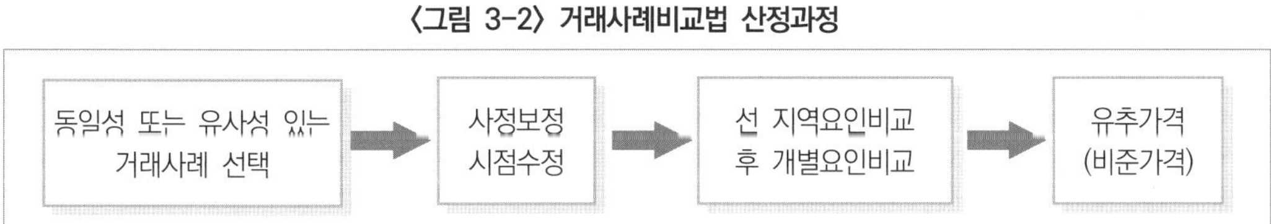

1) 사례의 수집 및 선택

거래사례비교법을 적용하기 위한 사례는 크게 매매사례를 수집한 후 적합한 사례를 선택하여 평가하는 방법과 표준지 중 대상 토지와 비교가 가능한 토지의 공시지가를 적용하여 평가하는 방법이 있다. 사례를 선택하는 기준으로는 위치적 유사성, 물적 유사성, 사정보정 가능성, 시점수정 가능성 등이 있다. 다만, 표준지를 거래사례 대신 적용하는 경우에는 감정평가사를 통해서 보정이 된 것으로 볼 수 있으므로 사정보정은 하지 않는다.

표준지 공시지가 기준 평가 시 유의사항

표준지 공시지가는 국토교통부 장관이 전국의 과세대상 토지 중 대표성이 있는 토지를 표준지로 선정하여 매년 1월 1일 현재의 가격을 조사 · 평가하여 공시한 표준지의 단위면적(㎡) 당 적정가격을 말한다. 표준지는 공공용지매수 및 토지의 수용 및 사용에 대한 보상, 국 · 공유지의 취득처분 등에 적용된다. 표준지를 기준으로 토지가격을 평가하는 경우 비교표준지의 선정이 중요하므로 다음과 같은 기준을 적용한다.

- 당해 또는 인접 시 · 군 · 구 안의 인근지역에 위치할 것
- 실제 지목 및 이용상황이 동일 또는 유사할 것
- 용도지역 · 지구 · 구역 등 공법상 제한사항이 동일 또는 유사할 것
- 주위환경 등이 동일 또는 유사할 것
- 지리적으로 되도록 근접하여 있을 것

2) 사례의 정상화: 사정보정

사정보정은 선택한 거래사례가 특수한 사정이나 개별적 동기가 개입되어 적정한 가격으로 보기 어려운 경우 이를 정상화하는 것을 의미한다. 이 경우에 거래당사자의 속성이나 거래가격수준, 거래조건 등을 고려하여 분석하여야 한다. 사정보정 방법은 다음과 같다. 앞서 제시한 바와 같이 표준지를 이용한 평가 시에는 사정보정은 하지 않는다.

① 고가 거래 시 사정보정: 사례가 매수자의 급박한 상황으로 20% 고가로 거래된 경우

$$\text{사정보정치} = \frac{\text{정상가격}}{\text{사정가격}} = \frac{100}{120}$$

② 저가 거래 시 사정보정: 사례가 매도자의 급박한 상황으로 20% 저가로 거래된 경우

$$\text{사정보정치} = \frac{\text{정상가격}}{\text{사정가격}} = \frac{100}{80}$$

3) 사례의 정상화: 시점수정

수집한 매매사례와 가격시점이 불일치할 때 이를 정상화하는 방법이 시점수정이다. 시점수정방법으로는 주택매매가격지수 등을 활용하는 지수법과 지가변동률 등을 활용하는 변동률법 등이 있다.

① 지수법: 사례 거래시점의 택지가격지수 100, 가격시점의 택지가격지수 110

시점수정치 = $\frac{\text{가격시점의 지수}}{\text{거래시점의 지수}} = \frac{110}{100} = 1.1$

② 변동률법: 사례가 2년 전에 거래되었고 이후 지가변동률이 1차 연도 10%, 2차 연도에 15%인 경우

시점수정치 = (1 + 변동률1) × (1 + 변동률2) × … × (1 + 변동률n)

= (1 + 10%) × (1 + 15%) = 1.265

4) 지역요인과 개별요인 비교

사례물건과 대상물건이 속한 지역의 지역적 격차와 사례물건과 대상물건의 개별적 격차를 비교하여 대상물건 차원으로 정상화하는 작업을 말한다. 사례와 대상 부동산이 동일한 인근지역에 소재한 경우 지역분석은 별도로 할 필요가 없으나, 유사지역에 소재한 부동산을 사례로 가져오는 경우에는 지역분석을 실행해야 한다. 지역분석을 실행한 후에는 가로조건, 접근조건, 획지조건 등 개별적인 요인을 비교분석하는 개별분석을 실행한다.

예제

대상 부동산이 소재한 지역이 유사지역에 있는 거래사례 부동산이 소재한 지역에 비해서 지역적으로 10% 열세이다. 지역요인비교치는 얼마인가?

지역요인 비교치 = $\frac{\text{해당지역}}{\text{사례지역}} = \frac{(100-10)}{100} = \frac{90}{100}$

다. 거래사례비교법의 장점과 단점

1) 장점

① 거래사례비교법의 적용에 의한 비준가격은 시장성 원리에 의한 균형가격의 성격을 지니고 있다. 그러므로 실증적이고 현실적이어서 객관적이고 설득력이 강하다.

② 거래가 빈번하여 충분한 거래사례가 있는 경우에는 모든 물건의 평가에 적용할 수 있다.

③ 평가대상 중 재생산이 불가능한 토지의 평가에 유용하다.

2) 단점

① 거래사례가 없는 물건(예: 종교시설, 공공용 부동산 등)에는 적용하기 어렵다.

② 거래사례가격은 거래당사자의 협상력 차이에 따라 다르게 결정되기도 하고 가격형성 요인의 분석 및 비교과정에서 감정평가 주체의 주관이 개입될 개연성이 있다.

예제

서울시 ○○동에 소재하는 나대지 200㎡에 대하여 감정평가의뢰를 받았다. 다음 자료에 의거 거래사례비교법에 의한 비준가격을 구하라(가격시점 2021년 6월 1일).

[자료 1]

1. 거래사례는 지목이 "대"이며 면적은 250㎡이고 지상은 목조와즙으로 경제적인 내용연수가 지난 건물로서 면적은 60㎡이다.
2. 거래사례는 300,000,000원에 구입하여 주택을 신축할 목적으로 거래된 것으로 판명되었다.
3. 이에 대한 철거비는 지상건물 1㎡당 100,000원이 소요되고 철거 후 폐재가격은 1,000,000원으로 예상되었다.
4. 거래사례일은 2019년 6월 1일로 조사되었다.

[자료 2]

1. 거래사례를 조사한 결과 거래당시 지가상승이 심하여 조급한 마음으로 정상가격수준보다 10% 정도 고가로 매입된 것으로 판명되었다.
2. 거래사례는 대상지역의 인근지역에 소재하며, 거래사례는 당해 인근지역의 표준보다 10% 우세하고 대상물건은 당해 인근지역의 표준보다 10% 열세한 것으로 조사되었다.
3. 지가변동률은 연간 20%씩 매년 상승한 것으로 조사되었다.

해설

1. 거래사례가격

토지거래사례가격 = 거래가격 + 철거비 − 폐재가격

= 300,000,000원 + (60㎡ × 100,000원) − 1,000,000원

= 305,000,000원

2. 시점수정: 연간 지가변동률이 20%이므로 $(1.2)^2$ = 1.44

3. 사정보정: $\frac{100}{110}$

4. 지역요인: 인근지역에 소재하므로 지역요인은 동일 $\frac{100}{100}$

5. 개별요인: 대상물건/사례물건 = $\frac{90}{110}$

6. 면적비교: $\frac{200}{250}$

∴ 비준가격 = 305,000,000 × 1.44 × $\frac{100}{110} \times \frac{100}{100} \times \frac{90}{110} \times \frac{200}{250}$ = 287,476,364원

2-2 원가법

가. 원가법의 의의

원가방식을 통해서 가격을 산정하는 방식인 원가법은 가격시점에 대상물건의 재조달원가를 감가수정하여 대상물건이 가지는 현재의 가격을 산정하는 방법을 말한다. 원가법은 비용성과 대체의 원칙 등에 근거한다. 주요 적용대상으로는 재생산이 가능한 건물과 구축물, 건설기계 등이 있다. 토지의 경우에는 일반적인 경우 원가법 적용가능성이 없으나 조성지와 매립지 등에는 적용할 수 있다.

나. 원가법을 통한 적산가액(복성가격)의 산정

원가법을 통한 적산가액(복성가격)의 산정은 주로 건축물 등에 적용되며, 토지의 경우 별도로 거래사례비교법을 통해서 산정한 가격을 합하여 전체 부동산가격을 평가하게 된다. 이때 적산가액(복성가격)은 가격시점의 재조달원가에서 감가수정을 통한 감가누계액을 차감하여 산정한다.

적산가액(복성가격) = 재조달원가 − 감가수정액(감가누계액)

1) 재조달원가

재조달원가는 가격시점에서 평가대상물건과 동일한 효용과 기능을 가지고 있는 물건을

신축하거나 재취득하는 경우에 소요되는 원가총액을 의미한다. 재조달원가를 산정하는 방법에 따라 재생산비용과 대체비용으로 구분할 수 있다.

재생산비용은 대상물건을 평가시점 현재 동일한 모양, 재료 등을 통해서 다시 생산하는 데 소요되는 비용을 의미한다. 따라서 재생산비용을 산정하기 위해서는 평가대상 부동산에 대한 정보가 충분히 있어야 하므로 신축건물 등에 적용이 용이하다. 반면에 대체비용의 경우 건축자재나 공법 등이 변하거나 건축 후 오랜 시간이 지나 관련 자료 등이 없어 재생산비용을 산정하기 어려운 경우에 적용한다. 대체비용은 평가대상 물건의 물리적 동일성보다는 효용측면의 동일성을 기준으로 재조달원가를 산정한다.

2) 감가수정의 개념 및 유형

재조달원가는 가격시점에 평가대상 부동산을 새롭게 재조달하는 데 소요되는 비용을 산정한 것이나, 실제로는 신축 후 일정기간이 경과한 후에 평가하는 경우가 대부분이므로 감가수정이 필요하다. 감가수정은 대상물건에 대하여 재조달원가를 감액하여야 할 요인이 있는 경우 그에 해당하는 금액을 재조달원가에서 공제하는 것을 말한다.

3) 감가수정의 방법

감가수정에는 다양한 방법이 적용되는데, 일반적으로 내용연수를 기준으로 하는 정액법과 감가요인을 세분화하여 적용하는 분해법이 가장 많이 사용되고 있다.

① 정액법

정액법은 대상물건이 경제적 내용연수 동안 매년 일정액의 가치가 감소한다는 가정하에서 감가액을 산정하는 방법이다. 따라서 매년의 감가액은 대상물건의 감가대상금액을 내용연수로 나눈 금액이며, 감가수정액은 매년의 감가액에서 경과연수를 곱하여 산정한다.

- 매년 감가액 = 총 감가대상액/경제적 내용연수
- 감가수정액 = 매년 감가액 × 경과연수
- 총 감가대상액 = 재조달원가 - 잔존가액 = 재조달원가(1-잔가율)

예제

2년 전에 신축한 건물에 대한 감정평가를 하려고 한다. 대상물건의 공사비 내역을 분석한 결과 직접공사비 200,000,000원, 간접공사비 120,000,000원, 수급인의 적정이윤 32,000,000원, 도급인의 통상적 부대비용 48,000,000원으로 조사되었다. 내용연수는 40년으로 조사되었다. 내용연수 만료 시의 잔가율이 10%일 때, 대상물건의 복성가격을 구하라(단, 건축비는 매년 20%씩 인상되었다).

해설

1. 개요

복성가격 = 재조달원가 − 감가수정액

2. 재조달원가

① 2년 전 재조달원가

200,000,000원 + 120,000,000원 + 32,000,000원 + 48,000,000원 = 400,000,000원

② 가격시점의 재조달원가

$400{,}000{,}000 \times (1.2)^2 = 576{,}000{,}000$원

3. 감가수정

감가수정액 = $576{,}000{,}000원 \times (1 - 0.1) \times \frac{2}{40} = 25{,}920{,}000원$

∴ 복성가격 = 재조달원가 − 감가수정액 = 576,000,000원 − 25,920,000원 = 550,080,000원

② 분해법

분해법은 대상 부동산의 감가요인을 물리적 · 기능적 · 경제적 요인으로 세분하고 이를 다시 회복가능 감가요인과 회복불가능 감가요인으로 나누어 감가액을 측정한 후 합하여 감가누계액을 산정하는 방식이다. 감가수정을 위한 감가의 유형에는 물리적 감가, 기능적 감가, 경제적 감가가 있다.

물리적 감가는 평가대상의 물리적 손괴, 훼손 등으로 인하여 발생하는 감가로 회복이 가능한 경우와 회복이 불가능한 경우가 있다. 회복이 가능한 경우에는 회복을 위한 수리비 등을 감가하고 회복이 불가능한 경우에는 가치손실 부분을 감가한다. 기능적 감가는 기능적 진부화 등으로 인해 부동산 내부의 불균형을 가져와 발생하는 감가요인으로, 이 경우에도

비용을 투입하여 회복이 가능한 감가와 회복이 불가능한 감가로 구분할 수 있다. 경제적 감가는 인근지역과의 부적합 등 외부적 원인으로 인하여 발생하는 감가이며 외부적 감가 또는 위치적 감가라고 한다.

예제

이성호 씨는 3년 전에 신축한 건물에 대해서 감정평가를 하고자 한다. 건물에 대한 정보가 다음과 같을 때 건물의 가치는 얼마인가?

- 대지면적은 100㎡이며 건물의 연면적은 200㎡이다.
- 3년 전 신축시점의 1㎡당 건축비는 1,500,000원이며, 가격시점의 건축비는 2,000,000원으로 조사되었다.
- 물리적 감가는 정액법으로 산정하며, 건물 내부시설의 진부화로 10,000,000원의 감가요인이 있으며, 최근 외부에 유해시설이 설치되면서 20,000,000원의 감가요인이 발생하였다.
- 건물의 내용연수는 30년이며, 내용연수 만료 시 잔가율은 10%이다.

해설

1. 개요

   복성가격 = 재조달원가 - 감가상각액

2. 재조달원가

   2,000,000원 × 200㎡ = 400,000,000원

3. 감가수정액: 66,000,000원

   - 물리적 감가 = 400,000,000원 × (1 - 0.1) × $\frac{3}{30}$ = 36,000,000원
   - 기능적 감가 = 10,000,000원
   - 경제적 감가 = 20,000,000원

∴ 복성가격 = 재조달원가 - 감가수정액 = 400,000,000원 - 66,000,000원 = 334,000,000원

3 환원방법에 따른 수익환원법 활용

3-1 수익환원법의 의의

투자의 원리로 볼 때 순수익이 커질수록 그 부동산의 가치는 올라가게 된다. 따라서 투자자의 관점에서 순수익은 대상 부동산가격을 결정하는 데 중요한 요인이 된다. 수익환원법은 부동산이 산출되는 수익에 기초하여 부동산 가치를 측정한다는 기본적인 사고방식에서 출발한다. 수익환원법의 종류에는 한 해의 소득을 부동산의 가격으로 환원하는 직접환원법과 투자기간의 현금흐름을 할인하여 부동산의 가격을 산정하는 할인현금흐름분석법이 있다.

3-2 직접환원법

직접환원법은 수익이 영구적으로 발생한다는 전제하에 첫 번째 해의 순영업수익(NOI)을 환원이율(종합환원율)로 나누어서 부동산의 가격을 산정하는 방법이다. 이 방법을 이용하기 위해서는 평가대상의 순영업수익이 필요하므로 수익형부동산에서 주로 적용된다.

$$\text{수익가치} = \frac{\text{예상순영업수익}}{\text{환원이율}} = \frac{NOI}{R}$$

이때 순영업수익은 가능총수익에서 공실 및 대손과 영업경비를 차감한 수익으로 부동산의 운영을 통해서 산출되는 순수익을 의미한다. 순영업수익은 누구에게나 적용이 가능한 객관적인 소득이어야 하며, 통상의 이용능력과 이용방법으로 얻을 수 있는 계속적이고 규칙적인 소득이어야 한다. 환원이율은 종합환원율이라고도 하며 시장추출법, 금융적 투자결합법, 엘우드법, 조성법, 부채감당법 등을 적용하여 산정한다.

예제

투자를 예상하고 있는 상가건물의 순영입수익이 매월 500만 원이고 시장추출법을 통한 종합환원율이 10%인 경우 상가의 가격은 얼마인가?

$$\text{수익가치} = \frac{(500\text{만 원} \times 12\text{개월})}{10\%(0.1)} = 60{,}000\text{만 원}$$

3-3 할인현금흐름분석법(DCF법)

할인현금흐름분석법은 부동산을 일정기간 보유한 후 매각하는 것으로 가정한다. 보유부동산으로부터 매년 발생하는 순영업수익과 보유기간 말 매각수입을 통해서 현금흐름을 추정하고, 이를 적절한 할인율로 할인하여 현재가치를 구하는 방법이다.

예제

연도별 순영업수익과 매각을 통한 수입이 다음과 같을 경우 할인현금흐름분석법을 통해서 부동산의 가치를 산정하시오(할인율은 10%임).

보유부동산의 현금흐름

(단위: 만 원)

구분	1	2	3
순영업수익	1,000	2,000	3,000
매각수입			12,000

$$\therefore \text{수익가치} = \frac{1{,}000}{1.1} + \frac{2{,}000}{1.1^2} + \frac{(3{,}000 + 12{,}000)}{1.1^3}$$

$$= 909 + 1{,}653 + 11{,}270 = 13{,}832\text{만 원}$$

제3절 | 투자효과를 극대화하는 레버리지 활용

1 레버리지의 분석

1-1 부동산금융의 이해

일반적으로 금융은 자금의 수요자와 공급자 사이에서 자금을 융통하는 것을 의미한다. 부동산금융은 부동산 구입이나 투자를 위한 자금조달을 의미한다. 부동산을 구입하거나 부동산에 투자하는 경우 금융기관의 대출 등 타인자본을 활용하는 경우가 많아 부동산금융은 전체 금융시장에서도 높은 비중을 차지한다. 부동산시장에서 금융의 활용도가 높은 이유는 부동산이 고가의 재화이므로 매수자가 충분한 자금을 확보하지 못한 경우가 많기 때문이며, 투자수익률 측면에서도 레버리지를 활용하여 투자하는 것이 유리하기 때문이다. 이 외에도 대출을 활용하여 부동산을 구입하는 경우 이자비용을 비용으로 인정받을 수 있어 절세효과도 누릴 수 있다. 하지만 과도한 대출을 통해서 자금을 조달할 경우 이자비용에 대한 부담이 커져 위험이 증가할 수 있다는 점도 고려해야 한다.

1-2 대출심사와 대출가능금액 산정

대출심사란 위험요소와 신용도를 분석하여 대출금의 규모, 이자율, 대출기간 등을 결정하는 과정을 말한다.

대출을 실행할 때 금융기관은 부동산의 특성과 차입자의 상황을 고려하여 대출심사를 한다. 대출심사를 통해서 대출 여부와 대출가능금액, 금리 등이 결정된다. 특히 위험을 고려하여 대출가능금액을 산정하는 데에는 LTV와 DTI, DCR 등의 지표와 차입자의 신용도 등이 고려된다. 일반적으로 주거용부동산의 경우 LTV와 DTI가 적용되고, 수익형부동산의 경우 LTV와 DCR이 적용된다.

가. LTV(Loan-to-Value Ratio, 대부비율)

LTV란 자산(부동산)가치에 대한 융자액의 비율로 담보인정비율을 의미한다. 담보물의 가격은 전문적인 감정평가사에 의해 평가되는 경우가 보통이며, LTV의 비율은 정부의 정책이나 은행의 평가를 통해서 일정한 비율로 운영된다. 예를 들어서 LTV비율이 50%인 경우 시가 4억 원의 주택을 구입할 경우 2억 원까지 대출이 가능해진다. 다만 실무적으로는 선순위채권과 대항력 있는 임차보증금, 최우선변제권 금액을 차감하여 대출이 실행된다.

$$\text{LTV} = \frac{\text{대출액}}{\text{부동산의 가치}}$$

부동산의 가치와 대출액 간의 차이는 차입자가 직접 부담하는 자기지분(equity)을 의미하며, 높은 대부비율은 대출자의 입장에서 위험이 된다. 따라서 대부비율이 높아지면 대출자는 대출리스크가 높아지므로 더욱 높은 금리를 요구하게 된다.

나. DTI(Debt-to-Income, 소득 대비 부채비율)

DTI는 차입자의 소득대비 대출에 따른 원리금상환액의 비율로 차입자의 부채 상환능력을 나타낸다. 대출 심사에서 DTI를 적용하는 이유는 차입자의 상환능력을 고려하여 대출을 실행함으로써 부실을 방지하기 위해서이다. 차입자의 소득에는 정규적인 근로소득 외에도 부수입, 임대료수입, 이자 및 배당수입, 배우자의 수입 등도 포함된다. 그리고 대출상환액에는 당해 대출금의 원금 · 이자가 포함되며, 경우에 따라서는 당해 대출뿐만 아니라 자동차할부대출이나 신용카드 등의 다른 부채로 인한 상환액도 포함한다.

$$\text{DTI} = \frac{\text{당해 대출의 매월 원리금상환액} + \text{기타 부채 상환액}}{\text{월소득}}$$

DTI는 차입자가 매월 대출을 제대로 상환할 수 있는지 판단하는 척도가 되며 금융기관 등이 설정한 기준 이하까지만 대출이 가능해진다.

다. DCR(Debt Coverage Ratio, 부채감당률)

DCR은 부동산을 통한 순영업수익에 대한 연간 대출상환액의 비율로 상업용,

수익용부동산의 수입을 근거로 대출가능금액을 산정하는 데 사용한다. DCR은 순영업수익이 부채서비스액의 몇 배가 되는가를 나타내는 비율이다. 부채감당률이 1보다 작다는 것은 부동산을 통해서 산출된 순이익으로 대출에 대한 원리금 등을 상환할 수 없다는 것을 의미하며, 이 경우 장기적으로 사업을 운영하기 어려워진다. 일반적으로 금융기관에서는 1.3~1.5 이상의 DCR을 요구하는 경우가 많다.

$$\text{DCR} = \frac{\text{순영업수익}}{\text{대출상환액}}$$

예제

나대한 씨는 10억 원의 부동산을 가지고 대출을 받으려고 한다. 은행의 수익부동산에 대한 대출기준은 LTV비율 60% 이하이고 DCR은 1.5 이상이며 두 가지 기준을 적용한 대출가능금액 중 낮은 금액으로 대출을 실행한다. 매월 원리금균등 분할상환 조건 대출로서 대출기간 25년, 대출금리 연 9% 월복리인 경우 최대대출금액은 얼마인가? (월 기준 대출상수는 0.0084이고 순영업수익은 연간 1억 원이다. 연 대출상수는 월 대출상수에 12개월을 곱하여 사용하며 대출상환액은 대출액에 대출상수를 곱하여 산정한다.)

해설

○ LTV 기준 대출가능금액: 1,000,000천 원 × 60% = 600,000천 원

○ DCR 기준 대출가능금액

- $\text{DCR} = \frac{\text{순영업수익}}{\text{대출상환액}} = \frac{\text{순영업수익}}{\text{대출액} \times \text{대출상수}} = 1.5$
- $\text{대출가능금액} = \frac{\text{순영업수익}}{(1.5 \times \text{대출상수})}$
- 대출상수(월): 0.0084
- 대출상수(년): 0.0084 × 12 = 0.1008

$\therefore$ $\text{대출가능금액} = \frac{\text{1억 원}}{(1.5 \times 0.1008)} = \text{661,376천 원}$

따라서 대출가능금액은 600,000천 원이다.

예제

오승환 씨는 가격이 6억 원인 주택을 매입하고자 한다. 은행에서 제시한 대출조건은 LTV비율이 최대 60%이며, DTI는 최대 40%이다. 매월 원리금 균등분할 상환조건으로 대출이자율은 6%이고 대출기간은 20년이다. 오승환 씨는 매월 600만 원의 소득을 올리고 있다. 은행이 LTV와 DTI 기준 중 낮은 금액으로 대출을 실행한다고 할 때 최대 대출금액은 얼마인가(월 기준 대출상수는 0.0072이다)?

해설

○ LTV 기준 대출가능금액: 600,000천 원 × 60% = 360,000천 원

○ DTI 기준 대출가능금액

- DTI = $\frac{\text{대출상환금액}}{\text{소득}} = \frac{\text{대출액} \times \text{대출상수}}{\text{소득}}$ = 40%

- 대출가능금액 = $\frac{\text{소득} \times 40\%}{\text{대출상수}}$

- 대출상수(월): 0.0072

∴ 대출가능금액 = $\frac{6{,}000\text{천 원} \times 40\%}{0.0072}$ = 333,333천 원

따라서 대출가능금액은 333,333천 원이다.

1-3 금리구조와 부동산대출

가. 금리구성요소

금리는 자금시장의 수요와 공급에 의해 결정된다. 대출의 재원조달상황과 경제상황, 대출에 따른 리스크, 인플레 등의 요소들이 그 규모나 요구금리에 영향을 미친다.

1) 실질금리

대출은 자금을 운영하는 것이다. 즉 하나의 투자인 셈이다. 이때 금융기관의 가장 근본적인 목적은 실질금리 이상의 금리를 통해서 수익을 얻는 것이다.

2) 리스크 프리미엄

부동산대출에서는 대출에 따르는 근본적인 위험 외에 부동산에 대한 또 다른 위험요소가 존재한다. 이를 반영하여 금리를 조정하는 과정이 위험프리미엄의 적용이라고 할 수 있다.

리스크 프리미엄은 다음과 같은 항목들로 구성된다.

① 차입자의 상황에 따른 채무불이행 및 원리금 납입 지연 위험
② 시장이자율 변동으로 인한 금리위험
③ 조기상환위험
④ 담보대상 부동산의 특성으로 인한 위험
⑤ 대출기간 및 대출조건 등에 따른 위험 등

3) 예상 인플레이션

조달금리와 리스크 프리미엄을 충분히 고려하여 금리를 산정한 경우에도 인플레이션이 발생하면 이자수입의 화폐가치가 하락하기 때문에 대출자는 손해를 볼 수 있다. 예를 들어 인플레이션을 고려하지 않은 상태에서 산정한 이자율이 10%인 경우, 해당 기간에 5%의 인플레이션이 발생했다면 실질 이자율은 10%보다 낮아질 수밖에 없다. 따라서 대출금리를 산정하는 경우 예상 인플레이션을 반드시 고려해야 한다.

나. 고정금리대출(FRM)

고정금리대출(Fixed Rate Mortgage)은 대출기간에 금리가 변동되지 않는 저당대출을 의미한다. 고정금리대출에서 차입자는 시중금리가 오르더라도 추가 금리인상 없이 대출시점에서의 금리를 만기까지 계속 유지할 수 있다. 일반적으로 고정금리대출은 대출해주는 대출자(은행)가 금리변동위험을 주로 부담하기 때문에 금리를 변동금리대출보다 다소 높게 책정하여 운영된다. 우리나라는 2000년대 초까지 고정금리의 비율이 매우 낮았으나 정부에서 대출의 안정성을 고려하여 고정금리대출의 비중을 높이기 위한 노력을 지속하고 있어 최근에는 고정금리대출의 비중이 빠르게 증가하고 있다. 시장이자율 변동에 따른 고정금리대출의 효과는 다음과 같다.

1) 시장이자율이 상승할 경우

고정이자율 하에서 대출자는 수익손실의 위험이 있고, 차입자는 신규대출에 비하여 이자비용이 적으므로 상대적으로 유리하다. 인플레이션이 발생하면 실질이자율이 하락하는

위험이 있으므로 대출자 입장에서는 불리하고 시장이자율이 약정이자율보다 높아지면 대출기관의 수익성이 악화된다.

2) 시장이자율이 하락할 경우

고정이자율 하에서 차입자는 신규대출에 비하여 기존의 높은 이자율을 부담하므로 불리해진다. 이 경우 차입자는 다른 은행에서 신규대출을 하여 기존 대출을 조기에 상환하려 할 것이다. 즉 시장이자율이 약정이자율보다 낮아지면 고정금리대출 차입자는 조기상환할 유인이 생긴다. 따라서 시장이자율이 하락하면 대출자 입장에서는 조기상환의 위험이 있으므로 안정적인 수익을 해칠 수 있다. 이러한 위험을 방지하기 위해서 금융기관에서는 조기상환수수료나 위약금 등을 대출계약 내용에 포함하는 경우가 많다.

다. 변동금리대출(ARM)

변동금리대출(Adjustable Rate Mortgage)은 시중금리가 변동할 경우 대출상품의 이자율도 특정 금리에 연동하여 변하는 대출이다. 대출주가 고정금리로 자금운영을 할 때, 인플레이션이 발생하거나 경제환경이 변화하는 경우 때에 따라서는 자금조달금리가 오히려 대출금리보다 높아질 수 있고 금리변동으로 인한 리스크를 모두 떠안게 된다. 이러한 위험을 방지하기 위해서 대출자가 고정금리로 장기 대출하는 대신 차입자에게 금리변동위험을 전가하는 구조를 도출한 것이 변동금리대출이다. 금리변동위험을 차입자가 부담하게 되므로 대출주는 위험 프리미엄만큼 낮은 금리로 운영할 수 있으며 차입자는 일반적인 고정금리상품보다 낮은 이자율의 대출을 사용할 수 있다는 이점이 있다.

참고 **코픽스(COFIX: Cost of Funds Index) 금리**

과거에는 변동금리대출의 기준으로 CD금리 등이 사용되었으나, 금융기관의 조달비용을 충분히 반영하지 못한다는 의견이 제시되면서 최근에는 코픽스 금리가 주로 사용되고 있다. 코픽스 금리는 은행들의 자금조달 관련 정보를 기초로 산출되는 자금조달비용지수로, '신규취급액기준 COFIX', '잔액기준 COFIX', '단기 COFIX'로 구분 공시된다. 신규취급액 기준은 매월 신규취급액의 가중평균금리를 기준으로 산정하며, 잔액기준은 매월 말 잔액의 가중평균금리를 기준으로 산정한다. 마지막으로 단기 COFIX는 주간 신규취급액의 가중평균금리를 기준으로 산정한다.

1-4 대출상환방식

가. 원금균등분할상환 대출(CAM: Constant Amortization Mortgage)

1) 개요

원금균등분할상환 대출은 대출기간에 원금을 균등하게 상환하고, 여기에 이자를 더하여 상환하는 대출이다. 대출 초기에 기간을 고려하여 균등하게 나눈 원금과 전체에 대한 이자가 납부되어 가장 많은 불입액이 되고, 시간이 지남에 대출원금이 줄어들어 그에 따른 이자도 줄어들고 따라서 전체 불입액이 줄어든다. 따라서 초기 부담이 크고 점차 부담이 감소하는데 대출 초기 시점에 채무불이행이 많다는 단점이 있다.

2) 대출상환액 산정

원금상환액은 매년 일정하므로 대출원금을 대출기간으로 나누어서 산정할 수 있다. 매기 동일한 원금상환액에 매기 기초 대출잔액에 이자율을 곱한 이자금액을 가산하면 매기 대출상환액을 산정할 수 있다.

- 원금상환액 = 대출원금 / 대출기간
- 이자금액 = 매기 기초 대출잔액 × 이자율
- 원리금상환액 = 원금상환액 + 이자금액

예제

대출액 100,000천 원, 이자율(년) 10%, 대출기간(년) 20년, 매년 원금균등분할상환조건일 경우 첫해와 둘째 해의 원금과 이자상환액은?

해설

- 매년 원금상환액: 100,000천 원 / 20년 = 5,000천 원
- 첫해 이자상환액: 100,000천 원 × 10% = 10,000천 원
- 첫해 원리금상환액: 15,000천 원
- 둘째 해 이자상환액: (100,000천 원 - 5,000천 원) × 10% = 9,500천 원
- 둘째 해 원리금상환액: 5,000천 원 + 9,500천 원 = 14,500천 원

∴ 첫째 해의 상환액이 가장 크고 매년 상환액이 감소한다.

나. 원리금균등분할상환 대출(CPM: Constant Payment Mortgage)

1) 개요

원리금균등분할상환 대출은 대출 전체 기간에 원금과 이자를 합한 금액이 일정하게 되도록 불입액구조를 만들어 납부토록 하는 대출이다. 이 방식은 초기에 납부하는 불입액은 원금보다 이자가 월등히 많이 구성되고, 기간이 경과하면서 대출잔액이 천천히 줄어들고 이자부분이 감소하며 원금부분이 점차 많아진다. CPM은 일정한 금액을 초기부터 마지막까지 계속 불입하는 구조이기에 일정한 소득을 지닌 차입자가 예산 계획을 세워 납부하는 데 용이하므로 선호되며, 대출자 입장에서도 초기 채무불이행이 적어 선호하는 방식이다.

2) 대출상환액 산정

매년 상환액은 최초 대출금액에서 대출상수를 곱하여 산정하며, 이 금액은 매년 동일하다. 이 중에서 매기 기초 대출잔액에 이자율을 곱한 금액인 이자금액을 차감하면 원금상환액을 산정할 수 있다.

- 원리금상환액 = 대출금액 × 대출상수
- 이자금액 = 매기 기초 대출잔액 × 이자율
- 원금상환액 = 원리금상환액 - 이자금액

예제

대출액 100,000천 원 , 이자율(년) 10%, 대출기간(년) 20년, 매년 원리금균등분할상환일 경우 첫해와 둘째 해의 원금과 이자상환액은(대출조건에 따른 대출상수는 0.11746임)?

해설

- 매년 상환액 = 대출액 × 대출상수 = 100,000천 원 × 0.11746 = 11,746천 원

- 첫해 이자상환액 = 100,000천 원 × 10% = 10,000천 원
- 첫해 원금상환액 = 11,746천 원 - 10,000천 원 = 1,746천 원

- 둘째 해 이자상환액 = (100,000천 원 - 1,746천 원) × 10% = 9,825천 원
- 둘째 해 원금상환액 = 11,746천 원 - 9,825천 원 = 1,921천 원

∴ 대출심사를 위한 최초개시소득이 CAM보다 낮아지므로 CPM 방식의 대출이 쉽게 이루어진다.

다. 점증 분할상환 대출(GPM: Graduated Payment Mortgage)

점증분할상환대출은 대출초기에는 납부하는 불입액이 적다가 시간이 지남에 따라 점차 증가하는 대출이다. 대출초기 상환액이 지불해야 하는 이자금액에 미치지 못할 경우 대출잔액을 증가시킨다. 차입자의 소득이나 담보물의 임대료가 점차 상승하여 수입이 올라갈 것이기에 납부액이 늘어나더라도 갚기가 훨씬 용이하기 때문이다. GPM은 초기 납부부담을 줄여줌으로써 대출의 심사기능인 DCR(또는 DTI)규정을 통과토록 함으로써 대출이 가능할 수 있도록 하며 소득이 증가할 것으로 예상되는 사회초년생, 신혼부부, 미래 소득의 증가율이 높은 차입자에게 유리한 방식이다.

예제

대출액 100,000천 원 , 이자율(년) 10%, 대출기간(년) 20년이며 최초 상환액을 5,000천 원으로 하여 매기 1,000천 원씩 상환액을 상승시키는 점증상환대출을 하고자 한다. 첫해와 둘째 해의 상환액과 대출잔액은?

해설

- 첫해 상환액: 5,000천 원
- 첫해 이자: 100,000천 원 × 10% = 10,000천 원

∴ 첫해 말 대출잔액: 100,000천 원 + (10,000천 원 - 5,000천 원) = 105,000천 원

- 둘째 해의 상환액: 6,000천 원
- 둘째 해의 이자: 105,000천 원 × 10% = 10,500천 원

∴ 둘째 해 말 대출잔액 = 105,000천 원 + (10,500천 원 - 6,000천 원) = 109,500천 원

〈그림 3-3〉 3가지 방식의 비교

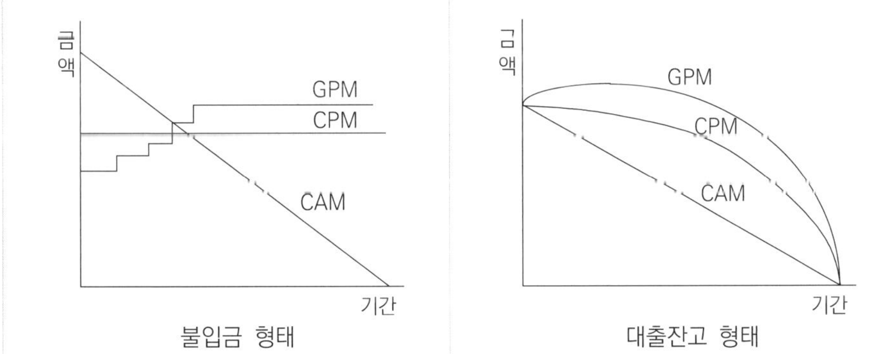

2 레버리지효과의 활용

2-1. 레버리지효과의 개념

부동산투자를 할 경우 대개는 자기자본 외에 차입을 통한 타인자본을 활용한다. 물론 투자자금이 부족해서 타인자본을 이용하는 경우도 있지만 타인자본을 활용하는 것이 투자의 성과를 높일 수 있기 때문이다. 이렇게 투자로 인한 수익을 극대화하기 위해서 타인자본을 이용하여 산출효과를 높이는 행위를 지렛대효과 또는 레버리지효과라고 한다.

2-2 레버리지효과의 분석

아래 사례를 통해서 레버리지효과를 분석해보고자 한다. 투자금액이 10억 원인 상가에 투자할 계획이며 상가의 연간 임대료 수입은 1억 원으로 예상된다. 이때 크게 4가지의 상황을 고려하여 차이를 분석하고자 한다. 4가지 상황은 다음과 같다.

① 전액 자기자본을 투자하는 경우
② 투자자금의 50%를 이자율 8%에 타인자본으로 조달하는 경우
③ 투자자금의 50%를 이자율 10%에 타인자본으로 조달하는 경우
④ 투자자금의 50%를 이자율 12%에 타인자본으로 조달하는 경우

먼저, 부동산의 종합수익률을 산정하면 총투자액이 10억 원이고 1억 원의 수익이 발생하므로 10%가 된다. 종합수익률은 투자부동산 자체의 성과이므로 타인자본을 이용하느냐 아니냐와 관계없이 동일하다. 레버리지효과는 이러한 성과를 자기자본 투자자와 타인자본 투자자 사이에서 어떻게 배분하느냐에 따라 달라진다. 투자의 성과배분에서 자기자본은 투자의 성과로 배당을 받게 되고 타인자본 투자자는 이자를 받게 되는데, 타인자본에 대한 이자지급이 먼저 이루어지고 난 후에 자기자본에 대한 배당이 이루어질 수 있다. 따라서 타인자본에 대한 이자지급비중이 작을수록 자기자본 투자자의 수익률이 상승하게 된다.

전체 투자성과	타인자본: 이자
	자기자본: 배당

가. 전액 자기자본 투자 시

〈표 3-5〉와 같이 전액 자기자금을 투자하는 경우에는 타인자본이 없으므로 부동산의 종합수익률은 자기자본수익률과 같아진다. 따라서 이 경우에는 종합수익률과 자기자본수익률이 모두 10%가 된다.

나. 투자자금의 50%를 이자율 8%에 타인자본으로 조달하는 경우

이 경우에는 전체 10억 원의 투자액 중 5억 원을 타인자본으로 조달한 경우로 자기자본 투자액은 5억 원으로 감소한다. 타인자본을 이용한 경우 부동산을 통한 임대료 수익에서 타인자본을 먼저 상환해야 하므로, 1억 원 중 타인자본 5억 원에 대한 대가로 이자율 8%를 적용하여 4천만 원을 지급해야 한다. 따라서 자기자본 투자자가 가져갈 수 있는 수익은 6천만 원이며 자기자본 투자자의 수익률은 12%로 상승하게 된다. 즉, 전액 자기자금을 투자한 경우보다 자기자본수익률이 2%p 상승하므로 정(+)의 레버리지가 발생하게 된다. 정의 레버리지가 발생하는 이유는 종합수익률에 비해서 타인자본에 대한 이자율이 낮아 상대적으로 자기자본 투자자에게 많은 수익이 배분되기 때문이다. 따라서 정의 레버리지효과가 발생하기 위해서는 종합수익률에 비해서 대출이자율이 낮아야 한다.

$$\text{이자비용} = \text{5억 원} \times 8\% = \text{4천만 원}$$

$$\text{자기자본수익률} = \frac{(\text{1억 원} - \text{4천만 원})}{\text{5억 원}} = 12\%$$

다. 투자자금의 50%를 이자율 10%에 타인자본으로 조달하는 경우

이 경우에는 전체 부동산의 수익 1억 원 중 타인자본 5억 원에 대한 대가로 이자율 10%가 적용된 5천만 원을 지급해야 한다. 따라서 자기자본 투자자가 가져갈 수 있는 수익은 5천만 원이며 자기자본 투자자의 수익률은 10%로 종합수익률과 동일해진다. 이렇게 레버리지를 활용해도 종합수익률과 동일한 자기자본수익률이 발생하는 경우를 중립적 레버리지효과라고 한다. 중립적 레버리지효과가 발생하는 것은 종합수익률과 타인자본에 대한 이자율이 동일하여 자기자본에 미치는 효과도 동일하기 때문이다.

이자비용 = 5억 원 × 10% = 5천만 원

$$자기자본수익률 = \frac{(1억\ 원 - 5천만\ 원)}{5억\ 원} = 10\%$$

라. 투자자금의 50%를 이자율 12%에 타인자본으로 조달하는 경우

이 경우에는 타인자본 5억 원에 대한 대가로 이자율 12%가 적용된 6천만 원을 지급해야 한다. 따라서 자기자본 투자자가 가져갈 수 있는 수익은 4천만 원으로 낮아지며 자기자본 투자자의 수익률은 8%로 낮아져 전액을 자기자본으로 투자한 종합수익률보다 2%p가 낮아진다. 이렇게 레버리지를 활용한 결과 종합수익률보다도 낮아진 자기자본수익률이 발생하는 경우를 부(-)레버리지효과라고 한다. 이러한 결과는 종합수익률에 비해서 대출이자율이 높아 오히려 자기자본 투자자에게 배당되는 수익이 감소하기 때문이다.

이자비용 = 5억 원 × 12% = 6천만 원

$$자기자본수익률 = \frac{(1억\ 원 - 6천만\ 원)}{5억\ 원} = 8\%$$

〈표 3-5〉 레버리지효과의 분석

	전액 자기자본 투자	차입 5억 원 투자		
		이자율 8%	이자율 10%	이자율 12%
상가가격 - 차입금	10억 원 -	10억 원 - 5억 원	10억 원 - 5억 원	10억 원 - 5억 원
= 자기자본투자	10억 원	5억 원	5억 원	5억 원
연간임대료 수익 - 차입금 이자지급	1억 원 -	1억 원 - 4,000만 원	1억 원 - 5,000만 원	1억 원 - 6,000만 원
= 순수익	1억 원	6,000만 원	5,000만 원	4,000만 원
자기자본수익률	10%	12%	10%	8%

자료: 부동산원론, 조주현 저

2-3 레버리지효과의 원리

앞에서 분석한 내용을 간단한 계산식으로 구성하면 다음과 같다. 부동산의 종합적인 수익률은 자기자본수익률과 타인자본수익률로 구성되며, 그 구성 비율에 따라서 영향력도 달라진다. 이때 종합수익률과 자기자본 및 타인자본의 비중이 동일하다면 대출이자율이 낮을수록 자기자본수익률이 올라가게 된다.

$$\text{종합수익률}(K_O) = K_d(L/V) + K_e(E/V)$$

Ko : 종합수익률

K_d : 대출이자율

K_e : 자기자본수익률

L : 대출금

E: 자기자본

V: 투자가치

앞의 예에서 첫 번째 상황을 위의 공식에 적용하면 다음과 같다. 만약 다음 식에서 종합수익률 12%와 대출이자율 8%, 타인자본 5억이 정해져 있다면 자기자본수익률은 12%로 산정되며, 자기자본수익률이 종합수익률보다 높으므로 정(+)의 레버리지효과가 나타날 것이다. 반면에 만약 대출이자율이 12%로 상승한다면 자기자본수익률은 8%로 하락하게 된다.

$$10\% = 12\% \times (5\text{억} / 10\text{억}) + 8\% \times (5\text{억} / 10\text{억})$$

자기자본수익률의 계산을 용이하게 하기 위해서 위의 계산식을 자기자본수익률을 중심으로 정리하면 다음과 같이 된다.

$$\text{자기자본수익률}(K_e) = K_o + (K_o - K_d)\frac{L/V}{E/V}$$

앞서 살펴본 첫 번째 상황을 위의 공식에 적용하면 종합수익률이 10%, 대출이자율이 8%, 대출비율이 50%이므로 자기자본수익률은 다음과 같이 산정할 수 있다.

$$자기자본수익률 = 10\% + (10\% - 8\%) \times \frac{50\%}{50\%} = 12\%$$

위의 계산식에서 대출이자율 10%를 적용하면 자기자본수익률이 10%이므로 중립적 레버리지효과가 나타나고, 다음과 같이 대출이자율 12%를 적용하면 자기자본수익률이 8%가 되므로 부의 레버리지효과가 나타난다.

$$자기자본수익률 = 10\% + (10\% - 12\%) \times \frac{50\%}{50\%} = 8\%$$

위의 계산식을 활용하면 종합수익률이 대출이자율보다 높은 경우에는 종합수익률보다 자기자본수익률이 올라가지만, 대출이자율이 더 높은 경우에는 종합수익률보다 자기자본수익률이 낮아지는 것을 확인할 수 있다. 따라서 레버리지효과 분석은 다음과 같이 정리할 수 있다.

〈표 3-6〉 레버리지효과 분석

구분	비교	결과
정의 레버리지	종합수익률 〉 대출이자율이면, 자기자본수익률 〉 종합수익률	자기자본 투자자의 수익증대
중립적 레버리지	종합수익률 = 대출이자율이면, 자기자본수익률 = 종합수익률	동일
부의 레버리지	종합수익률 〈 대출이자율이면, 자기자본수익률 〈 종합수익률	자기자본 투자자의 수익감소

위의 계산식을 통해서 대출비율에 따른 레버리지효과의 변화도 확인할 수 있다. 종합수익률이 10%이고 대출이자율이 8%인 경우에 타인자본 투자액을 기존 5억 원에서 8억 원까지 증가시킬 경우 타인자본 투자비율이 50%에서 80%까지 상승하고 자기자본 투자비율은 20%로 낮아지므로 자기자본수익률은 18%로 크게 상승한다. 따라서 정(+)의 레버리지효과가 발생할 경우 대출비율을 높이면 레버리지효과가 더 커지는 것을 확인할 수 있다. 다만 대출비율을 높일 경우에는 대출이자율도 함께 상승할 수 있으므로 이를 고려해야 한다.

$$\text{자기자본수익률} = 10\% + (10\% - 8\%) \times \frac{80\%}{20\%} = 18\%$$

예제

김기윤 씨가 보유하고 있는 상업용 부동산의 2020년 종합수익률은 8%이며, 대출이자율은 4%, 대출비율은 60%이다. 김기윤 씨는 2021년에 대출비율을 80%까지 높이려고 계획하고 있다. 하지만 은행에 문의한 결과 대출비율을 80%까지 높이면 대출이자율이 6%로 인상될 것으로 예상된다고 하였다. 이 경우 2020년과 2021년의 자기자본수익률과 레버리지효과를 제시하라.

해설

- 2020년: 자기자본수익률 $= 8\% + (8\% - 4\%) \times \frac{60\%}{40\%} = 14\%$

  자기자본수익률이 종합수익률보다 크므로 정(+)의 레버리지효과가 발생한다.

- 2021년: 자기자본수익률 $= 8\% + (8\% - 6\%) \times \frac{80\%}{20\%} = 16\%$

∴ 2021년에도 자기자본수익률이 종합수익률보다 크므로 정(+)의 레버리지효과가 발생하고, 2020년에 비해서 자기자본수익률이 2%p 높아진다.

제4절 | 부동산투자가치의 측정

1 부동산투자수익의 산정

1-1 개요

부동산의 투자가치는 투자자가 대상 부동산에 대해서 부여하는 가치로 주관적 관점의 가치라고 볼 수 있다. 투자자들은 투자대상 부동산의 수익과 위험, 자신의 요구수익률 등을 고려하여 가치를 산정하게 된다. 이렇게 투자자가 산정한 가치는 시장에서 객관적으로 거래되는 시장가치와 비교하여 투자의사결정의 기준이 된다. 예를 들어 투자자가 투자대상에 부여하는 투자가치가 10억 원이고 해당 부동산이 시장에서 8억 원에 거래되고 있다면 투자자는 투자를 실행할 것이다. 즉 부동산의 투자가치가 시장가치보다 크거나 같으면 투자가 실행된다. 하지만 투자가치가 시장가치보다 낮을 경우 투자자는 투자를 하지 않는다.

투자가치는 일반적으로 수익환원법을 통해서 산정한다. 적용방법에 따라서 한 해의 수익을 환원하는 직접환원법과 투자기간의 운영수익과 자본수익을 할인하는 할인현금흐름분석법(DCF법)으로 구분된다. 또한 할인현금흐름분석법을 통한 투자가치산정과 투자의사결정에는 순현가법(NPV법)과 내부수익률법(IRR법) 등 투자의사 결정방법이 활용된다.

1-2 부동산투자수익의 산정

가. 부동산투자수익의 구성

부동산투자 시 투자수익은 투자기간의 운영수익과 매각차익으로 구성된다. 운용수익과 매각차익은 현금수익을 기준으로 산정되므로 회계적 이익과는 접근방식이 다르다. 운영수익을 산정하기 위해서는 우선 부동산의 임대를 통해서 거둘 수 있는 매기 총수입에서 공실과 영업경비 등을 차감하여 순영업수익을 산정한다. 여기에 타인자본에 대한 대가와 운영에 따른 세금을 반영하면 세전현금수익과 세후현금수익이 산정된다. 매각차익의 경우 운영기간 말 매각가치에서 매각비용을 차감하여 산정하며, 타인자본을 고려할 경우 미상환 대출잔금을 차감하여 세전지분복귀액을 산정할 수 있다. 여기에 자본이득세를 차감하면 세후지분복귀액을 산정할 수 있다.

나. 매기 운영수익의 산정

1) 순영업수익의 산정

부동산 운영수익의 산정에서 가장 기본이 되는 것은 순영업수익이다. 순영업수익은 부동산의 임대수익에서 영업경비를 차감한 것으로, 일반 기업의 영업이익과 유사한 수준의 수익이다. 순영업수익의 산정에서는 타인자본에 대한 대가나 운영에 따른 세금은 고려하지 않으므로 순수하게 부동산이 산출하는 수익을 산정하고자 할 때 활용된다. 또한 순영업수익은 직접환원법에서 종합환원율로 환원하여 부동산의 가치를 산정하는 경우에 활용되며, 할인현금흐름분석법에서는 부동산 전체의 투자가치를 산정하기 위해서 사용된다.

순영업수익을 산정하는 첫 번째 단계는 가능총수익을 계산하는 것이다. 가능총수익은 부동산이 100% 임대될 경우 받을 수 있는 총임대료 수입으로 투자부동산으로부터 얻을 수 있는 최대한의 임대료 수입이다. 따라서 아래와 같이 산정한다.

가능총수익 = 매년 예상 단위당 임대료 × 임대가능 단위 수

하지만 운영기간에 부동산이 공실 없이 100% 임대가 가능하다는 가정은 현실적이지 못하다. 따라서 순영업수익 산정을 위해서는 일정수준의 공실을 가정하여 반영한다. 또한 임대가 되었지만 임차인의 사정으로 받지 못하게 된 임대료의 경우에도 불량부채 등으로 반영하여 차감해야 한다. 일반적으로 공실 및 대손상당액은 가능총수익의 일정비율을 가정하여 반영한다. 여기에 임대수익 이외에 부동산을 통해서 받을 수 있는 주차상수입, 자판기수입, 광고판수입 등을 기타수익으로 반영하여 임대인이 실질적으로 받을 수 있는 총수익을 산정하며 이를 유효총수익이라고 한다.

유효총수익 = 가능총수익 - 공실 및 불량부채액 + 기타수익

유효총수익은 부동산운용으로 인한 수익만을 고려한 것으로 부동산운영을 위한 비용을 고려해야만 순영업수익을 산정할 수 있다. 운영과정에서 발생하는 비용은 영업경비라고 하며 투자부동산에 대한 유지관리비, 당해 부동산의 재산세, 화재보험료, 수도료, 전기료 등이 포함된다. 다만 영업경비도 현금흐름을 기준으로 하므로 감가상각비 등 현금지출이 없는 비용항목은 포함되지 않으며, 타인자본과 운영 관련 세금을 고려하기 전 단계이므로 이자비용과 운영소득세 등을 포함하지 않는다.

순영업수익 = 유효총수익 - 영업경비

지금까지 살펴본 내용을 고려하여 순영업수익을 산정하는 과정을 정리하면 아래와 같다.

■ 순영업수익 산정

가능총수익(PGI: Potential Gross Income): 단위당 예상 임대료×임대 단위 수)
- 공실 및 불량 부채액(공실 및 대손충당금): 일반적으로 가능총수익의 일정 비율
+ 기타 수익(OI: Other Income): 주차장 임대수입, 자판기 수입 등

= 유효총수익(EGI: Effectiveness Gross Income)
- 영업경비(OE: Operating Expenses): 대상 부동산을 운영하는 데 소요되는 경비

= 순영업수익(NOI: Net Operating Income)

예제

나대한 씨가 투자하고자 하는 상가의 현황이 다음과 같을 때 순영업수익을 산정하라.

- 투자대상 상가에는 10개의 점포가 있으며 점포당 임대수입은 연간 5천만 원
- 공실 및 대손상당액: 가능총수익의 5%
- 상가의 연간 유지관리비 5천만 원, 조세공과금 3천만 원, 화재보험료 1천만 원, 인건비 4천만 원, 대출상환액 2천만 원, 감가상각비 2천만 원
- 투자대상 상가는 임대수입 외에 주차장 및 자판기수입이 연간 2천만 원 발생함

해설

- 가능총수익: 10개 × 5천만 원 = 5억 원
- 공실 및 대손액: 5억 원 × 5% = 2,500만 원
- 기타수익: 2,000만 원

■ 유효총수익 = 50,000만 원 - 2,500만 원 + 2,000만 원 = 49,500만 원
■ 영업경비 = 5,000만 원 + 3,000만 원 + 1,000만 원 + 4,000만 원 = 13,000만 원
※ 대출상환액과 감가상각비는 영업경비 항목이 아님
∴ 순영업수익 = 유효총수익 - 영업경비 = 49,500만 원 - 13,000만 원 = 36,500만 원

2) 세전현금수익과 세후현금수익의 산정

순영업수익은 부동산을 통해서 창출된 수익에서 자기자본과 타인자본으로 수익을 나누기 전의 수익이므로 총투자를 가정한 수익이다. 하지만 투자자들은 전체 투자액에 대한 수익보다는 지분에 해당하는 수익, 즉 자기자본 투자자가 배분받을 수 있는 수익에 더욱 관심이 많다. 따라서 순영업수익에서 타인자본에 대한 대가인 부채서비스액을 차감하여 세전현금수익을 산정할 필요가 있다. 이때 부채서비스액은 대출조건에 따라서 원리금상환액 또는 이자상환액이 된다.

세전현금수익 = 순영업수익 - 부채서비스액(원리금상환액 또는 이자상환액)

세전현금수익은 타인자본에 대한 대가는 고려하였으나, 매기 운영을 통한 수익에 대한 세금부분은 고려하지 못했다는 한계가 있다. 자기자본 투자자가 최종적으로 배당받을 수 있는 수익을 확인하기 위해서는 세금부분까지 고려할 필요가 있으며, 영업소득세가 차감된 수익을 세후현금수익이라고 한다.

세후현금수익 = 세전현금수익 - 영업소득세(양도소득세)

순영업수익에서 세후현금수익을 선정하는 과정은 다음과 같다.

순영업수익(순운용소득, NOI: Net Operating Income)
- 부채서비스액(원리금상환액, DS): 원리금상환액 또는 이자상환액

= 세전현금수익(세전 현금흐름, BTCF)
- 영업소득세

= 세후현금수익(세후 현금흐름, ATCF)

세후현금수익산정 시 적용하기 위한 영업소득세는 순영업수익에서 이자지급액과 감가상각비를 차감하여 과세대상소득을 산정한 후 세율을 적용하여 계산한다. 이자지급액의 경우에는 순영업수익의 산정단계보다 이후에 반영이 되기 때문에 영업경비에 포함되지 않아서 순영업수익에서 차감한다. 다만 원금상환액은 비용으로 인정받을 수 없으므로 이자상환액만 차감한다. 감가상각비의 경우 현금지출이 없는 비용으로 영업경비에는 포함되지 않으나, 세금계산 시에는 비용으로 인정받을 수 있으므로 과세대상 소득산정 시 차감한다.

■ 영업소득세(사업소득세, 양도소득세) 산정

순영업수익
- 이자지급액: 원금상환액은 해당하지 않음
- 감가상각비: 건물에 대한 감가상각

= 과세대상소득
× 세율

= 영업소득세

예제

앞의 예제에서 나대한 씨가 투자하고자 하는 상가의 추가정보가 다음과 같을 때 1차 연도의 세후현금수지는?

- 부동산투자 시 10억 원의 대출을 받았으며 대출기간은 20년, 대출이자율은 4%
- 대출조건에 따른 대출상수: 0.0736
- 부동산 중 건물의 가치는 6억 원이며 20년간 감가상각을 함
- 영업소득세의 세율은 20%임
- 순영업수익: 36,500만 원

해설

- 부채서비스액 = 100,000만 원 × 0.0736 = 7,360만 원
- 세전현금수익 = 36,500만 원 - 7,360만 원 = 29,140만 원
- 영업소득세: 5,900만 원

■ 순영업수익: 36,500만 원

- 이자지급액: 4,000만 원(= 100,000만 원 × 4%)
- 감가상각비: 3,000만 원(= 60,000만 원 / 20년)

= 과세대상소득: 29,500만 원

× 세율　　　: 20%

= 영업소득세: 5,900만 원

∴ 세후현금수익 = 세전현금수익 - 영업소득세 = 29,140만 원 - 5,900만 원 = 23,240만 원

다. 지분복귀액의 현금수지

운영기간 말에 투자부동산을 매각하면 자본이득이 발생한다. 타인자본을 고려하지 않고 총투자액을 기준으로 할 경우 예상 매도가액에서 매도경비를 차감한 순매도액이 매각으로 인한 수익이 된다. 그런데 타인자본을 고려할 경우 투자부동산을 취득할 때 받은 대출액의 미상환 잔금을 차감해야 하며, 이를 자기자본에 대한 복귀액이란 의미에서 세전지분복귀액이라고 한다. 세전지분복귀액에서 자본이득세(양도소득세)를 차감하면 세후지분복귀액을 산정할 수 있다. 세후지분복귀액을 산정하는 과정은 다음과 같다.

■ 세후지분복귀액

예상되는 매도가격
- 매도경비(매도비용): 중개사 수수료, 법적 수수료 등

= 순매도액(매도순수익)
- 미상환 대출잔금

= 세전지분복귀액
- 자본이득세(양도소득세)

= 세후지분복귀액(납세 후 수취자기자본)

자본이득세를 구하기 위해서는 순매도액에서 장부가액을 차감한 과세대상소득에 세율을 적용한다. 장부가액은 당초 부동산의 취득가액에서 운영기간에 누적된 감가상각비를 차감해서 산정한다. 예를 들어 투자부동산의 취득가액이 20억 원이고 이 중 건물의 가치가 10억 원, 내용연수가 20년인 경우 매년 5천만 원이 감가상각비로 차감된다. 이 경우 투자자가 4년 후에 부동산을 매각한다면 장부가액은 취득가액 20억 원에서 누적 감가상각액 2억 원을 차감하므로 18억 원이 된다.

■ 자본이득세

예상되는 매도가격
- 매도경비(매도비용)

= 순매도액
- 장부가액(= 취득가액 - 누적 감가상각비)

= 과세대상소득
× 세율

= 자본이득세(양도소득세)

2 직접환원법 활용

2-1 직접환원법의 개념

직접환원법은 수익이 영구적으로 발생한다는 전제하에 첫 번째 해의 순영업수익(NOI)을 환원이율(종합환원율)로 나누어서 부동산의 가치를 산정하는 방법이다. 이 방법을 이용하기 위해서는 평가대상의 순영업수익이 필요하므로 임대료 수익이 발생하는 수익형부동산에 적용된다. 순영업수익은 투자수익의 산정과정을 통해서 도출이 가능하며, 적절한 방법을 통해서 산정한 종합환원율을 적용하여 부동산의 투자가치를 산정할 수 있다.

부동산의 투자가치= 예상 순영업수익/환원이율 = NOI/R

2-2 종합환원율(R) 산정방법

가. 시장추출법

시장추출법이란 시장에서 종합환원율을 추출하는 것으로 대상부동산과 유사한 최근의 매매사례에서 이 비율을 찾아내는 것이다. 예를 들어 투자대상부동산과 유사한 부동산이 최근 10억 원에 거래되었고 이 부동산의 순영업수익이 1억 원이라면 종합환원율을 10%로 산정하여 적용한다.

나. 금융적 투자결합법

금융적 투자결합법은 투자자를 자기자본 투자자와 타인자본 투자자로 구분한 후 각 투자자의 환원이율을 가중평균하여 종합환원율을 산정한다. 이때 원금상환을 고려하여 대출자의 환원이율을 대출상수로 하고 지분투자자의 환원이율과 각각의 비율대로 가중평균하여 종합환원율을 산정한다.

종합환원율 = 지분환원율×E/V + 대출상수×L/V
L/V: 대출비율
E/V: 지분비율

다. 엘우드법

엘우드법은 투자결합법의 환원이율을 기본환원율로 하고 부동산가치의 상승 또는 하락, 지분형성분을 반영하여 종합환원율을 계산하는 방법이다. 여기서 지분형성분이란 원리금 상환 시 지분투자자의 몫이 증가하는 부분을 의미하며, 지분형 부동산의 가치를 상승시키는 요인이 된다. 종합환원율이 작아질수록 부동산가치가 상승하므로 지분형성분은 기본환원율에 대한 차감항목이 된다. 부동산가치변동 시 가치가 상승할 경우 기본환원율의 차감항목이 되고 가치가 하락할 경우 가산요인이 된다.

종합환원율은 한 해 동안의 환원율을 의미하므로 투자기간의 지분형성분을 감채기금계수를 활용하여 연단위로 변환하여 적용한다. 다만 이때 타인자본의 경우에만 상환비율에 따라서 지분이 형성되므로, 대출비율을 곱하여 타인자본 부분만을 반영한다. 가치의 상승 및 하락은 투자기간의 상승 및 하락률에 감채기금계수를 곱해서 한 해의 변동률로 변환하여 반영한다.

$R = r^{*}$ - 지분형성분 ± 가치의 상승 및 하락분
r^{*}: 기본환원율(투자결합법에서 산정)
지분형성분: 운영기간의 지분형성분 × 감채기금계수 × 대출비율
가치상승 및 하락: 운영기간의 가치변동분 × 감채기금계수

라. 조성법

대상부동산에 관한 위험을 유동성, 관리의 용이성, 자금흐름의 안정성 등 여러 가지 구성요소로 분해하고 개별적인 위험에 따라 위험할증률에 대해서 종합환원율을 산정하는 방법이다. 이 방법은 위험성의 판단에 평가자의 주관이 개입될 가능성이 높다는 점에서 한계가 있다.

마. 부채감당법

부채감당률, 대출상수, 대출비율을 이용하여 간편하게 산정될 수 있으나 대출자의 입장이 지나치게 강조된다는 문제점이 있다.

$$R = \text{부채감당률} \times \text{대출상수} \times \text{대출비율}$$

예제 1

금융적 투자결합법을 통한 종합환원율 산정

투자하고 있는 부동산의 연간 순영업수익(NOI)이 10,000만 원이다. 대출조건은 LTV 40%, 연 6% 복리, 매년 말 원리금균등분할상환이며 대출기간은 20년이고 대출상수는 0.0872이다. 자기자본 투자금에 대한 지분환원율이 8%라고 할 때, 금융적 투자결합법을 사용하여 부동산의 가치를 구하라(환원이율 산정 시 소수점 다섯째 자리에서 반올림한다).

해설

금융적 투자결합법을 이용하여 직접환원법을 적용해서 부동산의 가치를 산정해야 하므로 먼저 종합환원율을 산정하면 다음과 같다.

① 종합환원율 = 지분환원율 × 자기자본비율 + 대출상수 × 타인자본비율

$$= 0.08 \times 0.6 + 0.0872 \times 0.4 = 0.048 + 0.0349 = 0.0829$$

② 부동산의 가치 $= \dfrac{\text{순영업수익}}{\text{종합환원율}} = \dfrac{10{,}000\text{만 원}}{0.0829} = 120{,}627\text{만 원}$

예제 2

엘우드법

위의 예제에서 투자자는 부동산을 4년간 보유 후 매각할 예정이고 4년간 10%의 가치상승이 예상된다. 4년간의 감채기금계수가 0.2219이고 지분형성분은 0.1189라고 할 때 엘우드법을 활용한 부동산의 가치는 얼마인가?

해설

부동산이 가치를 산정하기 위해서는 엘우드법을 통한 종합환원율을 산정한 후 순영업수익을 환원해야 한다. 엘우드법에서는 앞서 금융적 투자결합법을 통한 종합환원율을 기본환원율로 하고 지분형성 및 가치변동분을 적용해서 종합환원율을 산정한다(환원이율 산정 시 소수점 다섯째 자리에서 반올림한다).

① 엘우드법을 통한 종합환원율 산정

- 기본환원율 = 0.0829
- 지분형성분 = 부채비율 × 보유기간 지분형성분 × 감채기금계수

  = 0.4 × 0.1189 × 0.2219 = 0.0106
- 가격상승분 = 보유기간 가치상승분 × 감채기금계수

  = 0.1 × 0.2219 = 0.0222

∴ 종합환원율 = 기본환원율 - 지분형성분 - 가격상승분

= 0.0829 - 0.0106 - 0.0222 = 0.0501

② 순영업수익 = 10,000만 원

$$∴ \text{부동산가치} = \frac{\text{순영업수익}}{\text{종합환원율}} = \frac{10{,}000\text{만 원}}{0.0501} = 199{,}601\text{만 원}$$

3 할인현금흐름분석법을 통한 가치산정

3-1 화폐의 시간가치

가. 화폐의 시간가치 필요성

일반적으로 투자는 미래의 수익과 현재의 지출을 고려하여 이루어진다. 특히 부동산투자는 투자시점과 수익이 발생하는 시점이 일치하지 않는 경우가 많다. 대규모 개발사업의 경우에는 몇십 년에 걸쳐서 회수가 이루어질 수도 있다. 투자결정 시 유의해야 하는 점은 미래수익과 현재지출은 화폐의 시간가치가 다르다는 것이다. 즉 현재의 100만 원과 1년 후 100만 원의 가치는 다르다. 따라서 서로 다른 시점에서 발생하는 현금흐름을 비교하고 분석하기 위해서는 현금흐름에 대한 시간가치 계산이 필요하다. 화폐의 시간가치를 계산하기 위해서는 미래가치와 현재가치의 계산법을 이해해야 하며, 특히 부동산의 경우 상대적으로 투자기간이 장기이므로 화폐의 시간가치 분석이 필수적이다.

나. 미래가치

1) 일시금의 미래가치

일시금의 미래가치는 현재의 일정금액을 미래 일정시점의 가치로 환산한 금액을 의미한다. 만약 현재시점에 은행에 1,000만 원을 예금한 경우 이자율이 10%라면 1년 후에는 1,100만 원을 받을 수 있는데 이때 1,100만 원이 미래가치이다. 만약 예금을 찾지 않고 계속 은행에 저축한다면, 복리로 이자가 계산되므로 미래가치는 아래와 같이 증가한다.

1차 연도 = 1,000만 원 × (1+10%) = 1,100만 원
2차 연도 = 1,100만 원 × (1+10%) = 1,210만 원
3차 연도 = 1,210만 원 × (1+10%) = 1,331만 원

위의 계산을 간편히게 히기 위해서 공식화히면 디음괴 같이 니디낼 수 있디.

$$FV = PV \times (1+r)^n$$

FV(Future Value): 미래가치
PV(Present Value): 현재가치
r: 이자율 또는 수익률
n: 기간

이때 $(1+r)^n$은 현재의 1원이 n년 동안 복리로 증식한 미래가치를 의미하며, 이를 일시금의 미래가치 계수라고 한다. 따라서 현재가치에서 일시금의 미래가치계수를 곱하면 미래가치를 계산할 수 있다.

일시금의 미래가치계수: $(1+r)^n$

예제

현재 1,000만 원을 연리 12%의 이자율로 5년간 예금한다면 얼마일까?

미래가치: $10{,}000{,}000 \times (1+0.12)^5 = 10{,}000{,}000 \times 1.7623417 = 17{,}623{,}417$원

2) 연금의 미래가치

연금의 미래가치는 일정한 현금흐름이 정기적으로 발생할 경우 미래의 일정시점에서 가지는 가치의 크기를 의미한다. 예를 들어 5년 동안 매년 100만 원씩 적금을 들었을 경우 5년 후 받을 수 있는 금액을 의미한다. 만약 n기까지 동일한 금액을 납입할 경우 현금흐름은 다음과 같이 나타낼 수 있다.

〈그림 3-4〉 연금의 미래가치 예

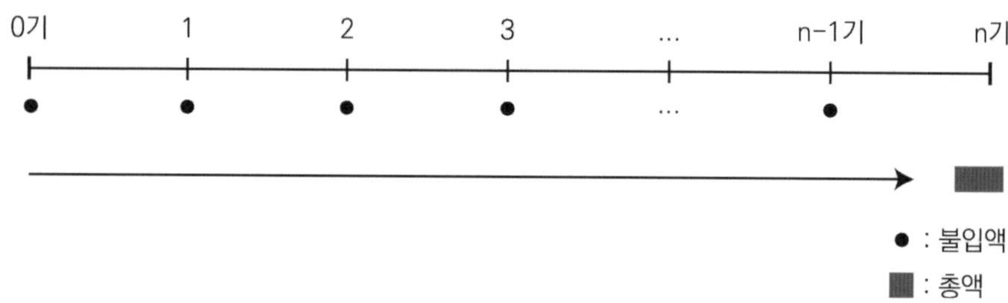

연금의 미래가치계산은 매기 불입하는 금액의 미래가치의 합으로 산정할 수 있다. 만약 이자율 5%에 매년 100만 원씩 5년간 저축할 경우 5년 후 받을 수 있는 금액은 다음과 같다.

① 1년 후 100만 원의 미래가치 = $1{,}000{,}000 \times (1.05)^4$ = 1,215,500원
② 2년 후 100만 원의 미래가치 = $1{,}000{,}000 \times (1.05)^3$ = 1,157,600원
③ 3년 후 100만 원의 미래가치 = $1{,}000{,}000 \times (1.05)^2$ = 1,102,500원
④ 4년 후 100만 원의 미래가치 = $1{,}000{,}000 \times (1.05)^1$ = 1,050,000원
⑤ 5년 후 100만 원의 미래가치 = $1{,}000{,}000 \times (1.05)^0$ = 1,000,000원
→ 연금의 미래가치 = ① + ② + ③ + ④ + ⑤ = 5,525,600원

하지만 매번 위와 같은 복잡한 계산과정을 거칠 수는 없으므로 일시금의 미래가치와 같이 1원을 기준으로 n년 동안 적립할 경우 n년 후의 미래가치를 산정하는 연금의 미래가치계수를 활용할 수 있다. 연금의 미래가치계수를 활용하여 미래가치를 산정하는 방법은 다음과 같다.

$$FVA = A \times \frac{(1+r)^n - 1}{r}$$

FVA(Future Value Annuity): 연금의 미래가치

A(Annuity): 연금 또는 적금

$\frac{(1+r)^n - 1}{r}$: 연금의 미래가치계수

예제

100만 원을 연리 5%의 이자율로 5년간 예금한다면 연금의 미래가치는 얼마인가?

연금의 미래가치 = $1,000,000$원 $\times \frac{(1+0.05)^5 - 1}{0.05} = 1,000,000 \times 5.525631 = 5,525,631$

3) 감채기금

연금의 미래가치가 미래에 만들어질 금액을 산정한 것이라면, 미래에 일정액을 만들기 위해 매기에 적립해야 할 금액을 구할 때는 감채기금을 산정한다. 예를 들어 어떤 아파트에서 10년 후 1억 원이 소요되는 엘리베이터 교체비용을 10년 동안 동일한 금액으로 관리비에서 적립해야 한다면 이 경우 적립금액이 감채기금이다.

감채기금을 구하는 공식은 연금의 미래가치를 산정하는 공식에서 A를 구할 수 있도록 식을 정리해서 구할 수 있다. 이때 $\frac{r}{(1+r)^n - 1}$를 감채기금계수라고 한다. 미래에 적립해야 할 금액에 감채기금계수를 곱하면 매기 적립해야 할 금액을 산정할 수 있다. 감채기금계수는 연금의 미래가치계수의 역수가 된다.

$$FVA = A \times \frac{(1+r)^n - 1}{r} \rightarrow A = FVA \times \frac{r}{(1+r)^n - 1}$$

예제

희망아파트는 10년 후 엘리베이터를 교체하기 위해서 필요한 자금을 매년 적립하고자 한다. 이자율이 10%이고 교체비용이 1억 원인 경우 매년 얼마씩 적립해야 하는가?

$$100{,}000{,}000 \times \frac{0.10}{(1+0.10)^{10}-1} = 100{,}000{,}000\text{원} \times 0.06274539 = 6{,}274{,}539\text{원}$$

다. 현재가치

1) 일시금의 현재가치

일시금의 현재가치는 미래 발생될 현금흐름을 현재시점의 가치로 환산한 금액이다. 만약 1년 후에 1천만 원의 현금유입이 예상되는 투자안이 있을 경우 현금유입의 현재가치는 얼마인지를 확인하는 데 사용된다. 일시금의 현재가치는 일시금의 미래가치 공식을 활용하여 쉽게 구할 수 있다.

$$FV = PV \times (1+r)^n \rightarrow PV = FV \times \frac{1}{(1+r)^n}$$

위의 식에서 $\frac{1}{(1+r)^n}$는 일시금의 현재가치계수로 n년 후의 1원이 갖는 현재의 가치를 나타낸 것이며, 일시금의 미래가치계수의 역수가 된다. 일시금의 현재가치는 미래가치에서 일시금의 현재가치계수를 곱해서 산정할 수 있다.

예제

3년 후에 1,000만 원을 받는 적금의 현재가치는 얼마인가(할인율 5%)?

$$\rightarrow 10{,}000{,}000\text{원} \times \frac{1}{(1+0.05)^3} = 10{,}000{,}000\text{원} \times 0.8638375 = 8{,}638{,}375\text{원}$$

2) 연금의 현재가치

연금의 현재가치는 매기 지급하거나 받게 되는 연금의 현재가치를 의미한다. 예를 들어서 향후 5년간 1,000만 원의 현금유입이 있는 투자안에 대한 현재가치를 확인하기 위해서 사용한다. 연금의 현금흐름을 그림으로 나타내면 다음과 같다.

〈그림 3-5〉 연금의 현재가치 예

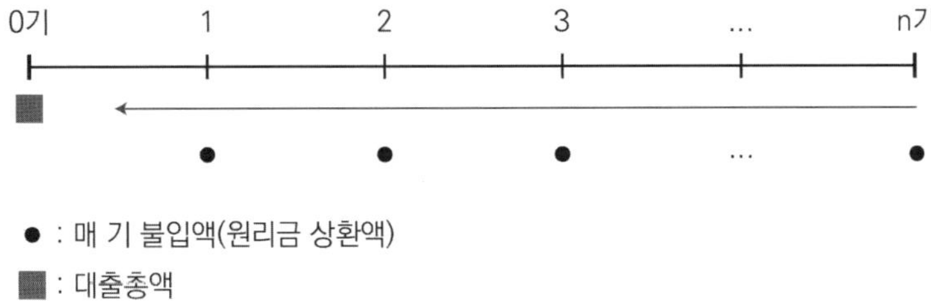

연금의 현재가치계산은 매기 불입하는 금액의 현재가치의 합으로 산정하거나 매년 1원씩 n년 동안 적립할 경우 받게 될 연금을 일시불로 환원한 액수인 연금의 현가계수를 활용한다. 연금의 현가계수를 활용할 경우에는 매기에 납입하는 금액에 연금의 현가계수를 곱하면 된다.

$$PVA = A \times \frac{1-(1+r)^{-n}}{r} = A \times \frac{1-\frac{1}{(1+r)^n}}{r}$$

PVA(Present Value Annuity): 연금의 현재가치

연금의 현가계수: $\frac{1-(1+r)^{-n}}{r} = \frac{1-\frac{1}{(1+r)^n}}{r}$

예제

김철수 씨는 향후 20년 동안 1년에 1,000만 원씩 받을 수 있는 연금을 일시금으로 받을 것을 고려하고 있다. 이자율이 10%라면 김철수 씨가 현재 받을 수 있는 금액은 얼마인가?

$$\rightarrow 10{,}000{,}000\text{원} \times \frac{1-\frac{1}{(1+0.10)^{20}}}{0.10} = 10{,}000{,}000 \times 8.5135637 = 85{,}135{,}637\text{원}$$

3) 저당상수

저당상수는 일정액을 차용했을 때 이를 상환하기 위해 매기에 불입할 금액을 구하는 경우 사용하며 현재가치 1원을 회수하기 위해 매기 적립해야 할 금액을 나타내는 계수이다. 현재시점에서 대출받은 금액에 저당상수를 곱하면 매기 균등하게 상환해야 하는 원리금을 구할 수 있다. 저당상수는 연금의 현재가치의 역수이므로 아래의 공식을 활용할 수 있다.

$$A = PVA \times \frac{r}{1-(1+r)^{-n}} = PVA \times \frac{r}{1-\frac{1}{(1+r)^n}}$$

예제

이자율 10%, 기간 10년의 조건으로 100,000,000원을 대출받았다. 매년 원리금을 균등하게 상환하고자 할 경우 상환해야 하는 금액은?

$$100,000,000\text{원} \times \frac{0.1}{1-\frac{1}{(1+0.1)^{10}}} = 100,000,000 \times 0.16274539 = 16,274,539\text{원}$$

참고 **화폐의 시간가치**

<table>
<tr><th colspan="2">미래가치</th><th colspan="2">현재가치</th></tr>
<tr><td rowspan="2">일시불의 내가계수</td><td>현재 1원을 이자율 r로 저금했을 때 n년 후 찾게 되는 원리합계</td><td rowspan="2">일시불의 현가계수</td><td>할인율 r일 때,
n년 후 1원의 현재가치</td></tr>
<tr><td>미래가치 = 일시불 × 내가계수</td><td>현재가치 = 일시불 × 현가계수</td></tr>
<tr><td rowspan="2">연금의 내가계수</td><td>매년 1원씩 이자율 r로 적립할 때 n년 후 찾게 되는 누적총액</td><td rowspan="2">연금의 현가계수</td><td>매년 1원씩 n년 동안 받게 될 연금을 현재 한꺼번에 받을 때의 금액</td></tr>
<tr><td>연금의 미래가치 = 연금 × 연금의 내가계수(매년적립액)</td><td>연금의 현재가치 = 연금 × 연금의 현가계수
융자잔고 = 원리금상환액 × 연금의 현가계수(잔여기간)</td></tr>
<tr><td rowspan="2">감채기금계수</td><td>n년 후 1원을 만들기 위해 매년 적립해야 할 액수</td><td rowspan="2">저당상수</td><td>이자율 r로 1원을 대출받은 경우, 매년 갚아야 할 원리금상환액</td></tr>
<tr><td>매년 불입액 = 적금총액 × 계수</td><td>원리금상환액 = 대출총액 × 계수</td></tr>
</table>

3-2 투자의사결정방법

가. 개요

앞서 산정한 투자수익의 현금흐름을 통해서 의사결정을 하기 위해서는 투자의사결정방법을 적용해야 한다. 투자의사결정방법에는 화폐의 시간가치를 고려하는 방법으로 순현가법과 내부수익률법, 수익성지수법이 있으며 화폐의 시간가치를 고려하지는 않지만 현금흐름의 유동성을 중시하는 방법으로 회수기간법이 있다. 이러한 투자의사결정방법에 순영업수익과 세전현금수익, 세후현금수익을 적용하여 부동산의 투자가치를 산정할 수 있다.

나. 순현가(NPV)법

1) 순현가법의 의의

순현가(NPV: Net present value)란 미래현금유입 현가의 합에서 현금유출 현가의 합을 뺀 값이다. 현재가치로 환원할 때 사용하는 할인율은 투자를 위해서 요구하는 최소한의 수익률로 요구수익률을 사용한다.

NPV = 현금유입의 PV - 현금유출의 PV

2) 투자안의 의사결정

독립적인 투자안에서는 순현가가 0보다 크거나 같으면 투자자의 요구수익률을 달성하게 되므로 투자하며, 순현가가 0보다 작으면 투자를 기각한다. 상호배타적인 투자안의 경우에는 순현가가 0보다 큰 투자안 중에서 순현가가 가장 큰 투자안을 선택한다. NPV가 0이 되는 것은 투자자의 요구수익률을 정확하게 반족시키는 경우이며, NPV가 0보다 크다는 것은 투자자의 요구수익률을 달성하고도 추가적인 수익이 발생한다는 것을 의미한다.

예제

초기투자 1,000만 원, 요구수익률 10%

현금유입: 1차 연도(200만 원), 2차 연도(300만 원), 3차 연도(400만 원), 4차 연도(500만 원)

$$NPV = -1{,}000 + \frac{200}{(1+0.1)} + \frac{300}{(1+0.1)^2} + \frac{400}{(1+0.1)^3} + \frac{500}{(1+0.1)^4} = 73\text{만 원}$$

NPV 〉 0, 즉 순현가가 0보다 크므로 투자안을 채택한다.

다. 내부수익률법

1) 내부수익률법의 의의

내부수익률은 투자안 자체의 수익률로 기대수익률을 의미하며 현금유입의 현가합과 현금유출의 현가합을 같게 하는 수익률이다. 내부수익률법은 순현가를 0으로 만드는 내부수익률과 투자자의 요구수익률을 비교하여 투자의사결정을 하는 방법이다.

NPV: 현금유입의 PV = 현금유출의 PV → 할인율 = IRR

↳ 조건에 맞는 할인율이 IRR이다.

2) 투자안의 의사결정

독립적인 투자안의 투자 여부는 내부수익률과 투자자의 요구수익률을 비교하여 결정한다. 상호독립적인 투자안을 선택할 때는 내부수익률이 투자자의 요구수익률보다 크거나 같은 경우에는 투자안을 채택하고, 그렇지 않은 경우에는 기각한다. 상호배타적인 투자안의 의사결정 시에는 내부수익률이 요구수익률보다 큰 투자안 중에서 내부수익률이 가장 큰 투자안을 선택한다.

예제

- 현금유출액: 1,000만 원(초기투자금), 요구수익률 10%, IRR(내부수익률)
- 현금유입액의 현재가치: 1차 연도(200만 원), 2차 연도(300만 원), 3차 연도(400만 원), 4차 연도(500만 원)

$$1{,}000 = \frac{200}{(1+IRR)} + \frac{300}{(1+IRR)^2} + \frac{400}{(1+IRR)^3} + \frac{500}{(1+IRR)^4}$$

∴ IRR = 13%

내부수익률(IRR)이 투자자의 요구수익률인 10%를 넘어서기 때문에 해당 투자안을 채택한다.

※ IRR을 산정하기 위해서는 엑셀이나 재무계산기를 활용해야 한다.

3) 순현가와 내부수익률의 비교

일반적으로 순현가법은 내부수익률보다 투자결정기준으로 우월한 것으로 평가되고 있다. 투자의사결정 방법으로 순현가법이 더욱 우수한 이유는 다음과 같다.

① 재투자율: 재투자율로 순현가법은 요구수익률을, 내부수익률법은 내부수익률을 사용한다. 현금흐름에 대한 계산을 통해서 산정되는 요구수익률보다는 투자자의 요구수익률을 반영하는 순현가법이 더욱 현실적이다.

② 부의 극대화 및 기업가치 극대화: 순현가법은 수익을 기준으로 하므로 수익률을 기준으로 하는 내부수익률법보다 부의 극대화 및 기업가치 극대화 달성 여부를 판단하는 데 적합하다.

③ 내부수익률법에서는 이론상으로 복수의 내부수익률이 발생할 수 있다.

④ 가치가산성의 원리는 순현가법만이 만족한다. 예를 들어 A투자안의 NPV가 1억 원이고 B투자안의 NPV가 2억 원이라 할 때 A투자안과 B투자안에 모두 투자할 경우 결합 NPV는 3억 원이 된다. 이를 가치가산성의 원리라고 한다. 하지만 A투자안의 IRR이 10%이고 B투자안의 IRR이 20%인 경우에는 IRR을 별도로 계산해야 하므로 가치가산성의 원리가 적용되지 않는다.

라. 수익성지수법

1) 수익성지수(PI)의 개념

수익성지수란 현금유출의 현가합에 대한 현금유입 현가합의 비이다. NPV법은 투자안의 경제적 공헌을 금액으로 나타내고 있으나, 수익성지수는 투자안의 상대적인 수익성을 비율로 나타낸다. PI법은 NPV법이 투자안의 규모를 고려하지 못한다는 점을 보완하기 위한 지표로 활용된다.

$$PI = \frac{\text{현금유입의 PV}}{\text{현금유출의 PV}}$$

2) 투자안의 의사결정

독립적인 투자안에서는 수익성지수가 1보다 큰 투자안에 투자한다. 배타적인 투자안에서는 수익성지수가 1보다 큰 투자안 중에서 지수가 가장 큰 투자안에 투자한다.

예제

초기투자 1,000만 원, 요구수익률 10%

현금유입: 1차 연도(200만 원), 2차 연도(300만 원), 3차 연도(400만 원), 4차 연도(500만 원)

현금유입의 현재가치 = $\frac{200}{(1+0.1)} + \frac{300}{(1+0.1)^2} + \frac{400}{(1+0.1)^3} + \frac{500}{(1+0.1)^4} = 1{,}073$만 원

PI = 1,073만 원 / 1,000만 원 = 1,073

PI 〉 1, 즉 수익성지수가 1보다 크므로 투자안을 채택한다.

마. 회수기간법

1) 회수기간법의 의의

회수기간이란 투자에 소요된 모든 비용을 회수하는 데 걸리는 기간을 의미하며, 이 기간을 기준으로 투자 여부를 결정하는 방법을 회수기간법이라 한다. 회수기간법은 현금의 유동성을 중시하고 이해하기 용이하다는 장점이 있지만, 회수기간 이후의 현금흐름을 고려하지 않고 화폐의 시간가치가 적용되지 않는다는 한계가 있다.

2) 투자 여부 판단기준

회수기간법을 통한 투자의사결정은 단일 투자안의 경우 투자안의 회수기간이 목표회수기간보다 짧으면 투자하며, 그렇지 않을 경우 기각한다. 상호 배타적인 투자안의 경우 목표회수기간보다 회수기간이 짧은 투자안 중 투자비용을 가장 빨리 회수하는 투자안에 투자한다.

예제

투자자의 목표회수기간이 4년인 경우 다음의 투자안들에 대해서 의사결정을 실행하고 회수기간법의 한계를 제시하라.

(단위: 만 원)

연도 말	현금흐름		
	투자안 A	투자안 B	투자안 C
0	-10,000	-10,000	-10,000
1	6,000	2,000	6,000
2	2,000	2,000	2,000
3	2,000	6,000	2,000
4	4,000	4,000	0

해설

- 투자안의 회수기간은 3년으로 모두 목표회수기간보다 짧다. 따라서 회수기간법 기준으로는 어느 투자안을 선택해도 상관이 없다.
- 화폐의 기간가치를 고려할 때 회수기간 내 현금흐름은 초기에 많은 수익이 회수되는 A와 C 투자안이 B보다 더 좋으나 회수기간법은 이를 고려하지 않는다.
- 회수기간 이후의 현금흐름을 고려할 경우 A와 C 투자안 중 A투자안이 4년 차에 현금유입이 있으므로 더 좋은 투자안이 되나 회수기간법에서는 이를 고려하지 않는다.

3-3 할인현금흐름분석법(DCF) 활용

가. 개요

할인현금흐름분석법은 매 기간의 현금흐름을 산출하고 이를 할인하여 부동산의 가치를 산정하는 방식이다. 현금호름의 분석단계에 따라서 순영업수익 단계의 현금흐름을 적용하거나 세전현금수익과 세후현금수익을 적용하는 방식으로 구분된다. 순영업수익은 타인자본과 자기자본을 구분하기 전 단계의 수익이므로 할인한 가치가 그대로 부동산의 가치가 되지만, 세전현금수익과 세후현금수익을 할인한 가치는 자기자본에 대한 가치이므로 여기에 타인자본가치를 더해서 부동산의 가치를 산정한다. 각 단계의 가치산정을 위한 기초자료는 다음과 같다.

분석을 위한 기초자료

① 총투자액: 40억 원
② 연간가능 총 임대료 수입: 5억 원(매년 10%씩 상승)
③ 공실률: 5%
④ 영업경비: 연 3억 원(매년 5%씩 상승)
⑤ 대출금: 20억 원
- 이자율: 연 5%, 기간 20년, 연 원리금균등상환
- 대출상수: 0.0802
⑥ 건물가격: 10억 원(20년간 상각)
⑦ 운영 관련 세율: 20%
⑧ 3년 후 매각가치: 3년 차 순영업수익을 5%로 환원하여 산정함
⑨ 매각비용: 2억 원
⑩ 양도세율: 30%
⑪ 요구수익률: 10%

나. 순영업수익을 통한 투자가치산정

1) 현금흐름의 분석

순영업수익을 통한 투자가치의 산정은 타인자본의 대가인 부채서비스액을 차감하기 전 단계인 순영업수익까지의 현금흐름을 산정한다. 타인자본을 고려하지 않으므로 매각 관련 현금흐름을 산정하는 경우에도 순매각대금을 현금흐름으로 고려한다. 매각가격은 앞서 기초자료에서 제시한 바와 같이 3년 차 순영업수익인 24,400만 원을 5%로 할인하여 488,000만 원이 된다.

[운영 관련 현금흐름의 산정] (단위: 만 원)

구분	1차 연도	2차 연도	3차 연도
가능총수익	50,000	55,000	60,500
공실 및 대손(5%)	2,500	2,750	3,025
유효총수익	47,500	52,250	57,475
영업경비	30,000	31,500	33,075
순영업수익	17,500	20,750	24,400

[매각 관련 현금흐름의 산정] (단위: 만 원)

항목	금액	비고
총매각대금	488,000	$\frac{\text{3차 연도 순영업수익}}{\text{환원이율}} = \frac{24,400}{5\%}$
매각비용	20,000	
순매각대금	468,000	

2) 투자가치의 산정 및 투자의사결정

순영업수익을 기준으로 투자가치를 산정하기 위해서는 요구수익률을 할인율로 하여 현금유입의 현재가치를 산정한다. 분석결과 투자대상 부동산의 현금유입 현재가치는 403,005만 원이므로 초기 투자액인 시장가치 400,000만 원보다 큰 것을 확인할 수 있다. 현금유입의 현재가치에서 현금유출의 현재가치를 차감하면 순현가는 3,005만 원으로 0보다 크므로 투자안을 채택해야 하며, PI법에 의한 결과 수익성지수도 1.008로 1보다 크므로 투자안은 채택된다.

[투자가치산정 및 투자의사결정]

(단위: 만 원)

구 분	0	1차 연도	2차 연도	3차 연도
현금유출	- 400,000			
운영 관련 현금흐름		17,500	20,750	24,400
매각 관련 현금흐름				468,000
순현금흐름	- 400,000	17,500	20,750	492,400

- 투자가치 = $\frac{17,500}{1.1} + \frac{20,750}{1.1^2} + \frac{492,400}{1.1^3} = 403,005$만 원
- 순현가(NPV) = $\frac{17,500}{1.1} + \frac{20,750}{1.1^2} + \frac{492,400}{1.1^3} - 400,000 = 3,005$만 원

∴ 수익성지수(PI) = $\frac{\text{현금유입의 현재가치}}{\text{현금유출의 현재가치}} = \frac{\text{투자가치}}{\text{현금유출의 현재가치}} = \frac{403,005\text{만 원}}{400,000\text{만 원}} = 1.008$

다. 세전현금수익을 통한 투자가치산정

1) 세전현금흐름의 분석

세전현금수익의 산정을 위한 운영 관련 현금흐름은 순영업수익에서 부채서비스를 차감하여 산정한다. 순영업수익이 타인자본의 대가를 분리하지 않은 수익인 반면, 세전현금수익은 타인자본을 분리한 수익으로 자기자본에 귀속되는 수익이 된다. 다만 투자부동산의 운영으로 인한 수익에 대한 세금을 차감하기 전 소득이므로 최종적으로 자기자본 투자자에게 귀속되는 수익으로 보기에는 한계가 있다.

세전현금흐름을 기준으로 한 매각현금흐름은 순매각수익에서 타인자본 중 기간 말까지 상환되지 않은 미상환 대출잔금을 차감한 금액을 세전지분복귀액으로 하여 현금흐름에 반영한다. 매각현금흐름에서도 세전을 기준으로 할 경우에는 자본이득세는 차감하지 않는다. 앞서 살펴본 기초자료를 기준으로 할 때 운영 관련 현금흐름과 매각 관련 현금흐름을 산정하면 다음과 같다.

[운영 관련 세전현금흐름의 산정]

(단위: 만 원)

구분	1차 연도	2차 연도	3차 연도
순영업수익	17,500	20,750	24,400
부채서비스	16,040	16,040	16,040
세전현금수익	1,460	4,710	8,360

※ 연간 부채서비스(원리금상환액): 200,000만 원(대출금) × 0.0802(대출상수) = 16,040만 원

[융자상환표]

(단위: 만 원)

구분	기초잔액	원금상환액	이자상환액	원리금상환액	기말잔액
1	200,000	6,040	10,000	16,040	193,960
2	193,960	6,342	9,698	16,040	187,618
3	187,618	6,659	9,381	16,040	180,959

[매각 관련 현금흐름의 산정]

(단위: 만 원)

구분	금액
총매각대금	488,000
- 매각비용	- 20,000
순매각대금	468,000
- 융자잔고(미상환잔금)	- 180,959
세전지분복귀액	287,041

2) 투자가치의 산정 및 투자의사결정

앞에서 도출한 현금흐름을 통해서 투자부동산의 투자가치산정 및 투자의사결정을 실행할 수 있다. 세전현금흐름을 적용할 경우 타인자본의 대가를 분리하므로 최초 현금유출액도 자기자본투자액이 된다. 따라서 투자시점인 0차 연도의 현금유출은 총투자액 4억 원에서 대출액 2억 원을 차감한 2억 원이다. 세전현금흐름을 요구수익률로 할인하여 순현금유입액의

현재가치를 통해 자기자본의 가치를 산정하면 227,159만 원이 된다. 현금유출의 현재가치인 200,000만 원을 차감하여 NPV를 산정하면 27,159만 원으로 0보다 크므로 투자를 채택해야 하며, PI도 1.136으로 1보다 크므로 투자를 채택해야 한다.

부동산의 투자가치는 자기자본가치와 타인자본가치의 합이며, 타인자본가치는 최초의 대출액이다. 따라서 부동산 투자가치는 자기자본가치 227,159만 원과 타인자본가치 200,000만 원을 합한 427,159만 원으로 시장가치인 400,000만 원보다 큰 것으로 나타났다.

[투자가치 및 투자의사결정] (단위: 만 원)

구 분	0	1차 연도	2차 연도	3차 연도
현금유출	- 200,000			
운영수익		1,460	4,710	8,360
매각수익				287,041
현금흐름	- 200,000	1,460	4,710	295,401

- 자기자본가치 = $\frac{1,460}{1.1} + \frac{4,710}{1.1^2} + \frac{295,401}{1.1^3} = 227,159$만 원
- 순현가(NPV) = $\frac{1,460}{1.1} + \frac{4,710}{1.1^2} + \frac{295,401}{1.1^3} - 200,000 = 27,159$만 원
- 수익성지수(PI) = $\frac{227,159\text{만 원}}{200,000\text{만 원}}$ = 1.136

'순현가 〉 0'이고 '수익성지수 〉 1'이므로 투자가치가 있는 것으로 판단된다.

∴ 부동산의 투자가치 = 자기자본의 가치 + 타인자본의 가치
= 227,159만 원 + 200,000만 원 = 427,159만 원

라. 세후현금수익을 통한 투자가치산정

1) 세후현금흐름의 분석

세후현금수익의 산정을 위한 현금흐름은 세전현금흐름에서 운영소득세와 자본이득세 등 세금을 차감하여 산정한다. 운영 관련 세후현금흐름의 경우 세전현금흐름에서 운영소득세를 차감하여 세후현금흐름을 산정하며, 매각 관련 세후현금흐름은 세전지분복귀액에서 자본이득세를 차감하여 산정한다.

운영 관련 세전현금흐름에서 차감해야 하는 운영소득세는 순영업소득을 기준으로 부채서비스 중 이자지급액과 감가상각액을 차감하여 과세대상금액을 도출한 후, 여기에 세율을 곱해서 산정한다. 앞서 살펴본 기본정보를 통해서 운영 관련 세후현금흐름을 산정하면 다음과 같다.

[운영 관련 세후현금흐름의 산정]

(단위: 만 원)

구분	1차 연도	2차 연도	3차 연도
세전현금수익	1,460	4,710	8,360
운영소득세	500	1,210	2,004
세후현금수익	960	3,500	6,356

[운영소득세 산정]

(단위: 만 원)

구분	1차 연도	2차 연도	3차 연도
순영업소득	17,500	20,750	24,400
이자지급액	10,000	9,698	9,381
감가상각	5,000	5,000	5,000
과세소득	2,500	6,052	10,019
세율	20%	20%	20%
운영소득세	500	1,210	2,004

운영기간 말에 투자부동산을 매각할 경우 지분복귀액은 세전지분복귀액에서 양도소득세 등 자본이득세를 차감하여 산정한다. 자본이득세는 순매도액에서 순장부가치를 차감한 금액을 과세대상금액으로 하고, 여기에 자본이득세율을 곱하여 산정한다. 구체적인 산정 과정은 다음과 같다.

[매각 관련 현금흐름의 산정] (단위: 만 원)

구 분	금 액
총매각대금	488,000
- 매각비용	- 20,000
순매각대금	468,000
- 융자잔고 (미상환잔금)	- 180,959
세전현금흐름	287,041
- 자본이득세 (영업소득세)	- 24,900
세후지분복귀액	262,141

[자본이득세 산정] (단위: 만 원, %)

구 분	금 액	비 고
총매각대금	488,000	
매각비용	20,000	
순매각대금	468,000	
장부가치	385,000	취득가액 - 누적감가상각 = 400,000 - 5,000 × 3년
과세대상	83,000	
자본이득세율(양도소득세율)	30	
자본이득세	24,900	

2) 투자가치의 산정 및 투자의사결정

앞에서 도출한 세후 현금흐름을 통해서 투자부동산의 투자가치산정 및 투자의사결정을 실행할 수 있다. 세후현금흐름을 적용할 경우에는 세전현금흐름과 같이 타인자본의 대가를 분리하므로 자기자본투자액이 최초 현금유출액이다. 세후현금흐름을 요구수익률로 할인하여 순현금유입액의 현재가치를 통해 자기자본의 가치를 산정하면 205,491만 원이 된다. 현금유출의 현재가치인 200,000만 원을 차감하여 NPV를 산정하면 5,491만 원으로 0보다 크므로 투자를 채택해야 하며, PI도 1.027로 1보다 크므로 투자를 채택해야 한다.

부동산의 투자가치는 자기자본가치와 타인자본가치의 합이며, 타인자본가치가 최초의 대출액라는 점은 세전현금흐름의 분석과 동일하다. 따라서 부동산 투자가치는 자기자본가치 205,491만 원과 타인자본가치 200,000만 원을 합한 405,491만 원으로 시장가치인

400,000만 원보다 큰 것으로 분석되었다.

[투자가치 및 투자의사결정]

(단위: 만 원)

구 분	0	1	2	3
현금유출	- 200,000			
운영수익		960	3,500	6,356
매각수익				262,141
현금흐름	-200,000	960	3,500	268,497

- 자기자본가치 = $\frac{960}{1.1} + \frac{3,500}{1.1^2} + \frac{268,479}{1.1^3} = 205,491$만 원

- 순현가(NPV) = $\frac{960}{1.1} + \frac{3,500}{1.1^2} + \frac{268,479}{1.1^3} - 200,000 = 5,491$만 원

- 수익성지수(PI) = $\frac{205,491\text{만 원}}{200,000\text{만 원}} = 1.027$

∴ 부동산의 투자가치 = 자기자본의 가치 + 타인자본의 가치
= 205,491만 원 + 200,000만 원 = 405,491만 원

주·요·내·용·종·합·정·리

01 위험이란 투자로부터 기대되는 수익과 일치되지 않을 가능성이 있는 불확실성의 정도를 말하며, 위험을 평가하기 위한 척도로는 분산과 표준편차를 사용한다.

02 투자자는 요구수익률과 기대수익률을 비교하여 기대수익률이 요구수익률보다 크거나 같은 경우에 투자하며, 투자가치와 시장가치를 비교하여 투자가치가 시장가치보다 크거나 같은 경우에 투자한다.

03 순영업수익은 유효총수익에서 영업경비를 뺀 수익이다.

04 부동산은 투자에 상대적으로 장기간이 소요되므로 화폐의 시간가치에 대한 고려가 필요하다.

05 연금의 미래가치가 미래에 만들어질 금액을 산정한 것이라면, 미래에 일정액을 만들기 위해 매기에 적립해야 할 금액을 구할 때는 감채기금을 산정한다.

06 저당상수는 일정액을 차용했을 때 이를 상환하기 위해 매기에 불입할 금액을 구하는 경우 사용하며 현재가치 1원을 회수하기 위해 매기 적립해야 할 금액을 나타내는 계수이다. 현재시점에서 대출받은 금액에 저당상수를 곱하면 매기 균등하게 상환해야 하는 원리금을 구할 수 있다.

07 레버리지효과를 통해 타인자본을 조달하여 자기자본의 수익률을 높일 수 있으나 위험도 증가하므로 주의해야 한다.

08 순현가(NPV: Net present value)란 미래현금유입 현가의 합에서 현금유출 현가의 합을 뺀 값으로 순현가법에서는 순현가가 0보다 크거나 같은 경우 투자한다.

09 내부수익률은 현금유입의 현가합과 현금유출의 현가합을 같게 하는 수익률이다.

10 수익성지수가 1보다 크면 투자가치가 있다.

연·습·문·제

01 투자분석방법을 통한 분석결과 다음 중 투자가 채택되는 경우는?

① 요구수익률 〉 기대수익률
② 기대수익률 〉 실현수익률
③ 투자가치 〉 시장가치
④ 수익성지수 〉 0
⑤ 내부수익률 〈 요구수익률

02 김준연 씨는 주택구입을 위해 5년 동안 2억 원을 모을 계획이다. 매년 저축해야 할 금액을 산정하기 위해서 필요한 계수는?

① 감채기금계수
② 일시불의 현재가치 계수
③ 연금의 미래가치계수
④ 저당상수
⑤ 연금의 현재가치계수

03 다음 중 유효총수익에서 영업경비와 부채서비스액을 차감한 것은?

① 세후현금수익
② 가능총수익
③ 세전현금수익
④ 영업소득세
⑤ 자본이득세

04 다음의 정보를 통해서 직접환원법을 활용하여 산정한 부동산가치는?

- 가능총수익: 1억 원
- 공실 및 대손상당액: 가능총수익의 10%
- 영업경비: 5천만 원
- 종합환원율: 10%
- 시장이자율: 8%

① 3억 원
② 4억 원
③ 5억 원
④ 6억 원
⑤ 8억 원

연·습·문·제

05 **투자를 고려하고 있는 상가의 종합수익률이 10%, 대출이자율이 6%, 대출비율이 60%인 경우 자기자본 수익률은?**

① 10%
② 12%
③ 13%
④ 15%
⑤ 16%

06 **다음 중 매기 운영수익의 산정에서 영업소득세의 계산과정에 포함되지 않는 항목은?**

① 이자지급액
② 유효총수익
③ 순영업수익
④ 감가상각비
⑤ 과세대상소득

07 **다음 중 투자수익의 현금흐름을 통해서 의사결정을 하기 위해서는 투자의사결정방법을 적용해야 한다. 옳지 않은 것은?**

① 투자의사결정방법에는 화폐의 시간가치를 고려하는 방법으로 순현가법과 내부수익률법, 수익성지수법이 있으며 화폐의 시간가치를 고려하지는 않지만 현금흐름의 유동성을 중시하는 방법으로 회수기간법이 있다.
② 순현가(NPV)는 미래현금유입 현가의 합에서 현금유출 현가의 합을 뺀 값이다. 현재가치로 환원할 때 사용하는 할인율은 투자를 위해서 요구하는 최소한의 수익률로 요구수익률을 사용한다.
③ 순현가(NPV)가 0이 되는 것은 투자자의 요구수익률을 정확하게 만족시키는 경우이며, 순현가(NPV)가 0보다 크다는 것은 투자자의 요구수익률을 달성하고도 추가적인 수익이 발생한다는 것을 의미한다.
④ 내부수익률법은 순현가(NPV)를 1로 만드는 내부수익률과 투자자의 요구수익률을 비교하여 투자의사결정을 하는 방법이다.
⑤ 회수기간이란 투자에 소요된 모든 비용을 회수하는 데 걸리는 기간을 의미하며, 이 기간을 기준으로 투자 여부를 결정하는 방법을 회수기간법이라 한다.

정·답·및·해·설

01 ③ 투자가 채택되는 경우는 기대수익률이 요구수익률보다 크거나 투자가치가 시장가치보다 큰 경우와 수익성지수가 1보다 큰 경우이다.

02 ① 감채기금계수는 미래의 일정액을 적립하기 위한 매기 납입액을 산정할 때 사용한다.

03 ③ 순영업수익에서 부채서비스액을 차감하면 세전현금수익이 산출된다.

04 ② 부동산가치 = $\frac{\text{순영업수익}}{\text{종합환원율}} = \frac{\text{4천만 원}}{10\%}$ = 4억 원

순영업수익 = 가능총수익 − 공실 및 대손상당액 − 영업경비

= 1억 원 − 1억 원 × 10% − 5천만 원 = 4천만 원

05 ⑤ 자기자본수익률 = 종합수익률 + (종합수익률 − 대출이자율) × $\frac{\frac{L}{V}}{\frac{E}{V}}$

= 10% + (10% − 6%) × $\frac{60\%}{40\%}$ = 16%

06 ② 유효총수익은 순영업수익의 계산과정에 포함되지만 영업소득세의 계산과정에 포함되지 않는 항목이다.

07 ④ 내부수익률법은 순현가를 0으로 만드는 내부수익률과 투자자의 요구수익률을 비교하여 투자의사결정을 하는 방법이다.

제4장

부동산 유형별 투자설계

제1절 · 부동산 유형별 시장환경

제2절 · 레버리지를 활용한 주거용부동산 투자

제3절 · 수익환원법을 활용한 수익형부동산 투자

제4절 · 거래사례에 의한 토지 투자

제4장 부동산 유형별 투자설계

학습개요

부동산 유형별 투자설계에서는 앞서 살펴본 시장 및 투자분석에 대한 내용을 부동산의 유형에 적용하는 방법에 대해서 학습한다. 먼저 부동산의 유형을 주거용과 상업용, 토지로 구분하고 각 유형별로 투자설계사례를 분석한다. 투자설계사례는 고객정보, 정보수집, 시장환경분석, 투자대안도출, 투자대안분석, 투자제시의 단계를 기본으로 하면서 부동산시장분석 및 투자분석방법을 적용한다.

학습목표

- 부동산의 유형별 시장환경 분석을 수행할 수 있다.
- 주거용부동산구입 시 레버리지 활용 여부, 재건축 투자분석, 직접환원법 등을 활용한 투자분석을 실행할 수 있다.
- DCF법을 활용하여 오피스텔, 상가, 오피스 등의 투자분석을 실행할 수 있다.

제1절 | 부동산 유형별 시장환경

1 주거형부동산

1-1 주거형부동산 투자 시 준비사항

가. 투자목적이 분명해야 한다

내 집 마련용인지 아니면 시세차익이나 임대를 목적으로 하는 것인지 정확히 구분해야 한다. 내 집 마련용이라면 주거여건을 더 중요하게 생각해야 하지만, 투자를 목적으로 한다면 인기지역이나 신규분양 아파트에 관심을 갖는 것이 유리하다.

나. 본인의 사정이나 여건을 정확히 진단한다

내 집 마련을 위해서는 과감한 결단과 용기가 필요하다. 하지만 본인의 자금 규모 및 결제 가능한 시기를 먼저 파악해야 한다. 이자부담과 상환능력 등을 따져 자금조달 계획을 치밀하게 세워야 금융비용을 줄일 수 있다.

다. 해당지역의 시세를 정확히 파악한다

정확한 시세 파악을 위해서는 매도호가에 얽매이지 말고 인근 단지의 가격이나 경매로 낙찰된 가격, 근래 및 년간의 가격동향 등을 고려하여 앞으로의 시세를 예측해보고 매입적정가를 정한다. 근래의 시세변동은 매입하고자 하는 지역의 투자가치를 측정하는 데 유용한 척도가 된다.

1-2 주거형부동산 투자 시 체크리스트

가. 주변환경

1) 교통이 편리해야 한다

지하철역에서 도보로 5분에서 10분 이내에 도달할 수 있는 아파트가 좋다. 가까운 곳에 지하철역이 없더라도 단지 앞에서 지하철역까지 연결되는 버스노선이 있거나 대중교통이 편리해야 한다. 자동차로 출퇴근을 한다면 간선도로나 연결교차로까지 5분 이상 걸리지 않아야 한다. 분양아파트의 경우 입주 당시 교통여건도 필수 체크사항이다.

2) 자녀의 나이에 맞는 교육시설이 있는지 확인한다

자신의 라이프플랜(life plan)을 세우고 거주기간 동안 자녀의 연령에 맞는 초·중·고등 교육시설이 인접해 있는지 확인한다.

3) 생활편의시설 등이 잘 갖춰져 있어야 한다

적당한 거리에 생활편의시설이 있어야 한다. 병원, 약국, 할인점, 체육관, 관공서, 금융기관 및 문화시설 등이 가까운 곳에 있으면 편리하다. 단지 주변에 오염 발생원이 없어야 한다. 발전소, 가스충전소, 쓰레기 소각장 등 위험·혐오시설이 있는지 확인하여야 한다.

나. 투자가치 및 발전가능성

1) 조망권이 우수한 아파트일수록 투자가치가 높다

산, 공원, 한강조망 등 자연친화적이고 쾌적한 주거환경은 아파트의 가치를 높이는 데 가장 중요한 요소이며, 앞으로도 아파트를 평가하는 중요한 기준이 될 것이다.

2) 대단지 역세권 아파트일수록 투자가치가 높다

대단지라고 하면 보통 1,000가구 이상의 아파트 단지를 말하며, 역세권은 지하철역까지 4~5분 거리에 있는 아파트를 말한다. 이런 아파트는 주변에 상권이 형성되고 생활편의시설이 자리 잡아 생활하기에 편리하고 높은 시세를 형성하기 때문에 투자가치가 높다.

3) 장래 발전가능성을 보고 투자한다

주택은 주거기능과 함께 투자기능도 있다. 당장 눈앞의 이익에만 연연하지 말고, 몇 년 후를 전망하고 투자할 필요가 있다. 3~5년 뒤 지하철, 도로 같은 교통시설이나 편의시설이 들어서면 가치가 상승한다.

2 수익형부동산

2-1 상가

최근 금리하락으로 1~2년 전에 비해서 형편없는 이자를 받는 저축자들은 금리보다 높으며 안정적인 수익이 기대되는 상가 등에 관심을 보이고 있다. 그렇지만 상가의 임대수입은 경기변동과 부동산 가치의 변동에 좌우되기 때문에 사전에 수익성과 안정성, 그리고 교환가치에 대한 분석이 필요하다.

가. 일반 상가투자 요령

1) 입지가 투자의 모든 것을 좌우한다

상가의 경우 유동성 인구가 풍부한 역세권을 끼고 있다면 더할 나위 없는 조건이라고 할 수 있다. 정보는 본인이 직접 현장에서 확인하는 것이 중요하다.

2) 고분양가를 주의해야 한다

분양상가 중 상권과 입지력이 불안정함에도 주변 상권 시세를 운운하며 미래가치를 지나치게 반영한 공급가를 제시한다면, 투자 행보는 과감히 멈추어야 한다. 또한 상가 1층 분양가를 지나치게 높여 공급하는 경우도 있다. 1층 상가는 점포 접근성과 가시성이 높아 2층에 비해 분양가가 높은 것이 일반적이지만, 1층 상가 분양만으로 비용을 상쇄하려고 이를 역이용하는 사례도 있다.

3) 수요층이 유입되기 어려운 맹지형 상가를 주의해야 한다

내부나 후면상가는 피하는 것이 좋다. 대다수 소비자는 목적형 업종이 아닌 이상 접근을 막거나 시야가 지나치게 가려진 점포, 그리고 상권 중심부와 동떨어진 곳의 상가를 애써 찾지는 않기 때문이다. 반드시 진열장이 도로와 면하는 상가를 선택해야 한다.

4) 준공되지 않은 상가는 주의해야 한다

아직 완공되지 않고 상권형성이 불확실한 가운데 광고만 믿고 투자해서는 실패할 수

있다. 부동산 투자에서는 정보 획득이 매우 중요하다. 기대에 상응하는 수익을 내기 위해서는 광고에 의존하는 것이 아니라 투자자의 눈으로 직접 현장을 분석하는 노력이 중요하다. 소비층의 동선 비중이 달라 상가의 가치가 천차만별이기 때문이다.

나. 단지 상가의 선택요령

단지 내 상가는 주민동선을 고려해야 한다. 예를 들면 지하철, 버스가 다니는 방향의 상가는 입주자들이 주로 그곳으로 통행하기 때문에 유동 인구가 많다. 다만 입주 가구 수에 비해 점포가 너무 많으면, 장사가 되지 않아 투자가치가 떨어지므로 분양점포가 얼마나 되는지 확인해야 한다. 공통적으로 인기업종은 부동산 중개업소와 편의점이며, 1,000가구 이상 배후단지를 갖고 있는 상가는 내과 · 소아과 · 치과와 같은 의원과 보습학원, 세탁소 등이다.

2-2 오피스텔 및 지식산업센터

저금리시대에 수익형부동산에 관심을 갖는 투자자가 많아지고 있다. 특히 1~2억 원 내외의 소액투자로 접근이 용이한 오피스텔과 지식산업센터(아파트형공장)에 관심이 높아지고 있다.

가. 오피스텔 선택 시 체크리스트

오피스텔은 업무를 주로 하는 건축물이고, 분양 또는 임대하는 구획에서 일부 숙식을 할 수 있도록 한 건축물이다. 국토교통부장관이 고시하는 기준에 적합한 것을 말하며, 「건축법」에 의한 용도구분상 업무시설 중 일반업무시설에 포함된다. 오피스텔은 업무용 이외에 일부를 숙식 용도로 할 수 있지만, 법적으로는 업무용 시설이다. 업무와 숙식을 동시에 해결할 수 있는 오피스텔이 등장한 이유는 1인 가구가 대폭 증가하면서 혼자서도 불편함 없이 생활할 수 있는 소형오피스텔을 찾는 수요가 꾸준하기 때문이다. 분양을 받아도 무주택 청약자격이 유지될 뿐 아니라 재당첨 금지 등 아파트에 적용되는 제약에서 자유롭다.

1) 분양가를 확인한다

주택의 분양면적은 전용면적과 공용면적을 합한 것이다. 최근 신규 오피스텔들은 분양가를 분양면적으로 나누어 볼 때 같은 지역의 아파트보다 평당 분양가격이 싸다는 것을 내세운다.

2) 관리비를 확인한다

일반적으로 오피스텔의 월 관리비는 평당 1~2만 원 수준이다. 다만. 호텔식 서비스를 제공하는 오피스텔이라면 최소한 3~4만 원 이상은 잡아야 한다. 30평형대 오피스텔에 매월 30만~120만 원의 관리비가 나갈 수 있는데, 일반 아파트의 관리비와는 상당한 격차이다.

3) 환금성을 확인한다

일반적으로 오피스텔은 아파트보다 팔기가 쉽지 않다.

4) 특화된 오피스텔에 투자한다

오피스텔도 차별화 현상이 뚜렷해지고 있다. 즉 틈새시장에 자리한 주거용 오피스텔이나 교통이 좋은 역세권, 대형빌딩 주위에 자리 잡은 주거용 · 업무용 오피스텔로, 배후지역에 생활시설도 어느 정도 구비된 곳이 투자에 적합하다. 상가와 주차시설이 잘되어 있는 곳, 운동시설이 완비된 곳은 젊은층과 신혼부부, 노년층이 선호한다.

나. 지식산업센터 선택 시 체크리스트

초저금리 시대를 맞이 수익형부동산의 틈새상품인 '지식산업센터'가 주목받고 있다. 지식산업센터는 정보 · 기술 관련 분야의 기업, 연구소 등이 입주하는 업무시설로 옛 아파트형 공장을 말한다. 은퇴인구의 사업과 창업이 활발해지고 소규모 벤처기업 및 중소제조업자가 꾸준히 늘어나면서 새로운 사입장을 찾는 수요가 증가하면서 지식산업센터가 수혜받고 있다. 그러므로 지식산업센터는 다른 수익형부동산 상품보다 전문직종이 입주해 공실률이 낮은 편이다.

지식산업센터는 출퇴근이 편리한 역세권부근에 위치해야 한다. 역세권 부근은 매매가가 상대적으로 높아 수익률이 낮아질 수 있지만 공실 위험이 적고 매매가 상승률이 높은 편이기 때문에 낮은 임대수익률에 대해 수익률을 보전할 수 있다는 장점이 있다. 따라서 되도록 역세권에 투자하는 것이 바람직하다. 그러나 지식산업센터의 공급 과잉 현상이 나타나고 있으므로 투자 시 주의해야 하며, 특히 지식산업센터는 세제혜택을 잘 이해한 후 분양받아야 한다. 지식산업센터는 최초 분양 시 실 입주기업에 한해 취득세 50% 감면 혜택으로 2.3%의 세율이 적용된다. 단, 수도권의 5년 미만 법인은 등록세가 3배 중과된다는 점에 유의해야 한다.

3 토지

3-1 토지투자 시 체크리스트

투자목적을 결정하여 투자목적에 적합한 농지를 구입하여야 한다. 농지는 영농, 주말농장, 전원주택 부지, 식당 등 점포부지, 기타 공장용지 등으로 활용할 수 있다. 어떤 목적으로 투자를 하느냐에 따라 그 용도에 적합한 농지를 골라야 한다.

가. 입지선정을 잘하여야 한다

향후 개발 또는 발전가능성이 있거나 교통여건, 자연조건 등이 양호한 지역을 선정한다. 또한 전원주택, 상업용시설 등의 부지로서 입지조건이 적합한 곳을 선정하여야 한다. 농지는 유동인구가 많지 않은 곳에 있기 때문에 입지조건이 불리하면 큰 어려움을 겪을 수 있다.

나. 규제 여부를 조사해야 한다

공법상 규제 여부를 조사하여 개발·이용상 행위제한이 없는 농지를 골라야 한다. 농지에는 국토의 계획 및 이용에 관한 법률, 농지법, 건축법, 수도법 등 각종 공법상 규제가 가해지는 경우가 많다.

다. 도로조건을 확인하여야 한다

도로에 접하지 아니한 농지는 향후 개발이 불가능하거나 어려울 수 있다.

라. 비용을 고려해야 한다

전원주택부지 등으로 농지를 개발할 목적이라면 농지구입비 이외에 농지조성비, 각종 개발비용 등을 고려하여야 한다.

마. 증명서발급 및 허가 여부를 확인해야 한다

농지소재지 관할 시·군·구청을 방문하여 농지취득자격증명 발급 가능 여부 및 농지전용 가능 여부를 타진하여야 한다. 농지의 전용 가능 여부도 미리 확인하여야 한다. 농지는 고유한 영농목적으로 활용하는 경우를 제외하고는 가능한 한 개발을 할 수 있어야 한다. 그래야 투자가치가 발휘되기 때문이다. 구입하기 전에 미리 용도지역 등을 확인하여 전용이 가능한 농지인지를 확인하여야 한다.

3-2 전원주택 토지 투자 시 체크리스트

가. 많은 정보를 접하고 비교하라

정보 없이 현장에 가면 비교대상이 한정되어 올바른 판단을 하기 힘들다.

나. 완공된 단지를 노려라

인·허가 절차를 밟는 것도 만만치 않다. 최소한 토목공사라도 끝낸 곳을 선택해야 한다.

다. 환금성을 중시하라

단지규모, 주변환경, 편의시설 등을 꼼꼼히 살펴보고 향후 가치를 판단해야 한다.

라. 지도상 거리와 지역적 편견을 버려라

직접 가서 보고 느끼는 것이 가장 좋다. 시간적 거리와 공간적 환경이 중요하다.

마. 필지가 분할된 단지를 선택하라

공동구입한 필지는 이해다툼이 발생할 소지가 많다.

제2절 | 레버리지를 활용한 주거용부동산 투자

1 아파트 투자사례(대출가능금액 산정)

1-1 고객정보

상담을 의뢰한 직장인 나대한 씨는 현재 52세로 배우자와 대학교 및 고등학교에 재학 중인 두 명의 자녀가 있다. 그동안 특별히 내 집 마련에 대한 관심이 없어 전세로 거주하고 있었으나, 최근 주택가격이 상승하면서 거주주택 마련 및 노후 대비 목적으로 주택을 매수하고자 한다. 위험에 대해서는 회피성향이 강한 보수적인 투자자이며 최근 대출규제도 강화되어 현시점에 주택을 매수하는 것이 적절한지를 고민하고 있다.

1-2 정보수집

나대한 씨의 현재 소득은 연 8천만 원이고 전세보증금이 4억 원인 주택에 거주하고 있다. 나대한 씨는 전세보증금 외에도 보유하고 있는 예금 및 현금 2억 원이 있으나 주택구입 시 최대한 대출을 이용하고 부족한 금액에 대해서 보유현금을 사용하는 것을 희망하고 있다. 이번에 전세계약이 만료되어 주택을 구입하는 것을 고려하고 있으며, 주택을 구입할 경우 현재 거주하고 있는 주택과 유사한 규모를 가진 마포지역이나 강남지역에 소재하는 주택구입을 고려하고 있다. 나대한 씨는 거주주택 마련뿐 아니라 노후대비를 위해서 주택을 구입하는 것이므로 주택 매수 후 5년 동안의 수익률을 기준으로 주택을 구입하고자 한다. 나대한 씨의 요구수익률은 연 5%라고 한다.

1-3 시장환경 분석 및 대출가능금액 확인

나대한 씨가 구입을 희망하는 마포와 강남지역의 주택은 최근 주거지로서 선호도가 높아 가격이 상승하고 있으며, 전세가격도 상승하고 있다. 따라서 나대한 씨가 주택을 구입하지 않을 경우 임대인에게 전세보증금을 추가로 지급해야 할 것으로 예상된다. 최근 주택가격이 상승하면서 정부에서는 LTV를 주택가격의 50%, DTI를 차입자 소득의 40%로 제한하고 있으므로 대출을 받아 주택을 구입하고자 할 경우 반드시 사전에 대출가능금액을 확인해야 한다.

1-4 투자대안 도출

나대한 씨가 구입을 희망하는 지역과 규모를 고려하여 매수 가능한 주택을 확인한 결과 강남구의 희망아파트와 마포구의 소망아파트가 투자가능대상으로 도출되었다. 각 주택은 가격과 취득세율에 차이가 있으며, 금융기관에 문의한 결과 대출금리 등에서도 차이가 있는 것으로 나타났다. 또한 과거로부터 최근까지 가격상승 추세를 고려할 때 강남구 희망아파트는 연간 6%, 마포구 소망아파트는 연간 5%가 상승할 것으로 전문가들은 예상하였다.

[투자대상]

구분	가격(억 원)	취득세율(%)	대출금리(%)	대출만기(년)	예상 연간 가격 상승률(%)
강남구 희망아파트	10	3	4	20	6
마포구 소망이피드	7	2	3	20	5

1-5 투자대안 분석

가. 강남구 희망아파트

나대한 씨는 강남구 희망아파트를 구입할 경우 기존 거주주택의 전세보증금과 함께 주택담보대출을 최대한 받고 부족한 금액은 보유현금에서 지출할 계획이다. 따라서 사전에 최대 대출가능금액을 확인할 필요가 있다. 금융기관에 문의한 결과 최근 정부의 규제가 강화되어 LTV 50%, DTI 40% 수준에서 대출을 받을 수 있다. 대출조건은 만기 20년, 연리 4%, 매년 원리금 균등분할상환이다. 주택구입 시 3%의 취득세가 부과되며, 매년 취득가액의 0.5%가 보유세로 부과되는 것으로 가정하여 투자대상을 분석하였다.

먼저 최대 대출가능금액은 LTV 50%를 기준으로 하면 500,000천 원이고 DTI 40%를 기준으로 하면 434,783천 원이므로, 최대 대출가능금액은 두 기준 중 금액이 작은 DTI를 기준으로 한 434,783천 원이 된다.

[최대 대출가능금액]

LTV 50% 기준(천 원)	500,000	주택가격 × 50%
DTI 40% 기준(천 원)	434,783	대출가능금액 = (소득 × DTI)/대출상수
대출상수(년)	0.0736	
최대 대출가능금액(천 원)	434,783	LTV기준과 DTI기준 중 작은 금액

대출가능금액이 결정되었으므로 나대한 씨의 자금조달계획을 세울 수 있다. 나대한 씨는 현재 거주하고 있는 주택의 전세보증금과 대출금 외에 보유현금 중 165,217천 원을 사용하여 희망아파트를 매입할 수 있다. 대출조건이 금리 연 4%, 만기 20년이므로 매년 대출 상환액은 32,000천 원이며 매각을 고려하고 있는 5년 후의 대출잔액은 355,657천 원이다.

[자금조달계획]

(단위: 천 원)

구 분	금 액	비 고
기존 전세보증금	400,000	
대출금	434,783	
보유현금 활용	165,217	주택가격 - 전세보증금 - 대출금
매년 대출상환액	32,000	대출금 × 대출상수
5년 후 대출잔액	355,657	

[대출상환표] (단위: 천 원)

구분	기초 대출잔액	원리금 상환액	원금상환	이자상환	기말 대출액
1	434,783	32,000	14,609	17,391	420,174
2	420,174	32,000	15,193	16,807	404,981
3	404,981	32,000	15,801	16,199	389,180
4	389,180	32,000	16,433	15,567	372,747
5	372,747	32,000	17,090	14,910	355,657

산정된 대출금을 고려하여 희망아파트를 매입할 경우 현금흐름은 아래 표와 같다. 투자시점에서는 취득가액의 3%인 취득세 30,000천 원이 지출되고, 1차 연도부터는 0.5%의 보유세인 5,000천 원이 지출된다. 5차 연도 말에 주택을 매각할 경우 매년 6%씩 상승한다고 가정하면 주택가격은 1,338,226천 원까지 상승한다. 투자기간의 현금유입 및 현금유출액과 나대한 씨의 요구수익률인 5%를 적용하여 NPV를 산정하면 14,461천 원으로, 0보다 큰 것으로 나타났다.

[강남구 희망아파트 현금흐름 및 투자분석결과] (단위: 천 원)

구분	0	1	2	3	4	5
투자(매각)금액	-1,000,000					1,338,226
대출금(상환)	434,783					-355,657
취득세	-30,000					
대출상환액		32,000	-32,000	-32,000	-32,000	-32,000
보유세		-5,000	-5,000	-5,000	-5,000	-5,000
계	-595,217	-37,000	-37,000	-37,000	-37,000	945,569

$$\therefore \text{NPV} = -595{,}217 + \frac{-37{,}000}{1.05} + \frac{-37{,}000}{1.05^2} + \frac{-37{,}000}{1.05^3} + \frac{-37{,}000}{1.05^4} + \frac{945{,}569}{1.05^5} = 14{,}461\text{천 원}$$

나. 마포구 소망아파트

마포구 소망아파트를 구입하는 경우에는 취득세가 2%로 낮아지고 대출금리는 3%로 낮아진다. 나대한 씨는 앞서 살펴본 바와 같이 기존 거주주택의 전세보증금과 함께 대출담보대출을 최대한 받고 부족한 금액은 보유현금에서 지출할 계획이다. 소망아파트의 대출조건은 만기 20년, 연리 3%, 매년 원리금 균등분할상환이다. 소망아파트의 경우와 같이 매년 취득가액의 0.5%가 보유세로 부과되는 것으로 가정한다.

먼저 최대 대출가능금액은 LTV 50%를 기준으로 하면 350,000천 원이고 DTI 40%를 기준으로 하면 476,190천 원이므로, 최대 대출가능금액은 LTV를 기준으로 한 350,000천 원이 된다.

[최대 대출가능금액]

LTV 50% 기준(천 원)	350,000	주택가격×50%
DTI 40% 기준(천 원)	476,190	대출가능금액 = (소득 × DTI) / 대출상수
대출상수	0.0672	
최대 대출가능금액(천 원)	350,000	LTV기준과 DTI기준 중 작은 금액

대출가능금액이 결정되었으므로 나대한 씨의 자금조달계획을 세울 수 있다. 나대한 씨는 현재 거주하고 있는 주택의 전세보증금 외에 추가로 300,000천 원이 필요하다. 이 금액은 대출가능금액보다 작으므로 필요한 금액을 모두 대출받을 수 있어 보유현금을 추가로 지출하지 않아도 된다. 대출조건이 금리 연 3%(복리), 만기 20년이므로 매년 대출상환액은 20,160천 원이며 매각을 고려하고 있는 5년 후의 대출잔액은 240,749천 원이다.

[자금조달계획]

(단위: 천 원)

구 분	금 액	비 고
기존 전세보증금	400,000	
대출금	300,000	주택가격 - 전세보증금
보유현금	-	
매년 대출상환액	20,160	
5년 후 대출잔액	240,749	

[대출상환표] (단위: 천 원)

구분	기초 대출잔액	원리금 상환액	원금상환	이자상환	기말 대출액
1	300,000	20,160	11,160	9,000	288,840
2	288,840	20,160	11,495	8,665	277,345
3	277,345	20,160	11,840	8,320	265,505
4	265,505	20,160	12,195	7,965	253,310
5	253,310	20,160	12,561	7,599	240,749

산정된 대출금을 고려하여 소망아파트를 매입할 경우 현금흐름은 아래 표와 같다. 투자시점에서는 취득가액의 2%인 취득세 14,000천 원이 지출되고, 1차 연도부터는 0.5%의 보유세인 3,500천 원이 지출된다. 5차 연도 말에 주택을 매각할 경우 매년 5%씩 상승한다고 가정하면 주택가격은 893,397천 원까지 상승한다. 투자기간의 현금유입 및 현금유출액을 적용하여 NPV와 IRR을 산정하면, 나대한 씨의 요구수익률인 5%를 적용할 경우 NPV가 -5,067천 원으로 0보다 작아서 투자를 기각해야 한다는 결과가 나타났다.

[마포구 소망아파트 현금흐름 및 투자분석결과] (단위: 천 원)

구분	0	1	2	3	4	5
투자(매각)금액	-700,000					893,397
대출금(상환)	300,000					-240,749
취득세	-14,000					
대출상환액		-20,160	-20,160	-20,160	-20,160	-20,160
보유세		-3,500	-3,500	-3,500	-3,500	-3,500
계	-414,000	-23,660	-23,660	-23,660	-23,660	628,988

$$\text{NPV} = -414{,}000 + \frac{23{,}660}{1.05} + \frac{23{,}660}{1.05^2} + \frac{23{,}660}{1.05^3} + \frac{23{,}660}{1.05^4} + \frac{628{,}988}{1.05^5} = -5{,}067\text{천 원}$$

1-6 투자 제안

나대한 씨는 현재 전세로 거주하고 있는 주택의 임대차기간이 만료되어 아파트를 구입할 것을 고려하고 있다. 나대한 씨의 요구수익률이 5%이므로 구입을 희망하는 강남구의 희망아파트와 마포구의 소망아파트를 5년간 보유한다는 가정으로 NPV분석을 실행하였다.

다만, 최근 정부의 규제가 강화되어 주택담보대출은 LTV 50%, DTI 40%를 기준으로 최대 대출가능금액을 산정하여 분석에 적용하였다. 분석결과 강남구 희망아파트는 투자타당성이 있는 것으로 나타났으나, 마포구 소망아파트는 요구수익률에 미치지 못하는 것으로 나타났다. 이에 따라 나대한 씨에게는 강남구 희망아파트를 매입할 것을 제안할 수 있다.

2 도시형 생활주택 투자사례(금융적 투자결합법 적용)

2-1 고객정보

상담을 의뢰한 나대한 씨는 현재 60세로 3년 전에 직장에서 퇴직한 후에 연금으로 생활하고 있다. 가족으로는 전업주부인 58세의 배우자와 출가한 자녀가 있다. 최근 보유하고 있는 토지가 수용되어 15억 원의 보상금을 받게 되었으며, 나대한 씨는 노후소득 창출 및 상속재산 마련을 위해서 도시형 생활주택을 매수하고자 한다. 나대한 씨는 현재 받고 있는 연금소득으로는 생활이 쉽지 않아 소득창출이 투자의 주 목적이므로 보수적인 투자성향을 가지고 있다.

2-2 정보수집

나대한 씨는 퇴직 후에 월 3,000천 원 수준의 연금을 주 수입원으로 생활하고 있으나 필요한 경우 예비자금으로 보유하고 있는 예금 및 현금 등을 활용하고 있다. 최근 세종자치시 인근에 보유한 토지가 수용되면서 1,500,000천 원의 보상금을 받게 되었으며, 이 자금을 활용하여 수익형부동산의 매수를 희망하고 있다. 나대한 씨는 보수적인 성향으로 상가보다는 임대 및 관리가 상대적으로 용이한 신도시 내 역세권 인근의 도시형 생활주택을 매수하는 것을 희망하고 있으며, 자기자본투자에 대해서 7%의 수익률을 요구하고 있다.

2-3 시장환경 분석 및 대출 여부 확인

나대한 씨가 매수를 희망하는 신도시 내 역세권에 소재하는 도시형 생활주택은 은퇴 후 소득창출을 희망하는 매수자들의 선호도가 매우 높아 매물을 구하기가 쉽지 않고 가격도 크게 상승한 것으로 조사되었다. 따라서 이미 건축되어 있는 도시형 생활주택을 매입하기보다는 도시형 생활주택의 건축이 가능한 단독주택 등을 매입한 후 신축을 하는 방법도 고려할 필요가 있을 것으로 보인다. 또한 나대한 씨가 요구하는 투자수익률을 달성하기 위해서는 레버리지효과를 누리기 위해서 투자금의 일정비율은 낮은 금리로 대출을 받을 필요가 있는 것으로 나타났다.

2-4 투자대안 도출

나대한 씨가 희망하는 신도시 지역에서 매수가능한 역세권의 도시형 생활주택 개발가능 물건을 확인한 결과 경기도 행복시에 소재한 노후 단독주택이 투자대안으로 도출되었다. 해당 주택은 지하철역 인근에 소재하고 있으며 철거할 경우 15세대의 도시형 생활주택을 건축할 수 있는 것으로 조사되었다. 단독주택의 구입가격은 12억 원이며, 도시형 생활주택을 신축하기 위해서는 철거비 1억 원과 건축비 8억 원이 추가로 필요할 것으로 예상된다.

2-5 투자대안 분석

나대한 씨가 투자대상 단독주택을 매수하여 도시형 생활주택을 건설할 경우 총 15세대의 주택을 임대할 수 있는 것으로 조사되었다. 이를 위해서 필요한 투자금액에는 단독주택의 매입가격과 철거비, 도시형 생활주택의 신축비용이 포함된다. 다음 표에 나타난 바와 같이 초기 투자금액은 2,100,000천 원으로 조사되었다.

[투자비용]

(단위: 천 원)

구분	금액	비고
매입가격	1,200,000	단독주택과 부지 포함
철거비	100,000	기존 단독주택 철거비
공사비	800,000	직 · 간접비용 포함
총투자액	2,100,000	

투자분석을 위해서 직접환원방식 중 금융적 투자결합법을 적용하였다. 이 방법을 적용할 경우 도시형 생활주택의 순영업수익과 종합환원율을 적용한 부동산의 투자가치가 투자비용보다 크면 투자안을 채택한다. 따라서 투자대상이 되는 도시형 생활주택의 순영업수익과 금융적 투자결합법을 적용한 종합환원율을 산정해야 한다. 순영업수익의 산정을 위해서 필요한 도시형 생활주택의 임대 시 수입 및 비용에 대한 정보는 아래 표와 같다.

[도시형 생활주택의 예상 수입 및 비용정보]

(단위: 세대, 천 원, %)

구분	내용	비고
세대수	15	
세대당 임대료 및 관리비(월)	1,000	
세대당 보증금	20,000	
영업경비	10	가능총수익 대비
예상 공실률	5	가능총수익 대비
보증금 운영수익률	3	

위의 정보를 활용하여 산정된 투자대상 도시형 생활주택의 순영업수익은 160,650천 원으로 나타났다. 순영업수익은 금융적 투자결합법으로 도출된 종합환원율로 환원하여 부동산의 가치를 산정하는 데 사용된다.

[순영업수익의 산정] (단위: 천 원)

구분	금액	비고
가능총수익	189,000	15세대 × (1,000천 원 × 12+20,000천 원 × 3%)
공실 상당액	9,450	가능총수익의 5%
유효총소득	179,550	
영업경비	18,900	가능총수익의 10%
순영업수익	160,650	

금융적 투자결합법으로 종합환원율을 산정하기 위해서는 지분투자자의 환원율과 대출상수, 대출비율 등에 대한 정보가 있어야 한다. 조사결과 현재 도시형 생활주택 건설 시 조달이 가능한 대출비율은 40%이며, 대출조건은 대출이자율 연 4%, 매년 말 원리금 균등상환 조건이다. 지분투자자인 나대한 씨는 7%의 지분환원율을 요구하고 있다. 이러한 정보를 고려하여 아래의 산식을 통해서 종합환원율을 산정한 결과 7.14%가 도출되었다.

종합환원율 = 지분비율 × 지분환원율 + 대출비율 × 대출상수

[금융적 투자결합법에 따른 종합환원율 산정]

구 분	내 용	비고
대출이자율(%)	4	매월 원리금 균등상환
대출만기(년)	20	
지분환원율(%)	7	
대출비율(%)	40	
대출상수(년)	0.0736	
종합환원율(%)	0.0714	= 0.07×60% + 0.0736×40%

도출된 순영업소득과 종합환원율을 적용하면 부동산의 투가가치를 산정할 수 있다. 산정된 부동산의 투자가치는 2,250,000천 원으로 투자금액인 2,100,000천 원보다 높으므로 나대한 씨의 도시형 생활주택에 대한 투자는 타당성이 있는 것으로 나타났다.

$$부동산가치 = \frac{순영업수익}{종합환원율} = \frac{160,650}{0.0714} = 2,250,000천\ 원$$

2-6 투자 제안

나대한 씨는 토지의 수용으로 받은 보상금으로 역세권의 도시형 생활주택에 투자하는 것을 희망하고 있다. 투자대안으로 성남시 분당지역의 단독주택을 철거하여 도시형 생활주택을 신축하는 방안이 제시되었다. 단독주택의 매입과 철거, 도시형 생활주택의 신축에 필요한 총투자금액은 2,100,000천 원으로 나타났으며, 나대한 씨의 지분환원율인 7%를 적용하여 금융적 투자결합법을 통해 분석한 결과 부동산의 투자가치는 2,250,000천 원으로 산정되어 도시형 생활주택에 대한 투자는 타당성이 있는 것으로 나타났다. 다만, 도시형 생활주택의 신축과정에서 추가적으로 공사비가 투입될 가능성이 있고 인근 지역에 행복주택이 공급되는 등 도시형 생활주택 임대시장의 상황이 변화할 수 있으므로 지속적인 비용관리 및 시장에 대한 모니터링이 필요하다.

3 재건축아파트 투자사례

3-1 고객정보

상담을 의뢰한 나대한 씨는 현재 45세로 배우자와 고등학교에 재학 중인 두 명의 자녀가 있다. 현재 노원구에 소재한 아파트를 소유하고 있으나, 서초구에 소재하는 재건축아파트에 투자를 고려하고 있다. 높은 투자수익률을 올리기 위해서는 어느 정도 위험을 감수하고자 하는 비교적 공격적인 투자성향을 가지고 있으며, 재건축아파트 투자를 위해서 주택담보대출과 보유현금도 활용할 계획이다.

3-2 정보수집

자영업을 하고 있는 나대한 씨는 현재 월 10,000천 원의 소득을 올리고 있으며 보유한 주택의 시세는 500,000천 원이며 보유하고 있는 예금 및 현금은 400,000천 원이다. 재건축아파트를 구입할 경우 바로 입주하지 않고 철거 후 공사가 완료될 때까지 현재 소유하고 있는 주택에 거주하면서 재건축 대상 아파트는 전세로 임대하고 부족한 금액은 대출받을 계획이다. 재건축아파트가 준공되면 입주하여 거주할 생각이나 입주 후 아파트 가격을 기준으로 수익률을 분석하여 의사결정을 하고자 한다. 나대한 씨는 재건축아파트 투자를 거주주택 마련 목적과 함께 노후대비 자금마련 목적으로도 생각하고 있다. 재건축 투자에 대한 나대한 씨의 요구수익률은 8%이다.

3-3 시장환경 분석

나대한 씨가 구입을 희망하는 서초구 지역의 재건축아파트는 최근 투자자들 사이에서 선호도가 크게 상승하고 있다. 해당 지역에 신규주택의 공급이 부족하여 재건축이 완료되면 일정기간 주택가격이 상승할 것으로 전문가들은 예상하고 있다. 재건축 방식으로는 지분제가 주로 적용되고 있으며 단지상황에 따라서 130%에서 160%의 무상지분율이 조합원에게 제공되고 있다. 관리처분 이후 철거단계에서는 인근 지역 전세가격수준의 이주비가 무상으로 제공되고 있으므로 전세를 주기로 하고 주택을 구입하는 경우에도 이주비를 이용하여 전세보증금을 상환할 수 있어 실투자금액을 최소화할 수 있다는 장점이 있다.

재건축 사업방식

재건축 사업방식에는 도급제와 지분제가 있다. 도급제는 재건축조합이 자금조달과 분양 등 사업전반에 대해서 책임을 지고 건설회사에는 공사만 하청하는 방식이다. 이 방식은 조합의 위험이 크지만 사업의 이익을 조합이 확보할 수 있다는 장점이 있다. 그에 비해 지분제는 사전에 건설회사와 협의를 통해서 조합원에게 대지지분의 일정 비율인 무상지분율을 제공하고 사업전반에 대한 책임을 건설회사에서 지는 방식이다. 예를 들어 조합원의 대지지분이 50㎡이고 무상지분율이 150%라면 조합원은 75㎡까지는 무상으로 제공받고 초과부분에 대해서만 추가부담금을 납부하게 된다. 지분제 방식으로는 조합이 사업에 대한 위험을 최소화할 수 있고 초과이익은 건설회사에서 수취하게 되며, 현재 재건축사업에서 주로 이용되고 있다.

3-4 투자대안 도출

나대한 씨가 희망하는 서초구지역의 매수가능 재건축아파트를 확인한 결과 서초구의 행복아파트가 적합한 것으로 제시되었다. 행복아파트의 매수가격은 1,400,000천 원이며 현재 시점에서 매수할 경우 대출가능금액은 700,000천 원이고 대출조건은 대출금리 연 4%, 매년 말 이자지급, 원금 만기일시상환이다. 또한 400,000천 원에 전세로 임대가 가능하여 3%의 취득세를 고려하면 취득시점에 추가로 342,000천 원이 필요하며, 현재 나대한 씨가 보유하고 있는 현금을 활용하면 취득이 가능할 것으로 예상된다. 행복주택은 투자시점인 2019년 현재 조합설립단계로 2021년에 관리처분을 거쳐 2023년에 입주가 가능할 것으로 예상된다.

[투자대상]

구분	매수 가격	주택 면적	취득 세율	전세 보증금	대출 가능금액	대출조건
서초구 행복아파트	1,400,000천 원	100㎡	3%	400,000천 원	700,000천 원	20년 만기, 만기일시상환

3-5 투자대안 분석

투자대상으로 행복아파트를 선택할 경우 투자분석을 위해서는 나대한 씨의 보유현금과 대출가능금액, 각종 세금 등에 대한 기초적인 정보가 필요하다. 분석에 필요한 주요 기초자료는 다음 표에서 제시한 바와 같다. 나대한 씨가 현재 거주하고 있는 주택은 입주시점에나 처분이 가능하므로 준공이 완료되기 전까지는 전세보증금 · 보유예금 · 현금 · 대출금 등을 통해서 투자가 이루어져야 하며, 관리처분 이후 지급이 가능한 이주비도 활용이 가능할 것으로 예상된다.

[투자분석을 위한 기초자료] (단위: 천 원, %)

구 분	금 액	비고
예상 전세보증금	400,000	
보유예금 및 현금	400,000	
현재 거주주택 가격	500,000	면적 100㎡
대출가능금액	700,000	
이자율	4	만기일시상환
취득세	3	
보유세 (취득가액 기준)	0.5	관리처분 이후 준공 시까지는 토지분만 과세하므로 0.2%로 가정
재건축 주택가격	1,400,000	면적 100㎡(재건축 후 120㎡ 예상)
향후 일정	2019년 조합설립 후 2021년 관리처분계획 2023년 입주 후 2024년 매각	

재건축아파트에 대한 투자분석을 위해서는 관리처분계획에 따른 추가부담금 산정이 선행되어야 한다. 추가부담금은 나대한 씨가 분양받는 주택면적에서 무상으로 지급받는 면적을 차감한 후 단위당 분양가를 적용하여 산정한다. 나대한 씨가 보유한 주택의 대지지분이 75㎡이고 무상지분율이 150%이므로 나대한 씨는 112.5㎡까지는 무상으로 제공받을 수 있다. 나대한 씨가 분양받는 아파트의 면적이 120㎡이므로 7.5㎡에 대해서 분양가 15,000천 원을 적용하면 추가부담금은 112,500천 원으로 예상된다.

재건축 이후 주택가격을 산정하여 투자의사결정을 하기 위해서는 관리처분 시 결정된 분양가격을 기준으로 한 연간 가격상승률을 가정하여 매도시점의 가격을 선정해야 한다. 행복아파트의 경우 인근 재건축아파트의 사례 등을 고려하여 관리처분 이후 매년 5%가 상승하는 것으로 가정하였다. 또한 2018년 이후부터는 재건축아파트에 대해서 초과이익환수제가 적용되므로, 이를 확인한 결과 50,000천 원의 초과이익환수금이 발생할 것으로 예상된다.

재건축초과이익환수제

재건축초과이익환수제는 재건축으로 인한 수익이 일정수준을 초과할 경우 이를 환수하는 제도로서 2006년 도입 후 2013년부터 2017년까지 유예되었으나 2018년 1월부터 재개되었다. 구체적인 산정방식은 재건축 후 아파트의 준공인가시점 주택가격에서 재건축 추진위원회 설립 승인 시점의 주택가격과 정상주택가격 상승분 및 개발비용을 차감한 금액을 초과이익으로 산정한다. 초과이익이 1인당 3,000만 원을 넘을 경우 초과금액 구간별로 10~50% 누진 과세하여 환수액을 결정한다.

[재건축 투자분석을 위한 자료]

구 분	내 용	비 고
매입주택의 규모	100㎡	
매입주택의 대지지분	75㎡	
무상지분율	150%	
이주비(무상)	500,000천 원	관리처분 시점에 활용가능
재건축 후 주택규모	120㎡	
단위(㎡)당 분양가격	15,000천 원	
총분양가	1,800,000천 원	120㎡ × 15,000천 원(2021년 기준)
추가부담금	112,500천 원	입주시점에 납입
연간 가격상승률 (관리처분 이후)	5%	관리처분 시 분양가 기준 연간 상승률
2023년 입주 시 재건축 초과환수금	50,000천 원	
2024년 매각 시 가격	2,083,725천 원	분양가 × $(1+5\%)^3$
자금지출계획	- 매년 대출이자와 보유세는 나대한 씨의 소득에서 지출함 - 전세보증금은 관리처분 시 받는 이주비를 통해서 상환함 - 입주시점 시 이주비 상환은 기존 주택의 처분금액을 이용하며 추가부담금은 주택담보대출을 활용하여 지불함	

앞서 살펴본 정보 등을 고려하여 재건축아파트 투자의 현금흐름을 도출하였다. 투자시점에서는 전세보증금과 대출금 등을 활용하여 초기 투자액이 342,000천 원으로 산정되었다. 매년 대출이자와 보유세는 나대한 씨의 소득에서 지출하는 것으로 가정하였으며 관리처분 후 제공되는 이주비를 통해서 전세보증금 상환이 가능할 것으로 예상된다. 입주시점인 2023년의 이주비 상환은 기존 주택의 처분금액을 이용하였다. 또한

2023년에 추가부담금을 지급하기 위해서 LTV의 50%까지 가능한 주택담보대출을 활용하여 기존 대출에서 200,000천 원을 추가로 대출을 받아서 활용하는 것으로 가정하였다. NPV분석을 위해서 2023년의 주택가격을 기준으로 분석을 실행한 결과 요구수익률 8%를 기준으로 NPV는 66,032천 원으로 0보다 커 투자타당성이 있는 것으로 나타났다.

[재건축아파트의 현금흐름]

(단위: 천 원)

구분	2019	2020	2021	2022	2023	2024
총투자(매각)금	-1,400,000					2,083,725
전세보증금	400,000		-400,000			
대출금(상환금)	700,000				200,000	-900,000
이주비(상환)			500,000		- 500,000	
취득세	-42,000					
대출이자		-28,000	-28,000	-28,000	-36,000	-36,000
보유세		-7,000	-2,800	-2,800	-2,800	-10,419
추가부담금					-112,500	
초과이익환수금					-50,000	
계	-342,000	-35,000	69,200	-30,800	-501,300	1,137,306

$$NPV = (-342,000) + \frac{-35,000}{1.08} + \frac{69,200}{1.08^2} + \frac{-30,800}{1.08^3} + \frac{-501,300}{1.08^4} + \frac{1,137,306}{1.08^5} = 66,032\text{천 원}$$

3-6 투자 제안

나내한 씨는 현재 거주하고 있는 노원구지역의 아파트를 매각하여 서초구 지역의 재건축아파트에 투자할 것을 고려하고 있다. 나대한 씨가 구입을 희망하는 서초구지역에 투자 가능한 아파트로 행복아파트를 선정하여 분석한 결과 전세보증금과 대출금 등을 이용하면 초기 투자부담이 크지 않은 것으로 나타났으며, 이주비 등을 활용하여 현금흐름의 관리가 가능할 것으로 예상된다. 또한 나대한 씨의 요구수익률인 8%를 기준으로 NPV를 분석한 결과 투자타당성이 있는 것으로 나타났다. 다만 재건축의 경우 정부규제에 따른 영향을 많이 받고 이주비와 무상지분율 등은 관리처분시점에 확정되므로 위험요인이 될 수 있다. 따라서 투자 후에도 재건축사업 추진상황이나 정부의 정책기조를 지속적으로 모니터링할 필요가 있다.

4 주택담보대출의 대환 의사결정

4-1 고객정보

상담을 의뢰한 나대한 씨는 현재 48세로 배우자와 중학교에 재학 중인 아들이 있다. 현재 3년 전에 구입한 강동구 소재 아파트에 가족과 함께 거주하고 있다. 아파트 구입 당시 대출을 받았으며, 현재 주택구입에 대한 원리금을 상환 중이다. 현재 자녀의 교육문제 등으로 인해 당분간 현재 소유한 주택에서 거주하는 것을 희망하고 있다.

4-2 정보수집

직장인인 나대한 씨의 연간 급여는 약 7천만 원으로, 3년 전 6억 원에 주택을 구입하면서 당시 최대 LTV인 50%를 기준으로 3억 원의 대출을 받았다. 대출조건은 연리 4%(고정금리), 대출기간 20년, 매년 말 원리금 균등상환조건으로 대출금 상환이 부담이 되는 상황이다. 이에 따라 나대한 씨는 대출금의 상환부담을 줄일 수 있는 방안을 찾고 있다.

4-3 시장환경 분석

나대한 씨는 3년 전에 고정금리로 주택담보대출을 받아 대출 시 결정된 이자율에 따라서 대출금을 상환하고 있다. 대출금 상환액을 줄이기 위해서는 최근 시장이자율을 확인하여 금리가 낮아진 경우 대환을 하는 방법과 원리금 균등상환의 대출방식을 이자부 상환으로 전환하는 방법, 상대적으로 이자율이 높은 고정금리대출을 변동금리대출로 변경하는 방법 등이 있다. 하지만 최근 정부의 가계부채대책 등으로 인해서 고정금리 · 원리금 균등상환대출을 변동금리나 이자부 상환대출로 전환하는 것은 현실적으로 어려운 것으로 조사되었다. 다만, 나대한 씨가 대출을 받은 이후 시장이자율이 하락하여 최근 주택담보대출의 이자율이 3%로 기존 이자율에 비해서 1%p 하락한 것으로 나타났다.

4-4 주택담보대출 대환을 위한 대안 도출

나대한 씨의 대출금 상환부담을 줄이기 위해서 시장조사를 한 결과 대출금은 기존 대출의 잔액으로 하고 대출기간도 기존 대출의 잔여기간으로 할 경우 기존대출을 신규대출로 대환하면 대출금리가 4%에서 3%로 낮아질 것으로 예상된다. 하지만 기존 대출을 조기상환해야 하므로 대출잔액의 1%를 조기상환 수수료로 지급해야 하고 신규대출에 대해서는 신규 대출금의 1%를 취급수수료로 지급해야 하는 추가부담이 발생한다. 따라서 신규대출을 받기 위해서는 낮은 금리의 대출로 대환하여 원리금상환액이 감소하여 발생하는 수익이 조기상환수수료와 취급수수료로 인해 발생하는 추가적인 비용보다 큰지 작은지에 대한 분석이 필요하다.

[기존 대출과 신규 대출의 조건비교]

구분	기존대출	신규대출
대출금	300,000천 원	기존 대출금의 잔액
대출기간	20년	17년
대출금리	4%(연 복리)	3%(연 복리)
상환조건	매년 말 원리금균등상환	매년 말 원리금균등상환
저당상수	0.0736	0.076
기타	조기상환수수료: 대출잔액의 1% 취급수수료: 대출액의 1% 연금의 현재가치(17년, 3%): 13.116	

4-5 대출금 대환을 위한 분석

나대한 씨는 현재 기존대출을 상환하기 위해서 연 22,080천 원을 지출하고 있다. 현 시점에서 대환을 위해서 기존 대출을 상환한 경우 대출잔액은 268,535천 원이며 이 금액은 신규대출시 대출금액이 된다. 또한 조기상환수수료로 대출잔액의 1%인 2,685천 원을 추가로 지불해야 한다.

[기존 대출금 정보] (단위: 천 원)

구분	금액	비고
대출상환금	22,080	대출금 × 저당상수
대출잔액	268,535	대출상환표 참고
조기상환수수료	2,685	대출잔액 × 1%

[기존 대출금 상환표] (단위: 천 원)

구분	기초잔액	원리금상환	원금상환	이자상환	기말잔액
1	300,000	22,080	10,080	12,000	289,920
2	289,920	22,080	10,483	11,597	279,437
3	279,437	22,080	10,902	11,178	268,535

나대한 씨가 기존 대출을 상환하고 새로운 대출조건으로 대출을 받으면 연간 상환액은 20,409천 원으로 감소하므로 부담을 줄일 수 있다. 하지만 새로운 대출의 취급수수료로 대출금의 1%인 2,685천 원을 추가로 지급해야 한다.

[신규대출 정보] (단위: 천 원)

구분	금액	비고
대출금	268,535	기존 대출금 잔액
대출상환금	20,409	대출금 × 저당상수
취급수수료	2,685	대출금 × 1%

나대한 씨가 대환을 할 경우 실질적으로 이익이 되는지와 어느 정도의 이익이 발생하는지를 확인하기 위해서 손익분석을 실행하였다. 먼저 나대한 씨는 기존 대출의 대환으로 연간 1,671천 원(22,080천 원 - 20,409천 원)의 상환부담이 감소하는 이익이 발생한다. 이러한 이익은 대출 잔여기간인 17년간 발생하므로 연금의 현재가치를 적용하면 대환으로 인한 수익의 현재가치는 21,917천 원으로 산정할 수 있다. 대환에 따른 추가비용은 기존 대출상환에서 발생하는 조기상환수수료와 신규대출을 받을 경우 발생하는 취급수수료이므로 5,370천 원이다. 즉, 나대한 씨는 대환을 통해서 매년 상환부담을 줄이면서 16,547천 원의 이익을 확보할 수 있다.

[대환 시 손익분석] (단위: 천 원)

구분	금액	비고
매년 상환액 감소	1,671	기존대출상환금 - 신규대출상환금
대환으로 인한 수익의 현재가치	21,917	상환감소액 × 연금의 현재가치
대환에 따른 추가비용	5,370	조기상환수수료 + 취급수수료
대환이익	16,547	대환수익 - 대환비용

4-6 대환 의사결정에 대한 제안

나대한 씨의 경우 주택담보대출의 상환에 대해서 부담을 느끼고 있지만, 자녀 교육 등의 문제로 현재의 주택에서 계속 거주하기를 희망하므로 대환 등을 통해 상환부담을 줄일 수 있는지 확인하였다. 시장환경 분석결과 정부정책으로 인해서 상환방식 등의 변화는 어려우나 처음 대출을 받은 3년 전에 비해서 대출금리가 4%에서 3%로 하락한 것을 확인하였다. 낮아진 금리로 대환을 실행할 경우의 수익분석을 하였으며 분석결과를 통해서 대환을 실행하는 것이 나대한 씨의 상환부담을 경감시키고 추가적인 수익도 발생하는 것으로 나타났다. 따라서 나대한 씨는 대환을 실행하는 것이 유리하다.

5 아파트 청약전략 분석

5-1 고객정보

나내한 씨는 현재 37세로 배우자와 유치원에 다니는 자녀가 있으며 자녀가 초등학교에 진학하기 전에 경기도 내 신도시에 내 집 마련을 하고자 준비하고 있다. 나대한 씨는 7년 전 30세에 결혼을 하였으며 2010년에 주택청약종합저축에 가입하여 2019년 현재 통장가입기간은 9년이고 청약통장 총 납입금액은 1,000만 원이다. 나대한 씨가 청약을 준비하는 지역은 최근 청약가점제가 적용되는 민영아파트의 분양이 많다. 나대한 씨는 자신의 청약가점을 통해서 청약이 가능한 아파트 중에서 주택가격상승에 따른 수익성이 높은 아파트를 선택하여 분양받기를 희망하고 있다.

5-2 정보수집

제약회사에 다니는 나대한 씨의 연간 급여는 약 8천만 원이며, 현재 전세로 거주하는 주택의 전세보증금은 2억 5천만 원이고, 5천만 원의 현금을 보유하고 있다. 나대한 씨가 희망하는 아파트의 규모는 85㎡이며 아파트를 분양받을 경우 보유현금으로 계약금을 지급하면 입주시점까지 추가적인 지출이 어려우므로 중도금 무이자대출이나 중도금 이자후불제 대출의 조건을 제시하는 아파트에 분양받기를 희망하고 있다. 입주시점에는 전세보증금으로 중도금대출을 상환하고 남는 금액은 비상예비자금으로 보유하기를 희망하며 잔금은 주택담보대출을 받아서 지급할 계획이다. 나대한 씨는 자녀의 교육과 거주목적으로 아파트를 분양받을 계획이지만 주택가격상승 가능성도 중시하고 있으며, 주택구입에 대한 연간 요구수익률은 8%이다.

5-3 시장환경 분석

최근 몇 년간 수도권의 주택가격이 회복세를 나타내면서 분양에 대한 관심도 증가하고 있다. 따라서 인기지역에 대한 청약경쟁률도 증가하고 있으며 주택개발회사들의 적극적인 사업추진으로 신규분양도 증가하고 있는 것으로 조사되었다. 최근에는 기존에 분양된 아파트들의 입주가 겹치면서 국지적으로 시장에 조정이 나타날 것으로 예상되므로, 청약전략 수립 시 철저한 시장조사와 분양조건 및 향후 주택 가격상승 가능성 등에 대한 분석도 필요하다.

최근 신도시아파트의 분양조건을 조사한 결과 최고수준 인기단지의 경우 중도금 관련 혜택이 없으나 대부분의 아파트는 중도금 무이자대출 또는 중도금 이자후불제의 조건을 제시하고 있는 것으로 알려져 있다. 또한 잔금지급 시에는 분양가격 50% 수준의 주택담보대출이 가능한 것으로 나타났다.

5-4 청약전략 수립을 위한 대안 도출

나대한 씨가 희망하는 경기도 내 신도시에서 최근 분양이 예정된 85㎡의 아파트 단지를 선정하였다. 선정된 세 개의 단지는 모두 분양받은 후 3년 차에 입주가 가능하다. 이 중 행복아파트는 서울에 가장 근접해 있어 분양가도 높고 청약경쟁도 치열하여 청약가점이 50점은 되어야 분양을 받을 수 있을 것으로 예상된다. 희망아파트와 소망아파트는 각각 청약가점이 40점과 35점 이상은 되어야 분양을 받을 수 있을 것으로 예상된다. 또한 행복아파트는 중도금 대출에 대한 혜택이 없으나, 희망아파트는 중도금대출에 따른 이자를 이자율 4%를 적용하여 입주시점에 후불로 지급할 수 있고, 소망아파트는 중도금 무이자를 분양조건으로 제시하고 있다. 예상 가격상승률은 행복아파트가 4%로 가장 높고 희망아파트와 소망아파트는 각각 3%와 2%로 예상된다.

[청약 대상 아파트 분양조건]

구 분	분양가(천 원)	면적(㎡)	분양조건	예상당첨 청약가점(점)	예상 가격 상승률(%)
행복아파트	500,000	85	중도금 혜택 없음	50	4
희망아파트	450,000	85	중도금 이자후불제	40	3
소망아파트	400,000	85	중도금 무이자	35	2

도출된 세 개의 단지 중 먼저 나대한 씨의 청약가점으로 분양이 가능한 단지를 선정하였다. 나대한 씨는 청약가점요인에서 무주택기간은 7년, 본인 외에 부양가족 수 2명, 청약통장가입기간 9년이 적용된다. 이를 기반으로 나대한 씨의 가점을 산정한 결과 무주택기간은 16점, 부양가족 수 15점, 통장가입기간 11점으로 총 가점이 42점으로 나타났다. 따라서 행복아파트는 분양이 어려운 것으로 나타났고 희망아파트와 소망아파트는 분양을 받을 수 있는 것으로 조사되었다.

[나대한 씨의 청약가점]

구분	점수	비고
무주택기간	16	2점 + 7년 × 2점
부양가족 수	15	5점 + 2명 × 5점
청약통장가입기간	11	1점 + 1점 + 1점 × 9년
총 청약가점	42	

청약가점산정방식

청약가점제는 만영아파트의 분양 시 적용되며 가점항목은 무주택기간, 부양가족 수, 입주자저축 가입기간이다. 각 항목별 가점산정방법은 아래 표와 같다. 무주택기간은 30세 이후부터 인정되나 혼인을 하게 되면 30세 미만이라도 혼인신고일을 기준으로 무주택기간을 산정한다. 입주자저축 가입기간은 통장가입시점부터 인정하며 중도에 통장의 종류가 변경되는 경우에도 최초 가입시점을 기준으로 산정한다.

청약가점 산정방식

가점항목	총 가점	비고
무주택기간	32	- 1년 미만 2점부터 1년마다 2점씩 가산 - 15년 이상 32점으로 최고점
부양가족 수	35	- 단독세대 5점부터 1명 증가 시마다 5점 가산 - 6명 이상 35점으로 최고점
입주자저축 가입기간	17	- 6개월 미만 1점, 6개월 이상 ~ 1년 미만 2점부터 1년마다 1점 가산 - 15년 이상 17점으로 최고점

5-5 청약단지 선정을 위한 분석

가. 개요

청약이 가능한 두 개의 단지에 대해서 현금흐름을 기준으로 수익성 분석을 실행하였다. 먼저 각 단지별로 계약금과 중도금을 기준으로 한 자금소요계획과 입주 후 다음 해인 4년 차의 주택가격을 산정하여 현금흐름을 도출하고 NPV분석을 실행하였다. 분석 시에 적용한 나대한 씨의 요구수익률은 8%이다. 각 단지별 계약금, 중도금, 4년 차의 주택가격은 다음 표와 같다. 분석의 편의를 위해서 취득세와 보유세, 양도소득세 등은 고려하지 않는다.

[청약가능 단지의 자금계획] (단위: %, 천 원)

구분	비율	희망아파트	소망아파트
계약금	10	45,000	40,000
1년 차 중도금	20	90,000	80,000
2년 차 중도금	20	90,000	80,000
3년 차(잔금)	50	225,000	200,000
4년 차 주택가격		506,479	432,973

소망아파트의 경우 중도금 무이자 혜택을 분양조건으로 제시하여 이자를 지급할 필요가 없으나, 희망아파트는 중도금 이자에 대한 후불제를 제시하고 있으므로 입주시점에 일시에 이자를 지급해야 한다. 각 중도금을 기말에 지급하는 것으로 가정하면 1년 차의 중도금에 대한 대출이자는 2년 차 말에 지급해야 하며, 매기의 대출이자는 입주시점까지 누적하여 한 번에 지급한다. 분석결과 입주시점인 3년 차에 지불해야 하는 누적대출이자는 10,800천 원으로 나타났다.

[희망아파트 청약 시 자금소요계획] (단위: %, 천 원)

구분	비율	희망	대출이자 (이자율 4%)	누적대출이자
계약금	10	45,000	자기자금	
1년 차	20	90,000		
2년 차	20	90,000	3,600	3,600
3년 차(잔금)	50	225,000	7,200	10,800

나. 희망아파트 투자분석

희망아파트에 청약해서 분양을 받을 경우 나대한 씨는 보유현금으로 계약금을 지불하고, 1차 연도와 2차 연도에 지급해야 하는 중도금은 대출을 통해서 해결이 가능하며, 이자도 후불제이므로 실질적으로 유출되는 현금은 없다. 입주시점인 3차 연도에는 누적된 대출이자와 중도금을 기존 주택의 전세보증금으로 지급하고, 주택가격의 50%인 225,000천 원을 이자율 4%에 이자부 상환 조건으로 주택담보대출을 받아서 잔금을 지불할 수 있다. NPV분석을 위해서 4차 연도의 주택가격을 현금유입으로 가정하여 분석하면 요구수익률을 8%로 할 경우 NPV는 3,817천 원으로 0보다 커 투자타당성이 있는 것으로 나타났다.

[희망아파트 청약 시 현금흐름] (단위: 천 원)

구 분	0	1	2	3	4
계약금	-45,000				
잔금				-225,000	
주택담보대출이자					- 9,000
중도금대출		90,000	90,000		
중도금		-90,000	-90,000		
중도금대출상환				-180,000	
중도금대출이자				-10,800	
주택담보대출				225,000	
주택담보대출상환					-225,000
4년 차 주택가격					506,479
현금유출입	-45,000	-	-	-190,800	272,479

$$\therefore \text{NPV} = (-45{,}000\text{천 원}) + \frac{-190{,}800\text{천 원}}{1.08^3} + \frac{272{,}479\text{천 원}}{1.08^4} = 3{,}817\text{천 원}$$

다. 소망아파트 투자분석

소망아파트에 청약해서 분양을 받을 경우에는 보유현금으로 계약금을 지급하고 중도금은 소망아파트와 마찬가지로 대출을 통해서 지급할 수 있다. 또한 소망아파트는 중도금에 대해서 무이자혜택이 있으므로 입주시점까지 별도의 이자를 지급할 필요는 없다. 입주시점에는 기존 주택의 전세보증금을 통해서 중도금대출을 상환하고, 주택가격의 50%인 200,000천 원을 대출받아 잔금을 지급할 수 있다. 4차 연도의 주택가격을 현금유입으로 가정하여 NPV를 분석하면 나대한 씨의 요구수익률 8%를 적용할 경우 -1,651천 원이어서 0보다 작아 투자타당성이 없는 것으로 나타났다.

[소망아파트 청약 시 현금흐름] (단위: 천 원)

구 분	0	1	2	3	4
계약금	-40,000				
잔금				-200,000	
주택담보대출이자					-8,000
중도금대출		-80,000	-80,000		
중도금		80,000	80,000		
중도금대출상환				-160,000	
주택담보대출				200,000	
주택담보대출상환					-200,000
부동산가격					432,973
현금유출입	-40,000	-	-	-160,000	224,973

$$\therefore \text{NPV} = (-40{,}000\text{천 원}) + \frac{-160{,}800\text{천 원}}{1.08^3} + \frac{224{,}973\text{천 원}}{1.08^4} = -1{,}651\text{천 원}$$

5-6 청약의사결정에 대한 제안

나대한 씨는 경기도 내 신도시에 청약을 통해서 신축아파트를 분양받기를 희망하고 있어 청약가점제 적용 시 분양이 가능한 신규 아파트단지를 선정하여 분석을 실행하였다. 청약대상으로 희망아파트와 소망아파트가 선정되었으며 분양가와 분양조건에서는 소망아파트가 더 유리하지만, 향후 예상 주택가격상승률은 희망아파트가 3%로 2%인 소망아파트보다 유리하다. 각 단지의 현금유출을 산정하고 4년 차의 주택가격을 현금유입으로 가정하여 NPV 분석을 한 결과 희망아파트는 투자타당성이 있는 것으로 나타났으나 소망아파트는 NPV가 0보다 작아 나대한 씨의 요구수익률인 8%를 달성하지 못하는 것으로 나타났다. 따라서 나대한 씨는 희망아파트에 청약하는 것이 유리한 것으로 판단되나, 주택시장의 상황변화와 세제 등 정부정책의 변화 등을 주시하여 지속적으로 모니터링할 필요가 있다.

제3절 | 수익환원법을 활용한 수익형부동산 투자

1 종합환원율을 활용한 가치평가(엘우드법 적용)

1-1 고객정보

나대한 씨는 현재 60세로 부인과 결혼한 딸 1명이 있으며, 지난해 퇴직하여 현재 보유현금과 국민연금 등으로 생활하고 있다. 나대한 씨는 퇴직금을 활용하여 노후소득을 창출하고자 수익형부동산에 투자할 것을 검토하고 있다.

1-2 정보수집

나대한 씨는 지난해 퇴직을 하면서 5억 원의 퇴직금을 받아 현재 총 8억 원의 현금성 자산을 보유하고 있으며, 월 150만 원의 국민연금을 받고 있다. 나대한 씨가 현재 거주하는 주택은 10년 전에 구입하였으며 당분간 이사할 계획은 없다. 나대한 씨는 퇴직금을 활용하여 생활자금을 조달하기 위해서 수익형부동산 중 상대적으로 수익률이 높고 직접 관리가 가능한 인근 지역의 근린상가에 투자하는 것을 희망하고 있다. 나대한 씨는 비상예비자금으로 최소 5천만 원을 유지하는 것을 희망하고 있으며, 상가투자 시 나대한 씨가 희망하는 자기자본에 대한 지분환원율은 7%이다.

1-3 시장환경 분석

최근 베이비부머 세대의 은퇴가 증가하면서 노후생활비 마련을 위한 상업용부동산 투자에 관심이 증가하고 있다. 특히 직접 관리가 가능하도록 거주지에서 가까운 지역의 단지 내 상가나 근린상가에 관심이 높으며 레버리지효과를 위해서 대출을 적극적으로 활용하고 있다. 최근 금융기관에서는 상가구입 시 40%의 LTV를 적용하여 대출을 실행하고 있다.

표준적인 대출조건은 20년 만기, 이자율 4%(연 복리), 매년 말 원리금 균등상환이다.

나대한 씨가 거주하는 지역에는 최근 새로 분양하는 단지가 없고 노후단지의 경우 수익성이 낮아 단지 내 상가에 대한 투자는 적합하지 않은 것으로 나타났다. 근린상가의 경우에는 상대적으로 수익성이 양호하고 거주지역 내 대로변에 매도를 희망하는 물량이 있으므로 근린상가를 중심으로 투자대안을 물색하였다.

1-4 투자대안 도출

인근지역에서 나대한 씨의 보유자금과 대출을 활용하여 매수가 가능한 상가로 행복상가의 1개 층이 매물로 나와 투자대안으로 도출하고 분석을 실행하였다. 상가의 매수가격은 1,200,000천 원이며, 상가가 입지한 지역이 최근 새로운 상권으로 떠오르고 있어 향후 5년 동안 총 10%의 가치상승이 예상된다. 나대한 씨는 상가의 가치가 상승하면 5년 후 매도하여 새로운 상가를 구입할 계획이다. 나대한 씨는 투자금액 중 40%를 대출받을 수 있으며, 대출조건은 이자율 연 4%, 20년 만기, 매년 말 원리금 균등상환 조건이다. 투자대안으로 도출된 상가의 수입에 대한 기본적인 정보는 다음과 같다.

[투자대상 상가의 기본정보]

구 분	금 액	비고
상가 임대수입(월)	5,000천 원	
보증금	300,000천 원	
보증금 운영수익률	4%	
예상 공실률	5%	
영업경비 비율	20%	가능총수익 대비

1-5 투자대안 분석

나대한 씨가 상가를 매수하기 위해서는 1,200,000천 원이 필요하며, 이 중 40%인 480,000천 원은 대출이 가능하므로 자기자본으로 720,000천 원을 투자해야 한다. 따라서 현재 보유한 800,000천 원으로 투자가 가능하며 보유자금도 50,000천 원 이상 확보할 수 있다. 투자분석방법으로는 나대한 씨의 지분환원율을 고려하여 종합환원율을 산정한 후 직접환원법을 적용하여 상가의 투자가치를 산정하고 매수가격인 1,200,000천 원보다 더 큰지를 확인한다. 만약 상가의 투자가치가 매수가격보다 낮다면 투자타당성이 없으므로 매수를 보류해야 한다.

나대한 씨는 5년간 상가를 보유할 계획이고 상가의 가치에도 변화가 발생할 것이 예상되므로 직접환원방식 중 엘우드법을 적용하여 분석을 실행하였다. 엘우드법은 금융적 투자결합법을 기본으로 하면서 상가의 가치변동과 보유기간 중 지분형성분을 고려할 수 있기 때문이다. 엘우드법을 적용하기 위해서는 상가의 순영업수익과 종합환원율을 산정해야 한다. 나대한 씨가 매수하고자 하는 행복상가 일부의 순영업수익은 아래와 같다.

[순영업수익 산정]

(단위: 천 원)

구 분	금 액	비 고
가능총수익	72,000	5,000천 원 × 12 + 300,000천 원 × 4%
공실 상당액	3,600	가능총수익의 5%
유효총수익	68,400	가능총수익 - 공실상당액
영업경비	14,400	가능총수익의 20%
순영업수익	54,000	유효총수익 - 영업경비

엘우드법을 통해 종합환원율을 산정할 때는 금융적 투자결합법을 활용하여 기본환원율을 산정하기 위한 자료와 함께 보유기간의 지분형성분과 부동산가치 변동률에 대한 자료가 필요하다. 또한 보유기간의 지분형성분과 가치변동분을 연간 변동률로 변환하기 위해서 감채기금계수도 필요하다. 엘우드법 적용을 위한 기본 정보는 다음과 같다.

[엘우드법을 통한 종합환원율 산정을 위한 기초자료]

구 분		비고
대출이자율	4%	
대출만기	20년	
대출상수(년)	0.0736	만기 20년, 이자율 4%, 매년 원리금균등상환
대출비율	40%	
5년간 가격상승률	10%	
5년간 대출상환 비율	0.1819	
예상 보유기간	5년	
감채기금계수	0.1739	만기 5년, 이자율 7%(지분환원율)
지분환원율	7%	

제시된 정보를 활용하여 종합환원율을 산정하기 위해서는 먼저 금융적 투자결합법으로 기본환원율을 산정한 후에 지분형성분과 가치상승분을 차감한다. 지분형성분은 대출상환 비율에 대출비율을 적용하고, 이를 연간 비율을 환산하기 위해서 감채기금계수를 적용한다. 이때 감채기금계수의 이자율은 나대한 씨의 지분환원율을 적용한다. 가치상승분도 5년간의 가치상승률을 연간으로 환산하기 위해서 감채기금계수를 적용한다.

[종합환원율 산정]

구분		비고
기본환원률	0.0714	(지분환원율 × 자기자본비율) + (대출상수 × 대출비율)
지분형성분	0.0127	대출비율 × 대출상환비율(5년) × 감채기금계수
대출비율	40%	
대출상환비율	0.1819	
감채기금계수	0.1739	
가치상승분	0.0174	가치상승분(5년간) × 감채기금계수
가치상승(5년간)	0.100	
감채기금계수	0.1739	
종합환원율	0.0413	기본환원율 - 지분형성분 - 가치상승분

※ 소수점 다섯째 자리에서 반올림함

행복상가의 순영업수익과 종합환원율이 결정되면 투자가치를 산정할 수 있다. 산정결과 행복상가의 투자가치는 1,307,506천 원으로 상가의 매수가격인 1,200,000천 원보다 크므로 나대한 씨의 지분환원율을 고려할 때 행복상가는 투자타당성이 있는 것으로 분석되었다.

[행복상가의 투자가치]

(단위: 천 원)

구분	금액	비고
순영업수익	54,000	
종합환원율	0.0413	
부동산 투자가치	1,307,506	순영업수익 / 종합환원율

1-6 투자 제안

나대한 씨는 퇴직금을 활용하여 노후생활자금을 마련하기 위해서 상가투자를 계획하고 있으며, 보유현금과 대출조건 등을 고려하여 행복상가의 일부분을 투자대상으로 도출하고 직접환원방법 중 엘우드법을 통해서 투자의 타당성을 분석하였다. 분석결과 행복상가의 투자가치는 약 13억 원으로 매수가격인 12억 원보다 크므로 나대한 씨의 행복상가 매수는 투자타당성이 있다고 할 수 있다. 다만, 투자결정 후에도 향후 상권의 성장가능성과 공실가능성 등에 대한 지속적인 모니터링을 실행할 필요가 있다.

2 NPV법을 활용한 오피스텔 투자사례

2-1 고객정보

상담을 의뢰한 나대한 씨는 현재 60세로 58세인 배우자와 혼인을 한 두 딸이 있다. 최근 은퇴를 하였으며 퇴직금과 그동안 저축한 현금 등을 활용하여 역세권 내 오피스텔을 구입하여 노후생활자금으로 활용하고자 한다. 오피스텔 구입 시 대출을 활용하는 것이 수익성 관점에서 유리하다면 대출을 활용할 의향도 있다. 연령대가 높아 상대적으로 보수적인 투자성향을 가지고 있으며, 높은 수익률보다는 매년 안정적으로 일정한 소득을 올릴 수 있는 투자처를 찾고 있다.

2-2 정보수집

나대한 씨는 현재 연금과 보유현금으로 생활비를 충당하고 있으며, 오피스텔에 투자할 경우 최대 1,000,000천 원을 조달할 수 있다. 나대한 씨가 대출을 받아서 오피스텔에 투자할 경우에는 투자금액의 60%까지 대출이 가능할 것으로 예상된다. 나대한 씨는 오피스텔 투자 시 요구수익률로 8%를 희망하고 있다.

2-3 시장환경 분석

최근 은퇴계층을 중심으로 수익형부동산에 대한 투자가 증가하면서 오피스텔에 대한 관심도 증가하고 있다. 특히 상대적으로 공실위험이 적은 역세권지역 내 오피스텔은 안정적인 수익을 올릴 수 있다는 점에서 인기가 높아 가격이 상승하고 있으며, 투자수익률은 과거에 비해서 낮은 수준이다. 하지만 저금리로 인한 레버리지효과를 누릴 경우 투자자들이 요구수익률을 달성하는 데 도움이 될 것으로 예상된다.

2-4 투자대안 도출

나대한 씨의 투자가능자금과 선호하는 투자유형을 고려하여 최근 준공되어 투자자를 찾고 있는 희망오피스텔을 투자대상으로 도출하였다. 희망오피스텔의 실당 시장가격은 2억 원으로 나대한 씨는 총 5실을 매수할 수 있을 것으로 예상된다. 대출을 받을 경우에는 LTV가 60%까지 가능하며 대출금리는 연 4%, 만기는 20년이고 매년 원리금균등상환의 조건이 적용된다. 나대한 씨의 예상 보유기간은 5년이며 예상 매도가격은 5년 차 말의 순영업수익을 8%의 종합환원율을 적용하여 산정한다. 희망오피스텔에 대한 구체적인 투자정보는 다음 표와 같다.

[희망오피스텔 투자정보]

구 분	금 액	비 고
매수가격	1,000,000천 원	실당 2억 원, 5실
건물가치	400,000천 원	
실당 임대료 및 관리비	1,500천 원	월 기준
실당 보증금	20,000천 원	
보증금 운영수익률	3%	
가능총수익 상승률	5%	연간
영업경비	20%	가능총수익 대비
예상 공실률	5%	
대출이자율	4%	매년 원리금 균등상환
대출만기	20년	
대출상수	0.0736	
요구수익률(지분투자자)	8%	
대출비율	60%	
예상보유기간	5년	
건물내용연수	40년	
영업소득세율	20%	
자본이득세율	30%	
예상매도가격 환원율	8%	5년 차 순영업수익 환원

2-5 투자대안 분석

가. 레버리지를 활용하지 않는 경우

1) 현금흐름 도출

나대한 씨는 오피스텔 투자 시 레버리지 활용 여부에 대해서 고민하고 있으므로 희망오피스텔의 현금흐름에 레버리지를 활용하는 경우와 그렇지 않은 경우를 적용하여 투자타당성 분석을 실행하였다. 먼저 레버리지를 활용하지 않은 경우에는 대출금이 없으므로 순영업수익을 산정한 후 원리금상환액이 없으며 영업소득세를 산정하는 과정에서도 이자상환액이 없다. 이를 고려한 희망오피스텔의 영업현금흐름은 다음과 같다.

① 영업현금흐름 계산

가능총수익에서 공실 상당액을 공제하여 유효총수익을 산정한 다음, 영업경비를 공제하여 순영업수익을 산정하고 세전현금수익과 세후현금수익을 산정한다.

[희망오피스텔 영업현금흐름] (단위: 천 원)

구 분	1차 연도	2차 연도	3차 연도	4차 연도	5차 연도
가능총수익	93,000	97,650	102,533	107,659	113,042
공실 상당액	4,650	4,883	5,127	5,383	5,652
유효총수익	88,350	92,767	97,406	102,276	107,390
영업경비	18,600	19,530	20,507	21,532	22,608
순영업수익	69,750	73,237	76,899	80,744	84,782
원리금상환액	0	0	0	0	0
세전현금수익	69,750	73,237	76,899	80,744	84,782
영업소득세	11,950	12,647	13,380	14,149	14,956
세후현금수익	57,800	60,590	63,519	66,595	69,826

※ 1차 연도 가능총수익: (1,500천 원×12+20,000천 원×3%)×5=93,000천 원

② 영업(임대)소득세 산정

순영업수익을 기준으로 감가상각비를 공제하고 영업소득세율(20%)을 적용하여 영업소득세를 산정한다.

[영업소득세 산정] (단위: 천 원)

구 분	1차 연도	2차 연도	3차 연도	4차 연도	5차 연도
순영업수익	69,750	73,237	76,899	80,744	84,782
이자상환액	0	0	0	0	0
감가상각비	10,000	10,000	10,000	10,000	10,000
과세대상액	59,750	63,237	66,899	70,744	74,782
영업소득세	11,950	12,648	13,380	14,149	14,956

③ 매각현금흐름

희망오피스텔의 투자분석을 위해서 5년 후 오피스텔을 매각하는 것으로 가정할 경우에는 매각에 따른 현금흐름을 산정해야 한다. 대출을 이용하지 않았으므로 미상환대출액은 없으며 매도가격이 세전현금수익이 된다. 자본이득세를 고려한 희망오피스텔의 매각현금흐름은 아래 표와 같다.

[매각현금흐름] (단위: 천 원)

구 분	금 액	비 고
매도가격	1,059,775	5년 차 순영업수익 / 예상 매도가격 환원율 = 84,782 / 8%
미상환대출액	0	대출사용 안 함
세전지분복귀액	1,059,775	
양도소득세	32,933	
세후지분복귀액	1,026,842	

[자본이득세 산정] (단위: 천 원)

구 분	금 액	비 고
매도가격	1,059,775	5년 차 순영업수익 / 8%
장부가격	950,000	취득가액 - 누적 감가상각액
취득가액	1,000,000	
누적 감가상각액	50,000	
과세대상소득	109,775	
양도소득세	32,933	세율 30%

2) NPV법을 활용한 투자분석

앞서 도출한 운영현금흐름과 매각현금흐름을 적용하여 희망오피스텔의 현금흐름을 도출하고 투자타당성을 확인하기 위해서 NPV분석을 실행하였다.

[희망오피스텔의 현금흐름] (단위: 천 원)

구분	투자시점	1차 연도	2차 연도	3차 연도	4차 연도	5차 연도
현금유출	- 1,000,000					
영업현금흐름		57,800	60,590	63,519	66,595	69,826
매각현금흐름						1,026,842
계	- 1,000,000	57,800	60,590	63,519	66,595	1,096,668

$$NPV = (-1{,}000{,}000) + \frac{57{,}800}{1.08} + \frac{60{,}590}{1.08^2} + \frac{63{,}519}{1.08^3} + \frac{66{,}595}{1.08^4} + \frac{1{,}096{,}668}{1.08^5} = -48{,}789\text{천 원}$$

나대한 씨의 요구수익률 8%를 적용하여 NPV를 산정한 결과 -48,789천 원으로 0보다 작은 값이 도출되어 투자타당성이 없는 것으로 나타났다.

나. 레버리지를 활용하는 경우

1) 현금흐름 도출

나대한 씨가 오피스텔 투자 시 레버리지효과를 누리기 위해서 대출을 이용한 경우의 현금흐름을 산정하여 분석을 실행하였다. 나대한 씨는 총투자금의 60%인 6억 원을 대출받을 수 있으므로 자기자본 투자액은 4억 원으로 감소한다. 영업현금흐름을 산정할 때는 순영업소득에서 대출원리금상환액을 차감하여 세전현금소득을 도출하고 영업소득세를 산정할 때는 순영업소득에서 이자상환액을 차감하여 과세대상 금액을 도출한다. 구체적인 영업현금흐름은 다음과 같다.

① 영업현금흐름 계산

가능총수익에서 공실 상당액을 공제하여 유효총수익을 산정한 다음, 영업경비를 공제하여 순영업수익을 산정하고 세전현금수익과 세후현금수익을 산정한다.

[레버리지를 활용한 희망오피스텔 영업현금흐름]

(단위: 천 원)

구 분	1차 연도	2차 연도	3차 연도	4차 연도	5차 연도
가능총수익	93,000	97,650	102,533	107,659	113,042
공실 상당액	4,650	4,883	5,127	5,383	5,652
유효총수익	88,350	92,767	97,406	102,276	107,390
영업경비	18,600	19,530	20,507	21,532	22,608
순영업수익	69,750	73,237	76,899	80,744	84,782
원리금상환액	44,160	44,160	44,160	44,160	44,160
세전현금수익	25,590	29,077	32,739	36,584	40,622
영업소득세	7,150	8,009	8,909	9,852	10,841
세후현금수익	18,440	21,068	23,830	26,732	29,781

② 영업소득세 산정

순영업수익을 기준으로 이자상환액과 감가상각비를 공제하고 영업소득세율(20%)을 적용하여 영업소득세를 산정한다.

[영업소득세 산정]

(단위: 천 원)

구분	1차 연도	2차 연도	3차 연도	4차 연도	5차 연도
순영업수익	69,750	73,237	76,899	80,744	84,782
이자상환액	24,000	23,194	22,355	21,483	20,576
감가상각비	10,000	10,000	10,000	10,000	10,000
과세대상액	35,750	40,043	44,544	49,261	54,206
영업소득세	7,150	8,009	8,909	9,852	10,841

[대출상환표]

(단위: 천 원)

구 분	기초잔액	원리금상환	원금상환	이자상환	기말잔액
1	600,000	44,160	20,160	24,000	579,840
2	579,840	44,160	20,966	23,194	558,874
3	558,874	44,160	21,805	22,355	537,069
4	537,069	44,160	22,677	21,483	514,392
5	514,392	44,160	23,584	20,576	490,808

③ 매각현금흐름

나대한 씨가 5년 후 오피스텔을 매각하는 경우, 대출을 이용했을 때는 매도가격에서 미상환저당잔금을 차감하여 세후현금흐름을 산정한 후 자본이득세를 적용하여 매각에 따른 세후현금흐름을 산정할 수 있다. 구체적인 세후현금흐름 산정과정은 다음 표와 같다.

[매각현금흐름] (단위: 천 원)

구 분	금 액	비 고
매도가격	1,059,775	$\frac{\text{5년 차 순영업수익}}{\text{요구수익률 8\%}}$
미상환대출액	490,808	
세전지분복귀액	568,967	
양도소득세	32,933	
세후지분복귀액	536,034	

[자본이득세 산정] (단위: 천 원)

구 분	금 액	비 고
매도가격	1,059,775	$\frac{\text{5년 차 순영업수익}}{\text{요구수익률 8\%}}$
장부가격	950,000	취득가액 - 누적 감가상각액
취득가액	1,000,000	
누적 감가상각액	50,000	
과세대상소득	109,775	
양도소득세	32,933	세율 30%

2) NPV법을 활용한 투자분석

희망오피스텔 매수 시 대출을 활용하는 경우의 운영현금흐름과 매각현금흐름을 적용하여 현금흐름을 도출하고 투자타당성을 확인하기 위해서 NPV분석을 실행하였다.

[희망오피스텔의 현금흐름] (단위: 천 원)

구분	0	1차 연도	2차 연도	3차 연도	4차 연도	5차 연도
현금유출	- 400,000					
영업현금흐름		18,440	21,068	23,830	26,732	29,781
매각현금흐름						536,034
계	- 400,000	18,440	21,068	23,830	26,732	565,815

$$NPV = (-400{,}000) + \frac{18{,}440}{1.08} + \frac{21{,}068}{1.08^2} + \frac{23{,}830}{1.08^3} + \frac{26{,}732}{1.08^4} + \frac{565{,}815}{1.08^5} = 58{,}787\text{천 원}$$

나대한 씨의 요구수익률 8%를 적용하여 NPV를 산정한 결과 58,787천 원으로 0보다 크므로 대출을 이용하지 않는 경우와 달리 투자타당성이 있는 것으로 나타났다.

2-6 투자 제안

노후생활자금 마련을 위해서 수익형부동산을 매수하겠다는 나대한 씨의 계획은 시장분석결과를 고려할 때 적합한 것으로 판단된다. 투자대안으로 희망오피스텔이 도출되었으며, 나대한 씨의 요구에 따라서 대출을 이용한 레버리지를 활용하는 않은 경우와 활용하는 경우를 가정하여 각각 현금흐름을 산정하고 NPV분석을 실행하였다. 분석결과 대출을 받지 않고 전액 자기자본을 투자한 경우에는 NPV가 0보다 작아 투자타당성이 없으나, 대출을 받아 레버리지효과를 활용한 경우 투자타당성이 있는 것으로 나타났다. 따라서 나대한 씨는 대출을 받아서 희망오피스텔을 구입하는 것이 유리하다.

3 NPV법을 활용한 상가 투자사례(리모델링 의사결정)

3-1 고객정보

나대한 씨는 현재 55세로 부인과 대학교에 재학 중인 자녀 1명이 있다. 나대한 씨의 부모님은 고령으로 인해서 더 이상 농업에 종사할 수 없고 인근에 신도시가 개발되어 토지가격이 상승한 농지를 나대한 씨에게 증여하기로 하였다. 나대한 씨는 부모님께 토지를 증여받으면 계속 보유하기보다는 매각하여 수익용 부동산에 투자할 계획이다.

3-2 정보수집

나대한 씨는 현재 자영업을 하고 있으며 월수입은 10,000천 원이고 거주하는 주택과 300,000천 원의 현금을 보유하고 있다. 부모님으로부터 증여받은 토지는 매각할 경우 제반비용을 제외하고 1,800,000천 원을 투자자금으로 활용할 수 있을 것으로 예상된다. 나대한 씨는 증여받은 토지가 더 이상 추가적인 가격상승은 쉽지 않다고 판단하여 토지 매각 후 임대수익과 함께 가치상승에 따른 차익을 누릴 수 있는 수익형부동산에 투자하고자 한다. 나대한 씨는 현재 사업이 잘 운영되고 있고 당분간 은퇴계획이 없으므로 공격적인 투자성향을 가지고 있으며 수익형부동산 투자에 대한 요구수익률은 10%이다.

3-3 시장환경 분석

나대한 씨는 부동산투자를 통해서 임대수익 외에도 부동산의 가치상승으로 인한 자본이익을 희망하므로 공실률 위험이 높은 상가나 가치상승 가능성이 낮은 오피스텔보다는 오피스에 투자하는 것이 적합한 것으로 나타났다. 최근 오피스 시장에서도 임대를 위한 경쟁이 치열해지고 있다. 이에 기존 오피스빌딩을 매수하는 경우에는 추가적인 비용을 투자하여 리모델링을 실행한 후 임대료를 상향조정하는 방법이 많이 사용되고 있다. 따라서 투자의사결정을 하기 위해서 오피스 빌딩을 매입할 경우 그대로 임대할 것인지 리모델링 후 임대할 것인지에 대한 분석을 선행할 필요가 있다.

3-4 투자대안 도출

나대한 씨의 의견을 고려하여 적합한 투자대안을 조사한 결과 소망빌딩이 도출되었다. 소망빌딩의 매수가격은 3,000,000천 원이며 대출을 받을 경우 LTV는 50%가 적용된다. 예상보유기간은 5년이며 5년 후 예상 매도가격은 3,200,000천 원이다. 소망빌딩에 대한 구체적인 투자정보는 아래와 같다.

[소망빌딩 투자정보]

구분	금액	비고
매수가격	3,000,000천 원	
건물가치	1,000,000천 원	
점포 수	10개	
점포당 월 임대료 및 관리비	3,000천 원	월 기준
점포당 보증금	50,000천 원	
보증금 운영수익률	3%	
가능총소득 상승률	5%	연간
영업경비	30%	가능총수익 대비
예상 공실률	5%	
대출이자율	4%	매년 원리금 균등상환
대출만기	20년	
대출상수	0.0736	
요구수익률(지분투자자)	10%	
대출비율	50%	
예상보유기간	5년	
건물내용연수	40년	
영업소득세율	20%	
양도소득세율	30%	
예상매도가격	3,200,000천 원	

3-5 투자대안 분석

가. 리모델링을 하지 않은 경우

1) 현금흐름 도출

나대한 씨가 소망빌딩을 매수하여 리모델링하지 않고 5년간 운영하다가 매도하는 경우에는 현재 조사된 상태대로 영업현금흐름이 발생한다. 산정결과 소망빌딩의 1차 연도 세후현금소득은 101,600천 원이며 5차 연도에는 141,912천 원까지 상승한다. 소망빌딩의 영업현금흐름은 다음 표와 같다.

[소망빌딩의 영업현금흐름] (단위: 천 원)

구 분	1차 연도	2차 연도	3차 연도	4차 연도	5차 연도
가능총수익	375,000	393,750	413,438	434,109	455,815
공실 상당액	18,750	19,688	20,672	21,705	22,791
유효총수익	356,250	374,062	392,766	412,404	433,024
영업경비	112,500	118,125	124,031	130,233	136,745
순영업수익	3,750	255,937	268,735	282,171	296,279
원리금상환액	110,400	110,400	110,400	110,400	110,400
세전현금수익	133,350	145,537	158,335	171,771	185,879
영업소득세	31,750	34,591	37,570	40,693	43,968
세후현금수익	101,600	110,946	120,765	131,078	141,912

[소망상가의 영업소득세] (단위: 천 원)

구 분	1차 연도	2차 연도	3차 연도	4차 연도	5차 연도
순영업수익	243,750	255,937	268,735	282,171	296,279
이자상환액	60,000	57,984	55,887	53,707	51,439
감가상각비	25,000	25,000	25,000	25,000	25,000
과세대상액	158,750	172,953	187,848	203,464	219,840
영업소득세	31,750	34,591	37,570	40,693	43,968

[대출상환표] (단위: 천 원)

구 분	기초잔액	원리금상환	원금상환	이자상환	기말잔액
1	1,500,000	110,400	50,400	60,000	1,449,600
2	1,449,600	110,400	52,416	57,984	1,397,184
3	1,397,184	110,400	54,513	55,887	1,342,671
4	1,342,671	110,400	56,693	53,707	1,285,978
5	1,285,978	110,400	58,961	51,439	1,227,017

니대한 씨가 5년 차에 소망빌딩을 매도할 경우 예상 매도가격은 3,200,000천 원이며 미상환 대출잔액과 자본이득세를 차감하여 세후현금소득을 산정할 수 있다. 산정결과 매각시점의 미상환 저당잔금은 1,227,017천 원이며 자본이득세는 97,500천 원이므로

5년 차의 매각으로 인한 세후현금수익은 1,875,483천 원으로 나타났다.

[매각현금흐름]

(단위: 천 원)

구 분	금 액	비 고
매도가격	3,200,000	
미상환대출액	1,227,017	5년 차 대출 잔액
세전현금수익	1,972,983	
양도소득세	97,500	
세후현금수익	1,875,483	

[자본이득세 산정]

(단위: 천 원)

구 분	금 액	비 고
매도가격	3,200,000	
장부가격	2,875,000	취득가액 - 누적 감가상각액
취득가액	3,000,000	
누적 감가상각액	125,000	연간 감가상각비×5년
과세대상소득	325,000	
양도소득세	97,500	세율 30%

2) NPV법을 활용한 투자분석

앞서 산정한 영업현금흐름과 매각현금흐름을 통해서 나대한 씨의 소망빌딩 매입으로 인한 전체 현금흐름을 도출하면 다음 표와 같다. 투자타당성 분석을 위해서 NPV분석을 실행한 결과 NPV가 약 116,962천 원으로 산정되었다. NPV가 0보다 크므로 소망빌딩의 매입은 나대한 씨의 요구수익률인 10%를 기준으로 할 때 투자타당성이 있는 것으로 나타났다.

[소망빌딩의 현금흐름] (리모델링 실행 전) (단위: 천 원)

구 분	투자시점	1차 연도	2차 연도	3차 연도	4차 연도	5차 연도
현금유출	-1,500,000					
영업현금흐름		101,600	110,946	120,765	131,078	141,911
매각현금흐름						1,875,483
계	-1,500,000	101,600	110,946	120,765	131,078	2,017,394

$$\text{NPV} = (-1{,}500{,}000) + \frac{101{,}600}{1.1} + \frac{110{,}946}{1.1^2} + \frac{120{,}765}{1.1^3} + \frac{131{,}078}{1.1^4} + \frac{2{,}017{,}394}{1.1^5} = \text{약 } 116{,}962\text{천 원}$$

나. 매수 후 리모델링을 하는 경우

1) 현금흐름 도출

나대한 씨는 소망빌딩을 메수한 후 바로 임대하지 않고 추가적인 금액을 투자하여 리모델링을 실행한 후 임대할 수 있다. 이 경우 추가적인 비용은 500,000천 원이 예상되며 나대한 씨는 토지매각대금 중 소망빌딩을 매수하고 남은 금액과 보유현금을 활용하여 대금을 지급할 계획이다. 리모델링 비용은 자본적 지출이므로 기존 건물과 함께 향후 40년간 감가상각을 한다. 리모델링이 마무리되면 매월 임대료는 기존의 3,000천 원에서 5,000천 원으로 상승하고 5년 후 매각 시 매도가격도 3,800,000천 원까지 상승할 것으로 예상된다. 다만 리모델링을 진행하는 데 6개월이 필요하므로 1년 차의 경우 연간 임대수입의 50%만 받을 수 있으므로 이를 고려하여 분석을 실행해야 한다.

[리모델링 정보] (단위: 천 원)

구 분	금 액	비 고
리모델링 비용	500,000	상가 매입 시 유출
임대료	5,000	월 2,000천 원 상승
보증금	50,000	변동 없음
매도가격	3,800,000	
리모델링 기간	6개월	1년 차에는 연간 임대수입의 50%

리모델링 후 소망빌딩의 영업현금흐름은 리모델링 전에 비해서 상승하나 1차 연도의 경우 리모델링 기간인 6개월 동안 임대수입이 없으므로 세후현금수익은 69,000천 원이 된다. 2차 연도부터는 정상적으로 임대가 가능하므로 5차 연도의 세후현금수익은 296,107천 원까지 상승한다. 영업소득세 산정 시 감가상각비는 리모델링으로 건물가치가 1,000,000천 원에서 1,500,000천 원까지 상승하므로 40년간의 내용연수를 고려하면 37,500천 원으로 산정된다. 리모델링 시 소망빌딩의 영업현금흐름은 아래 표와 같다.

[소망빌딩 영업현금흐름] (리모델링 시)

(단위: 천 원)

구 분	1차 연도	2차 연도	3차 연도	4차 연도	5차 연도
가능총수익	307,500	645,750	678,038	711,939	747,536
공실 상당액	15,375	32,288	33,902	35,597	37,377
유효총수익	292,125	613,462	644,136	676,342	710,159
영업경비	92,250	193,725	203,411	213,582	224,261
순영업수익	199,875	419,737	440,725	462,760	485,898
원리금상환액	110,400	110,400	110,400	110,400	110,400
세전현금수익	89,475	309,337	330,325	352,360	375,498
영업소득세	20,475	64,851	69,468	74,311	79,392
세후현금수익	69,000	244,486	260,857	278,049	296,106

[영업소득세 산정]

(단위: 천 원)

구분	1차 연도	2차 연도	3차 연도	4차 연도	5차 연도
순영업수익	199,875	419,737	440,725	462,760	485,898
이자상환액	60,000	57,984	55,887	53,707	51,439
감가상각비	37,500	37,500	37,500	37,500	37,500
과세대상액	102,375	324,253	347,338	371,553	396,959
영업소득세	20,475	64,851	69,468	74,311	79,392

리모델링 후 5년 차에 매각할 경우 매도가격은 3,800,000천 원으로 증가하며, 매년 감가상각비가 상승하면서 누적 감가상각비도 커진다. 산정결과 5년 후 매각 시 양도소득세는 296,250천 원이며 세후현금수지는 2,276,733천 원으로 나타났다.

[매각현금흐름] (단위: 천 원)

구 분	금 액	비 고
매도가격	3,800,000	리모델링 시 매도가격
미상환대출액	1,227,017	5년 차 대출잔액
세전현금소득	2,572,983	
양도소득세	296,250	
세후현금소득	2,276,733	

[자본이득세 산정] (단위: 천 원)

구 분	금 액	비 고
매도가격	3,800,000	
장부가격	2,812,500	취득가액 - 누적 감가상각액
취득가액	3,000,000	
누적 감가상각액	187,500	
과세대상소득	987,500	
양도소득세	296,250	세율 30%

2) NPV법을 활용한 투자분석

리모델링을 실행한 후 산정된 영업현금흐름과 매각현금흐름을 통해서 전체 소망빌딩의 현금흐름을 도출하면 투자타당성을 분석할 수 있다. 나대한 씨의 요구수익률이 10%이므로 이를 적용하여 NPV분석을 실행하면 NPV가 248,211천 원이어서 투자타당성이 있는 것으로 나타났다. 또한 리모델링 전의 NPV인 116,962천 원보다 커 리모델링 후 임대하는 경우 수익성이 더 좋은 것으로 나타났다.

[소망빌딩의 현금흐름] (리모델링 실행 후) (단위: 천 원)

구 분	투자시점	1차 연도	2차 연도	3차 연도	4차 연도	5차 연도
현금유출	- 2,000,000					
영업현금흐름		69,000	244,486	260,857	278,049	296,106
매각현금흐름						2,276,733
계	- 2,000,000	69,000	244,486	260,857	278,049	2,572,839

$$\text{NPV} = (-2{,}000{,}000) + \frac{69{,}000}{1.1} + \frac{244{,}486}{1.1^2} + \frac{260{,}857}{1.1^3} + \frac{278{,}049}{1.1^4} + \frac{2{,}572{,}839}{1.1^5} = 248{,}211\text{천 원}$$

3-6 투자 제안

나대한 씨는 부모님으로부터 증여받은 토지를 매각하여 수익형부동산의 매수를 희망하고 있으며, 시장조사결과 오피스에 투자하는 것이 적합한 것으로 나타나 소망빌딩을 투자대상으로 선정하였다. 소망빌딩은 매입한 후 바로 임대할 수 있으며 500,000천 원을 추가로 투자하여 리모델링 후 임대하는 방안도 가능하다. 두 가지 방식을 모두 분석한 결과 리모델링 후 임대하는 경우의 NPV가 더 크므로 나대한 씨에게 유리한 것으로 나타났다. 다만 리모델링사업 시 추가적인 비용이 발생할 가능성과 리모델링 후 임대료가 예상대로 상승할 수 있는지 지속적으로 모니터링하면서 투자를 진행할 필요가 있다.

제4절 | 거래사례에 의한 토지 투자

1 거래사례를 활용한 토지 투자사례

1-1 고객정보

상담을 의뢰한 직장인 나대한 씨는 현재 48세로 배우자와 대학교에 재학 중인 두 명의 자녀가 있다. 최근 정부의 규제가 강화될 것으로 예상되어 보유하고 있던 주택 중 한 채를 내각하여 2억 원의 여유자금을 보유하게 되었다. 나대한 씨는 이 자금으로 충청남도 천안시 인근의 창고부지를 매입할 것을 고려하고 있다.

1-2 정보수집

나대한 씨의 현재 소득은 배우자의 소득을 포함하여 연 1억 원이고 서울 강동구에 소재한 주택에서 자가로 거주하고 있다. 나대한 씨는 이번 토지투자는 당장의 운용수익보다는 해당 지역의 개발 등을 통한 장기적인 가격상승을 목적으로 하는 것이므로 되도록 보유자금 내에서만 투자하는 것을 희망하고 있다.

1-3 시장환경 분석

나대한 씨가 구입을 희망하는 천안시 인근의 토지는 최근 투자자들의 관심이 높아지고 있는 지역이다. 천안과 아산지역에 산업단지조성도 활성화되어 있고 서울과의 교통망도 잘되어 있기 때문이다. 또한 홈쇼핑 및 온라인 마켓 등의 활성화로 창고에 대한 수요가 지속적으로 증가하고 있어 장기적으로 시세차익도 노릴 수 있다. 하지만 토지의 현황을 분석하여 창고설치가능성과 고속도로 등 정형화된 통행경로와의 연계, 주변지역의 농지가 창고용지로 변환되는 추세 등을 고려할 필요가 있다.

1-4 투자대안 도출

나대한 씨가 인근 공인중개사 사무실에 문의한 결과 보유금액에 적합하고 지목도 이미 창고용지로 변경되어 있는 토지가 매물로 나온 것으로 확인하였다. 투자대상 토지는 관리지역 내에 있어 향후 활용도가 높을 것으로 예상된다. 나대한 씨는 두 개의 토지에 대해서 감정평가를 실행하여 거래가격이 적합한지 확인한 후 투자를 실행할 것을 희망하고 있다.

[투자대상]

구분	소재지	가격	지목	용도지역	면적
투자대상 토지	직산읍	2억 원	창고용지	계획관리지역	800㎡

1-5 투자대안 분석

가. 투자대상 토지 현황

직산읍 소재 투자대상 토지를 평가하기 위해서 거래사례를 수집한 결과 동일수급권 내 인근지역에서 2년 전에 거래된 사례가 있어 평가 대상토지로 선정하였다. 선정된 사례토지의 주요 현황은 다음과 같다.

[거래사례 현황]

구분	기준일	소재지	거래가격	지목	용도지역	면적
거래사례	2017년 9월 30일	직산읍	2억 원	창고용지	계획관리지역	1,000㎡

나. 거래사례를 활용한 투자대상 토지가격 평가

거래사례비교법을 통해서 고려해야 할 사항을 조사한 결과는 다음과 같다.

■ **평가 시 고려할 사항**

- 평가를 위한 가격시점은 2021년 9월 30일임
- 사례토지는 2017년 거래당시 지가가 상승하고 있어 매수자의 급박한 상황으로 시세보다 10% 고가에 거래된 것으로 사료됨
- 거래사례는 인근지역에 소재하고 있으므로 별도의 지역요인 비교는 필요하지 않음
- 대상 토지는 사례토지에 비해서 토지의 형태가 적합하고 경사가 완만하여 10% 우세한 것으로 판단됨
- 지난 4년간 인근지역의 지가상승률은 10%로 조사되었음

이상의 고려사항을 적용하여 거래사례비교법을 통한 감정평가를 실행하였다. 그 결과 다음과 같이 토지의 비준가격은 176,000천 원으로 산정되어 거래대금 2억 원보다 낮은 것으로 나타났다.

[투자대상토지의 평가]

구 분	보정	비 고
사례가격(㎡ 기준)	200,000천 원	전체 가액기준으로 보정
사정보정	100 / 110	10% 고가거래 보정
시점수정	1.1	지난 4년간의 지가변동률
지역요인비교	1	인근지역으로 지역요인 불필요
개별요인비교	1.1	토지의 형태와 경사 등 반영
면적비교	800㎡ / 1,000㎡	평가대상/사례토지
비준가격	176,000천 원	200,000천 원 $\times \frac{100}{110} \times 1.1 \times 1 \times 1.1 \times \frac{800}{1,000}$

1-6 투자 제인

나대한 씨는 주택을 처분한 자금을 토지에 장기투자할 것을 계획하고 있다. 관심이 있는 투자대상은 천안시 인근의 창고용지이며, 이러한 계획은 최근 해당지역의 발전상황이나 창고용지의 수요증가 등을 고려할 때 적합한 것으로 나타났다. 하지만 투자대상으로 선정한 직산읍의 토지는 매도제안 가격보다 평가가액이 낮아 투자에 적합하지 않은 것으로 나타났다.

2 공시지가를 활용한 토지 투자사례

2-1 고객정보

앞의 사례에서 상담을 의뢰한 나대한 씨는 직산읍의 투자대상 부동산이 적합하지 않은 것으로 판단하고 새로운 투자대상을 찾고 있다. 기본적인 인적정보와 투자목적, 투자대상지역은 앞의 사례와 동일하다.

2-2 정보수집

나대한 씨가 천안시 인근 지역에 대한 정보를 수집한 결과 향후 병천면 지역의 개발 가능성이 높아 투자자들의 관심이 높아지고 있고 창고용지에 대한 수요도 증가하고 있다는 사실을 확인하였다. 나대한 씨는 토지투자를 통해 단기의 운용수익보다는 장기의 자본이득에 관심이 높으므로 병천면에 소재하는 토지를 투자대상으로 고려하고 있다.

2-3 시장환경 분석

천안시 지역은 앞서 제시한 바와 같이 수도권과 거리가 가까우면서도 충청남도에 위치하고 있어 상대적으로 규제가 강하지 않고, 아산시와 평택시 등 최근 개발호재가 많은 지역과 인접해 있어 투자목적의 토지수요가 증가할 것으로 예상된다. 특히 병천면 지역은 최근 도로망이 새롭게 확충되고 있어 투자자들의 관심이 높아지고 있다. 하지만 투자의사결정 전에 창고용지로 적합한지를 파악하기 위해 토지의 형태와 기존 도로망의 관계를 분석할 필요가 있다. 또한 일부 물건은 적정가격에 비해서 과도하게 높은 가격을 제시하는 경우가 있으므로 유의해야 한다.

2-4 투자대안 도출

나대한 씨가 병천면 지역의 공인중개사 사무실에 문의한 결과 앞서 직산읍의 사례와 유사하게 보유금액에 적합하고 지목도 이미 창고용지로 변경되어 있는 토지가 2억 원에 매물로 나온 것을 확인하였다. 투자대상의 용도지역은 계획관리지역이며, 면적은 1,000㎡이다.

[투자대상 토지]

구분	소재지	가격	지목	용도지역	면적
투자대상 토지	병천면	2억 원	창고용지	계획관리지역	1,000㎡

2-5 투자대안 분석

병천면 소재 투자대상 토지를 평가하기 위해서 거래사례를 수집하였으나, 최근 거래된 사례 중에서 적합한 사례가 없어 인근 표준지를 기준으로 분석을 실행하였다. 선정된 표준지의 주요 현황은 다음과 같다.

[표준지 현황]

구분	기준일	소재지	공시가격(㎡당)	지목	용도지역
표준지	2021년 1월 1일	병천면	170,000원	창고용지	계획관리지역

표준지 공시지가를 통해서 토지를 평가할 경우 고려해야 할 사항을 조사한 결과는 다음과 같다.

■ 평가 시 고려할 사항

- 평가를 위한 가격시점은 2021년 9월 30일임
- 표준지는 인근지역에 소재하고 있으므로 별도의 지역요인 비교는 필요하지 않음
- 대싱 토지는 사례표준지에 비해서 경사가 완만하여 5% 우세한 것으로 판단되며 전면도로가 넓고 각지에 위치하고 있어 7% 우수한 것으로 판단됨
- 2021년 1분기부터 3분기까지 해당지역의 지가변동률은 10%임

이상의 고려사항을 반영하여 공시지가를 활용한 감정평가를 실행한 결과 토지의 비준가격은 210,095천 원으로 산정되어 거래대금 2억 원을 넘는 것으로 나타났다.

[투자대상 토지의 평가]

구 분	보정	비 고
공시지가(㎡ 기준)	170,000원	공시지가이므로 사정보정 불필요
시점수정	1.1	3분기까지의 지가변동률
지역요인비교	1	인근지역으로 지역요인 불필요
개별요인비교	1.05 × 1,07	경사요인과 전면도로 요인 반영
면적	1,000㎡	평가대상토지 면적
비준가격	210,095천 원	170,000 × 1.1 × 1 × 1.05 × 1.07 × 1,000

2-6. 투자 제안

병천면에 소재하는 토지를 나대한 씨의 새로운 투자대상으로 선정하고 공시지가를 기준으로 평가를 실행하였다. 분석결과 병천면 소재 토지는 투자자의 목적에 부합하고 평가가격이 매도금액보다 높아 적절한 투자대상으로 볼 수 있으므로 매수를 제안하였다.

주·요·내·용·종·합·정·리

01 부동산에 대한 투자의사결정을 위해서 직접환원방식으로 시장가치를 산정할 수 있으며, 금융적 투자결합법과 엘우드법을 적용할 수 있다.

02 시장금리가 하락한 경우 기존 주택담보대출의 대환에 따른 의사결정을 할 수 있으며, 이 경우 조기상환수수료와 취급수수료를 고려해야 한다.

03 아파트에 대한 청약전략을 수립하기 위해서는 청약가점제를 통해서 분양가능성을 검토한 후 분양조건 등을 고려하여 투자분석을 실행해야 한다.

04 엘우드법을 통한 종합환원율 산정을 위해서는 금융적 투자결합법을 활용한 기본환원율을 산정하기 위한 자료와 보유기간의 지분형성분과 부동산가치변동률에 대한 자료가 필요하다.

05 금융적 투자결합법으로 종합환원율을 산정하기 위해서는 지분투자자의 환원율과 대출상수, 대출비율 등에 대한 정보가 있어야 한다.

06 지분형성분은 대출상환 비율에 대출비율을 적용하고, 이를 연간 비율을 환산하기 위해서 감채기금계수를 적용한다.

07 영업현금흐름을 산정할 때는 순영업소득에서 대출원리금상환액을 차감하여 세전현금소득을 도출하고 영업소득세를 산정할 때는 순영업소득에서 이자상환액을 차감하여 과세대상 금액을 도출한다.

08 DCF법을 활용하여 수익형부동산에 투자하는 경우 레버리지 활용 여부에 따른 수익성 분석을 실행해야 한다.

09 수익형부동산에 투자할 경우 리모델링에 대한 의사결정은 리모델링에 따른 추가비용과 임대료 상승 및 매각가치 상승 등을 고려하여 DCF분석을 실행해야 한다.

10 토지의 평가에서 비준가격은 '표준지공시지가(㎡기준) × 시점수정 × 지역요인비교 × 개별요인비교 × 면적(㎡)'으로 산정한다.

연·습·문·제

01 나대한 씨는 현재 40세로 부인과 중학교에 재학 중인 자녀 2명이 있다. 나대한 씨는 30세에 결혼한 후 계속 무주택자였으며 15년 전에 청약부금에 가입하였다. 청약가점은 얼마인가?

① 35점
② 42점
③ 59점
④ 63점
⑤ 70점

02 나대한 씨가 투자하고자 하는 다가구주택의 순영업수익은 연 100,000천 원이며, 지분환원율은 10%, 대출이자율은 8%, 대출상수는 12%이다. 대출비율이 40%인 경우 금융적 투자결합법을 통해 산정한 상가의 가치는 얼마인가?

① 약 845,000천 원
② 약 926,000천 원
③ 약 964,000천 원
④ 약 985,000천 원
⑤ 약 1,003,000천 원

03 나대한 씨가 투자를 고려하고 있는 상가의 투자 후 1차 연도부터 3차 연도까지의 영업으로 인한 세후현금수익과 매각으로 인한 세후현금수익은 다음과 같다. 요구수익률이 10%인 경우 자기자본 가치는 얼마인가?

구분	1차 연도	2차 연도	3차 연도	매각 시 세후현금수익
영업현금흐름	10,000천 원	15,000천 원	20,000천 원	100,000천 원

① 약 854,000천 원
② 약 883,000천 원
③ 약 984,000천 원
④ 약 1,005,000천 원
⑤ 약 112,000천 원

연·습·문·제

04 **엘우드법을 적용할 때 기본환원율에서 차감해야 하는 투자부동산의 지분형성분 산정방법은?**

① 대출비율 × 감채기금계수
② 대출비율 × 대출상환비율
③ 대출상환비율 × 감채기금계수
④ 대출비율 × 대출상환비율 × 감채기금계수
⑤ 대출비율 × 대출상환비율 × 감채기금계수 × 부동산가격변동률

05 **공시지가를 활용한 토지평가의 과정을 적절하게 제시한 것은?**

① 표준지공시지가 × 시점수정 × 지역요인비교 × 개별요인비교 × 면적
② 개별공시지가 × 시점수정 × 지역요인비교 × 개별요인비교 × 면적
③ 개별공시지가 × 사정보정 × 시점수정 × 지역요인비교 × 개별요인비교 × 면적
④ 표준지공시지가 × 사정보정 × 시점수정 × 지역요인비교 × 개별요인비교 × 면적
⑤ 표준지공시지가 × 지역요인비교 × 개별요인비교 × 면적

정·답·및·해·설

01 ③ 나대한 씨의 청약가점은 59점이다.

- 무주택기간: 2 + 10×2 = 22점
- 부양가족수: 5 + 3×5 = 20점, 가점 대상은 본인과 배우자, 자녀 2명이다.
- 청약통장 가입기간: 1 + 1 + 1×15점 = 17점

02 ② 부동산의 가치 = 순영업수익/종합환원율

- 종합환원율 = 10%×60% + 12%×40% = 10.8%
- 부동산의 가치 = $\frac{100{,}000\text{천원}}{10.8\%}$ = 925,926천 원

03 ⑤ DCF법을 통한 부동산의 자기자본가치는 약 112,000천 원이다.

부동산의 가치 = $\frac{10{,}000\text{천 원}}{1.1} + \frac{15{,}000\text{천 원}}{1.1^2} + \frac{120{,}000\text{천 원}}{1.1^3}$

= 111,645천 원

04 ④ 지분형성분 = 대출비율 × 대출상환비율 × 감체기금계수

05 ① 공시지가기준 평가가격 = 표준지공시지가 × 시점수정 × 지역요인비교 × 개별요인비교 × 면적

참고문헌

- 김준환 · 신대성(2008), 쉽고 깊게 쓴 재건축 재개발 리모델링, 부연사
- 김영곤 · 김진 · 노승한(2017), 부동산금융과 투자, McGraw Hill Education
- 김재태 · 문형철(2018), 부동산금융론, 부연사
- 박합수(2018), 비금융자산(부동산)투자설계, 한국금융연수원
- 서대술 외(2018), 부동산학개론, 무크랜드
- 오기열(2018), 부동산기본지식 2, 한국금융연수원
- 이원준 외 다수(2015), 부동산학개론, 경록
- 이재국 · 부성만(2013), 자산운용(부동산), 한국금융연수원
- 이재국(2018), 부동산관계법률 1, 한국금융연수원
- 이재국 · 차경은 · 남영우(2018), 부동산설계, 한국FBSB
- 윤준선 외 다수(2016), 공인중개사법령 · 중개실무, 경록
- 조주현(2010), 부동산학원론, 건국대학교 출판부
- 국토교통부(2018), 재건축 부담금 업무매뉴얼, 진한엠앤비
- 전국 은행연합회 홈페이지, http://www.kfb.or.kr
- Brueggeman and Fisher(2017). Real Estate Finance and Investment(15th), McGraw-Hill.

집필자

이재국

- 동국대학교 대학원 건축공학과 졸업(공학박사)
- (전) 서일대학교 교수
- (전) 구리시 도시계획위원회 심의위원
- (전) 구리시 테크노밸리 자문위원회위원
- (전) 은평구 분양가심사위원회위원
- (전) 씨티은행 부동산 자문위원
- (현) 파주시 건축위원회 위원
- (현) 교보생명 재무설계센터 부동산 자문위원
- (현) 한국부동산개발협회 강의 교수
- (현) 파주시 도시계획위원회 위원
- (현) 성균관대학교 대학원 MBA 보험금융학과 강사
- (현) 중앙대학교 행정대학원 최고경영자과정 강사
- (현) 경민대학교 경영자 최고위과정 강사
- (현) 파주상공회의소 경영자 최고위과정 강사
- (현) 더빌딩중개법인 부동산경제연구소 소장
- (현) 책사컨설팅 부동산연구 소장
- (현) 한국금융연수원 겸임 및 자문교수

저서:

- 반지하에서 반포아파트입성하기(2018)
- 자산관리상담실무(부동산)(2001-현재)
- 부동산관계법률(2006-현재)
- 건축물 용도규제에 관한 연구(박사학위 논문)

부동산 투자설계

초 판 1 쇄 2019년 4월 12일
6 판 1 쇄 2025년 4월 14일
발 행 인 이준수
발 행 처 한국금융연수원 출판미디어사업부
03053 서울시 종로구 삼청로118
전 화 02) 3700-1500
팩 스 02) 3700-1530
홈 페 이 지 www.kbi.or.kr
등 록 1990년 4월 20일(세1-1040호)

ISBN 978-89-287-8249-9 13320 〈정가 : 20,000원〉

※ 도서의 오류내용(오탈자 등)을 제보해주시어 채택되신 분께는 소정의 상품을 보내드리오니 독자 여러분들의 많은 참여 바랍니다(상세정보는 www.kbi.or.kr 참조).

※ 본 도서의 내용은 한국금융연수원의 견해와 다를 수 있습니다.

한국금융연수원 자격검정시험 안내

- 「국가공인자격」은 자격기본법에서 정한 기준과 절차에 따라 국가가 공인한 자격으로 신용분석사, 여신심사역, 국제금융역, 자산관리사(FP), 신용위험분석사(CRA), 외환전문역 I종, 외환전문역 II종 등 7개의 자격이 있습니다.
- 「자체인증자격」은 우리 원이 인정, 수여하는 자격으로 공개시험형 자체자격인 프라이빗 뱅커(CPB), 은행텔러, 영업점 컴플라이언스 오피서(은행)(보험)(증권), KBI 금융DT 테스트, 자금세탁방지 업무능력 검정시험 등 7개 자격이 있습니다.

구분	자 격 명 (공인/등록번호)	응시료	자격소개
국가공인자격	신용분석사 (제2024-1호) (2008-0438)	전과목 : 66,000원 1부 : 28,000원 2부 : 39,000원	금융회사의 여신관련 부서에서 기업에 대한 회계 및 비회계자료 분석을 통하여 종합적인 신용상황을 판단하고 신용등급을 결정하는 등 기업신용 평가업무를 담당하는 금융전문가
	여신심사역 (제2024-2호) (2008-0439)	전과목 : 66,000원 1부 : 28,000원 2부 : 39,000원	금융회사의 여신심사 담당자로서 경제상황과 기업의 재무, 비재무상태 등을 분석, 파악하여 적정한 대출심사 의견서 작성, 대출이율 및 대출기간 결정 등 대출실행 여부를 판단하고 자금의 효율적 운용, 대손 방지를 위한 제반조치, 여신의 법률적 검토, 사후관리업무 등 여신업무와 관련한 종합적인 업무를 수행하는 금융전문가
	국제금융역 (제2021-1호) (2008-0440)	전과목 : 66,000원 1부 : 33,000원 2부 : 33,000원	금융회사의 국제금융 관련 부서에서 국제금융시장의 동향파악, 분석 및 예측 등을 통하여 외화자금의 효율적 조달과 운용업무를 담당하고 이에 따른 리스크관리 등 국제금융 관련 업무를 수행하는 금융전문가
	신용위험분석사(CRA) (제2023-2호) (2008-0442)	1차 : 77,000원 2차 : 88,000원	금융회사 및 기업신용평가기관 등에서 개인과 기업에 대한 신용상태를 조사평가하고 신용위험을 측정 · 관리하는 여신전문가
	자산관리사(FP) (제2020-1호) (2008-0441)	전과목 : 55,000원 1부 : 28,000원 2부 : 28,000원	금융회사 영업부서의 PB(Private Banking) 팀에서 고객의 수입과 지출, 자산 및 부채현황, 가족상황 등 고객에 대한 각종 자료를 수집, 분석하여 고객이 원하는 Life Plan 상의 재무목표를 달성할 수 있도록 종합적인 자산설계에 대한 상담과 실행을 지원하는 금융전문가
	외환전문역 I종 (제2020-1호) (2008-0436)	전과목 : 55,000원	금융회사의 외환업무 중 외국환 거래 법규 및 외환거래실무를 이해하고 고객의 외화 자산에 노출되는 각종 외환 리스크를 최소화시키는 등 주로 개인 외환과 관련된 직무를 담당
	외환전문역II종 (제2020-1호) (2008-0436)	전과목 : 55,000원	금융회사의 외환업무 중 수출입업무 및 이와 관련된 국제무역규칙을 이해하고 외환과 관련된 여신 업무를 수행하는 등 주로 기업 외환과 관련된 직무를 담당
자체인증자격	은행텔러 (2008-0437)	전과목 : 55,000원	창구에서 일어나는 제반업무에 대해 신속하고 친절한 업무수행과 정확한 업무처리로 고객에게 도움을 주고 상담을 통해 문제해결을 하도록 도와주는 금융전문가
	영업점 컴플라이언스 오피서(은행) (2010-0118) (보험, 증권) (2013-0702,0703)	전과목 : 각 44,000원	금융회사의 영업점에서 준법관련 법규와 감독기관의 감독규정이 정한 내용과 취지를 충분히 이해하고 업무 수행과정에서 이를 준수하며, 영업점에서 발생 가능한 금융사고 및 민원사항이 발생하지 않도록 사전적 예방 차원에서 그 준수사항의 이행을 점검하는 금융전문가(은행, 보험, 증권 분야별로 자격이 구분됨)
	프라이빗뱅커 (CPB) (2018-004091)	1차 : 110,000원 2차 : 342,000원 (실무교육)	개인고액자산가의 자산 및 수익증대를 실현하기 위해 금융분야 전반에 걸쳐 종합적인 금융상담과 실행을 지원할 수 있는 최고급 수준의 금융자산설계전문가
	KBI 금융DT 테스트 (2021-001872)	전과목 : 44,000원	금융인 및 예비금융인을 대상으로 디지털금융 전반에 대한 기본지식과 업무활용능력 등 금융DT 관련 기본역량 평가
	자금세탁방지 업무능력 검정시험 (2023-004792)	전과목 : 66,000원	금융시스템을 이용한 자금세탁행위와 공중협박자금조달행위를 적발 및 예방할 수 있는 전문적인 업무역량 평가

소비자 알림사항

- 상기 "프라이빗뱅커(CPB)", "영업점컴플라이언스 오피서(은행)(보험)(증권)", "KBI 금융DT 테스트", "은행텔러", "자금세탁방지 업무능력 검정시험" 자격은 자격기본법 규정에 따라 등록한 민간자격으로, 국가로부터 인정받은 공인자격이 아닙니다.
- 민간자격 등록 및 공인 제도에 대한 상세내용은 민간자격정보서비스 (www.pqi.or.kr)의 '민간자격 소개'란을 참고하여 주십시오.

기타

- 응시료 환불 규정 : 접수기간 중 100%, 접수기간 종료 후 시험일 5일전 18시까지 50% 환불/이후 환불 불가
- 자격 공인번호는 재공인시점에 따라 변경될 수 있으며, 응시료, 환불규정 등은 응시 시점에 따라 변경될 수 있으니 자격시험 응시 전 반드시 한국금융연수원 홈페이지에서 응시하고자 하는 자격시험에 관한 최신 정보를 확인하시기 바랍니다. 자격시험에 관한 자세한 사항은 한국금융연수원 홈페이지를 참조하시기 바랍니다.
- 주소 : 서울특별시 종로구 삼청로 118 / TEL : 02-3700-1500 / 홈페이지 : www.kbi.or.kr